# KT그룹
## KT 종합인적성검사

6개년 기출문제 + 무료KT특강

**기출이 답이다**

# Always **with you**

사람이 길에서 우연하게 만나거나 함께 살아가는 것만이 인연은 아니라고 생각합니다.
책을 펴내는 출판사와 그 책을 읽는 독자의 만남도 소중한 인연입니다.
**(주)시대고시기획**은 항상 독자의 마음을 헤아리기 위해 노력하고 있습니다.
늘 독자와 함께 하겠습니다.

# PREFACE

## 머리말

KT그룹은 1981년 창립되었으며, 2002년 민영화되어 대한민국 정보통신을 선도해왔다. 창립 당시 450만 회선에 불과했던 전화시설을 12년 만에 2,000만 회선으로 확대하였으며, 아시아 최초의 첨단 인터넷망과 위성통신망 구축, 대한민국 최초 통신 위성인 '무궁화호' 발사 등을 통해 우리나라를 정보통신 선진국 대열에 올려놓는 데 기여하였다.

앞으로도 KT그룹은 음성과 데이터, 유선과 무선, 통신과 방송이 융합하는 컨버전스(Convergence) 시대에 최고의 서비스 품질과 기술력을 확보하여 세계 시장을 선도하고 사회적 · 환경적 차원에서도 기업의 책임을 성실히 이행하여 신뢰와 사랑을 받는 기업이 되도록 노력할 것이다.

이에 따라 KT그룹은 채용절차에서 취업 준비생들이 업무에 필요한 역량을 갖추고 있는지를 평가하기 위해 KT그룹 종합인적성검사를 실시하여 맞춤인재를 선발하고 있다. KT그룹 종합인적성검사는 적성검사와 인성검사로 구성되어 있으며, 미리 문제 유형을 익혀 대비하지 않으면 시간이 부족해 문제를 다 풀지 못하는 경우가 많다.

이에 (주)시대고시기획에서는 KT그룹에 입사하고자 하는 수험생들에게 좋은 길잡이가 되어주고자 다음과 같은 특징을 가진 본서를 출간하게 되었다.

### 📝 도서의 특징

**첫  째** 최신기출유형을 반영한 기출유형 뜯어보기를 수록하여 유형별 풀이방법과 이에 따른 팁을 적용할 수 있게 하였다.

**둘  째** 2021년 하반기~2016년 상반기까지의 KT그룹 종합인적성검사 최신기출문제를 수록하여 KT그룹만의 출제 경향을 한눈에 파악할 수 있게 하였다.

**셋  째** 2021~2020년 주요기업 최신기출문제를 수록하여 다른 기업의 기출유형을 접해보고 시험의 변화에 대비할 수 있도록 하였다.

끝으로 본서를 통해 KT그룹 입사를 준비하는 여러분 모두가 합격의 기쁨을 누리기를 진심으로 기원한다.

**SD적성검사연구소** 씀

## 비전

고객 한 사람 한 사람을 생각하는 마음을 담아 따뜻한 기술로 더 나은 미래를 만들어 가기 위해 노력하는 KT가 될 것이다.

### 글로벌 지속가능경영 선도

인류의 지속가능한 미래를 창조하기 위해 전사적인 지속가능경영을 추진하고 있으며, 국제적 파트너십을 통해 지속가능경영 분야를 선도하고 있다.

### 고객최우선경영 비전

'마음으로 소통하고 믿음으로 다가가는 세계 초일류 고객만족(CS) 기업'의 비전을 실현하기 위해 고객을 최우선으로 하는 고객만족 경영을 추진하고 있다.

### 기업 지배구조 선도

국제 표준(Global Standard)에 부합하는 기업 지배구조 모범규준 권고안을 채택하여 전문 경영인 체제와 독립적인 이사회 중심의 투명한 기업 지배구조 시스템을 구축하고 있다.

### 환경경영 비전 및 추진 체계

기업의 환경경영 정책이 단순히 환경을 저해하지 않으려는 'Do Not Harm'의 차원을 넘어 친환경 기술 개발과 서비스 제공을 통해 적극적으로 환경을 개선하는 'Do Good'의 수준으로 전환되어야 한다고 믿는다.

## 핵심가치

KT는 고객의 삶의 변화와 다른 산업의 혁신을 리딩하여 대한민국 발전에 기여한다.

**고객중심**

고객發 자기혁신을 통해 고객이 원하는 것을 민첩하고 유연하게 제공한다.

**주인정신**

임직원 모두가 자부심과 실력을 갖춘 당당하고 단단한 KT의 주인으로서 생각하고 행동한다.

**소통/협업**

조직의 벽을 넘어서는 수평적인 소통과 유연한 협업 체계를 강화한다.

**본질/과정**

業의 본질에 집중하고 최선의 결과를 위해 과정까지 중요하게 생각한다.

## 👤 인재상

**끊임없이 도전하는 인재**

변화와 혁신을 선도하여 차별화된 서비스를 구현한다.
시련과 역경에 굴하지 않고 목표를 향해 끊임없이 도전하여 최고
수준을 달성한다.

**고객을 존중하는 인재**

모든 업무 수행에 있어 고객의 이익과 만족을 먼저 생각한다.
고객을 존중하고, 고객과의 약속을 반드시 지킨다.

**벽 없이 소통하는 인재**

KT의 성공을 위해 상호 협력하여 시너지를 창출한다.
동료 간 적극적으로 소통하여 서로의 성장과 발전을 위해 끊임없이
노력한다.

**기본과 원칙을 지키는 인재**

회사의 주인은 나라는 생각으로 자부심을 갖고 업무를 수행한다.
윤리적 판단에 따라 행동하며 결과에 대해 책임을 진다.

# 신입사원 채용안내

## 👤 지원방법

KT그룹 채용홈페이지(http://recruit.kt.com)를 통해 온라인 지원서 접수

## 👤 지원자격

❶ 정규 4년제 대학 졸업(예정)자
❷ 남자의 경우 병역필 또는 면제자
❸ 해외여행에 결격사유가 없는 자

## 👤 우대사항

취업보호 대상자는 관련 법령에 의거하여 우대

## 👤 근무지 및 처우

❶ 최종합격자의 근무지역 및 부서는 인력계획을 고려하여 배치
❷ 신입 채용 최종합격자는 학위나 경력 관계없이 동일한 신입사원 처우 제공

## 👤 채용전형 절차

지원서 작성 》 서류전형 》 KT 종합인적성검사 》 면접 전형
(1차 실무면접 / 2차 임원면접) 》 채용 신체검사 》 최종합격

※ 채용절차는 채용유형, 채용직무, 채용시기 등에 따라 변동될 수 있으므로 반드시 KT에서 발표하는 채용공고를 확인하기 바랍니다.

합격 후기

합격 선배들이 알려주는
# KT그룹 종합인적성검사 합격기

## ─── 추천할 만한 수험서! ───

KT그룹 종합인적성검사는 2021년부터 유형이 많이 변경돼서 걱정되었습니다. 일단 고난도의 문제를 풀기보다는 최대한 다양한 문제를 많이 풀어보아야겠다고 생각했어요. 그래서 최근 출제경향을 반영했다는 시대고시 도서를 추천받고 구매했습니다. 문제가 많이 없는 건 아닌지 걱정했는데 최신기출문제, 유형점검, 최종점검 모의고사 등 다양한 문제를 많이 접할 수 있었습니다. 실제 시험장에서 문제를 보니 정말 난이도랑 문제유형이 비슷해서 많은 도움이 되었고 인성검사와 면접을 대비할 수 있는 정보도 수록되어 있기 때문에 필기시험 끝나고도 유용하게 쓰일 것 같아요. 추천합니다!

## ─── 문제 유형 정복하기! ───

KT그룹 서류에 합격하고 종합인적성검사 준비기간이 너무 빠듯했는데 시대고시에서 나온 KT그룹 종합인적성검사 교재가 있어서 구매했습니다. 일단 최신기출문제가 가장 만족스러웠던 게, 실제 시험에 나온 문제와 자세한 해설이 수록되어 있어 KT그룹 종합인적성검사의 문제유형과 출제흐름을 확실하고 빠르게 알 수 있었습니다. 이 수험서를 통해 KT그룹 종합인적성검사만의 문제 유형들을 집중적으로 공부할 수 있었어요. 동영상 강의도 무료로 제공해주니 단기간에 KT그룹 채용 준비하시는 분들에게 추천해요.

※ 본 독자 후기는 실제 (주)시대고시기획의 도서를 통해 공부하여 합격한 독자들께서 보내주신 후기를 재구성한 것입니다.

# 시험장 TIP

## 👤 필수 준비물

❶ 수험표

❷ 신분증

　주민등록증, 외국인등록증, 여권, 운전면허증 중 하나

❸ 필기도구

　컴퓨터용 사인펜, 수정테이프, 연필, 지우개, 볼펜 등

## 👤 유의사항

❶ 찍어서 틀리면 감점이 있을 수 있으므로 모르는 문제는 찍지 말고 놔두는 것이 좋다.

❷ 영역별로 시험이 진행되므로 한 과목이라도 과락이 생기지 않도록 한다.

## 👤 시험 진행

| 영역 | 문항 수 | 시간 |
|---|---|---|
| 언어 | 20문항 | 20분 |
| 언어 · 수추리 | 20문항 | 25분 |
| 수리 | 20문항 | 25분 |
| 도형 | 15문항 | 20분 |

❶ 중앙 통제실에서 나오는 방송에 따라 시험이 진행된다.

❷ 적성검사가 먼저 진행된 후 쉬는 시간을 갖고 인성검사가 진행된다.

❸ 영역별 시험 시간이 종료된 후에는 시험지를 확인하거나 OMR 답안지에 답을 표시할 수 없다.

## 👤 알아두면 좋은 Tip

❶ 수험장에 도착해서는 화장실에 사람이 몰릴 수 있으므로 미리미리 간다.

❷ 만일을 대비하여 여분의 필기구를 준비한다.

❸ 정답을 시험지에 표시하고 답안지에 옮겨 적을 만큼 충분한 시간을 주는 시험이 아니므로 답안지에 바로바로 마킹한다.

❹ 길게 진행되는 시험이 아니더라도 시험에 집중하는 만큼 빨리 피로해질 수 있으므로, 초콜릿 등의 간단한 간식을 챙긴다.

## 시험 전 CHECK LIST

※ 최소 시험 이틀 전에 아래의 리스트를 확인하면 좋습니다.

| 체크 | 리스트 |
| --- | --- |
| ☐ | 수험표를 출력하고 자신의 수험번호를 확인하였는가? |
| ☐ | 수험표나 공지사항에 안내된 입실 시간 및 주의사항을 확인하였는가? |
| ☐ | 신분증을 준비하였는가? |
| ☐ | 컴퓨터용 사인펜과 수정테이프를 준비하였는가? |
| ☐ | 여분의 필기구를 준비하였는가? |
| ☐ | 시험시간에 늦지 않도록 알람을 설정해 놓았는가? |
| ☐ | 시험 전에 섭취할 물이나 간식을 준비하였는가? |
| ☐ | 수험장 위치를 파악하고 교통편을 확인하였는가? |
| ☐ | 시험을 보는 날의 날씨를 확인하였는가? |
| ☐ | 시험장에서 볼 수 있는 자료집을 준비하였는가? |
| ☐ | 인성검사에 대비하여 지원한 회사의 인재상을 확인하였는가? |
| ☐ | 자신이 지원한 회사와 계열사를 정확히 인지하고 있는가? |
| ☐ | 자신이 취약한 영역을 두 번 이상 학습하였는가? |
| ☐ | 도서의 모의고사를 통해 자신의 실력을 확인하였는가? |

## 시험 후 CHECK LIST

※ 시험 다음 날부터 아래의 리스트를 확인하며 면접 준비를 미리 하면 좋습니다.

| 체크 | 리스트 |
| --- | --- |
| ☐ | 인적성 시험 후기를 작성하였는가? |
| ☐ | 상하의와 구두를 포함한 면접복장이 준비되었는가? |
| ☐ | 지원한 직무의 직무분석을 하였는가? |
| ☐ | 단정한 헤어와 손톱 등 용모관리를 깔끔하게 하였는가? |
| ☐ | 자신의 자소서를 다시 한 번 읽어보았는가? |
| ☐ | 1분 자기소개를 준비하였는가? |
| ☐ | 도서 내의 면접 기출 질문을 확인하였는가? |
| ☐ | 자신이 지원한 직무의 최신 이슈를 정리하였는가? |

# 주요 대기업 적중 문제

KT

## 언어 - 일치·불일치

다음 중 글의 내용과 일치하는 것은?

> 인류가 남긴 수많은 미술 작품을 살펴보다 보면 다양한 동물들이 등장하고 있음을 알 수 있다. 미술 작품 속에 등장하는 동물에는 일상에서 흔히 접할 수 있는 개나 고양이, 꾀꼬리 등도 있지만 해태나 봉황 등 인간의 상상에서 나온 동물도 적지 않음을 알 수 있다.
>
> 미술 작품에 등장하는 동물은 그 성격에 따라 나누어 보면 종교적·주술적인 동물, 신을 위한 동물, 인간을 위한 동물로 구분할 수 있다. 물론 이 구분은 엄격한 것이 아니므로 서로의 개념을 넘나들기도 하며, 여러 뜻을 동시에 갖기도 한다. 종교적·주술적인 성격의 동물은 가장 오랜 연원을 가진 것으로, 사냥 미술가들의 미술에 등장하거나 신앙을 목적으로 형성된 토템 등에서 확인할 수 있다. 여기에 등장하는 동물들은 대개 초자연적인 강대한 힘을 가지고 인간 세계를 지배하거나 수호하는 신적인 존재이다. 인간의 이지가 발달함에 따라 이들의 신적인 기능은 점차 감소되어, 결국 이들은 인간에게 봉사하는 존재로 전락하고 만다.
>
> 동물은 절대적인 힘을 가진 신의 위엄을 뒷받침하고 신을 도와 치세(治世)의 일부를 분담하기 위해 이용되기도 한다. 이 동물들 역시 현실 이상의 힘을 가지며 신성시되는 것이 보통이지만, 이는 어디까지나 신의 권위를 강조하기 위한 것에 지나지 않는다. 이들은 신에게 봉사하기 위해서 많은 동물 중에서 특별히 선택된 것들이다. 그리하여 그 신분에 알맞은 모습으로 조형화되었다.

① 미술 작품 속에는 일상에서 흔히 접할 수 있는 개나 고양이, 꾀꼬리 등이 주로 등장하고, 해태나 봉황 등은 찾아보기 어렵다.

## 언어·수추리 - 수추리

※ 다음은 일정한 규칙으로 배열한 수열이다. 빈칸에 들어갈 알맞은 수를 고르시오. [11~20]

**11**

| | | | | | | | |
|---|---|---|---|---|---|---|---|
| | 2 | 5 | 10 | ( ) | 26 | 37 | 50 |

① 17        ② 18
③ 19        ④ 20
⑤ 21

## 수리 - 응용수리

**01** D사원은 비품 구입을 위해 한 자루에 500원 하는 볼펜과 한 자루에 700원 하는 색연필을 합하여 12자루를 샀다. 그리고 1,000원짜리 상자를 추가로 구매하여 총 8,600원을 지불했을 때, D사원이 구입한 볼펜은 몇 자루인가?

① 8자루        ② 7자루
③ 6자루        ④ 5자루
⑤ 4자루

**삼성**

## ● 수리논리 - 확률 ●

**Hard**

**02** S회사의 감사팀은 과장 2명, 대리 3명, 사원 3명으로 구성되어 있다. A, B, C, D지역의 지사로 두 명씩 나눠서 출장을 간다고 할 때, 각 출장 지역에 대리급 이상이 한 명 이상 포함되어 있어야 하고 과장 2명이 각각 다른 지역으로 가야한다. 과장과 대리가 한 조로 출장에 갈 확률은?

① $\frac{1}{2}$

② $\frac{1}{3}$

③ $\frac{2}{3}$

④ $\frac{3}{4}$

⑤ $\frac{3}{8}$

## ● 추리 - ① 조건추리 ●

**19** S회사 사무실에 도둑이 들었다. 범인은 2명이고, 용의자로 지목된 A, B, C, D, E가 다음과 같이 진술했다. 이 중 2명 이 거짓말을 하고 있다고 할 때, 다음 중 동시에 범인이 될 수 있는 사람으로 짝지어진 것은?

> A : B나 C 중에 한 명만 범인이에요.
> B : 저는 확실히 범인이 아닙니다.
> C : 제가 봤는데 E가 범인이에요.
> D : A가 범인이 확실해요.
> E : 사실은 제가 범인이에요.

① A, B

② D, E

③ B, C

④ B, D

## ● 추리 - ② 독해추론 ●

※ 다음 글의 내용이 참일 때 항상 거짓인 것을 고르시오. [25~26]

**25**

> 고대에는 별이 뜨고 지는 것을 통해 방위를 파악했다. 최근까지 서태평양 캐롤라인 제도의 주민은 현대식 항해 장치 없이도 방위를 파악하여 카누 하나만으로 드넓은 열대 바다를 항해하였다. 인류학자들에 따르면, 그들은 별을 나침 반처럼 이용하여 여러 섬을 찾아다녔고 이때의 방위는 북쪽의 북극성, 남쪽의 남십자성, 그 밖에 특별히 선정한 별 이 뜨고 지는 것에 따라 정해졌다.
> 캐롤라인 제도는 적도의 북쪽에 있어서 그 주민들은 북쪽 수평선의 바로 위쪽에서 북극성을 볼 수 있다. 북극성은 천구의 북극점으로부터 매우 가까운 거리에서 작은 원을 그리며 공전한다. 천구의 북극점은 지구 자전축의 북쪽 연장선상에 있기 때문에 천구의 북극점에 있는 별은 공전을 하지 않고 정지된 것처럼 보인다. 이처럼 천구의 북극점 에 있는 별을 제외하고 북극성을 포함한 별이 천구의 북극점을 중심으로 공전하는 것처럼 보이는 것은 지구가 자전

# 주요 대기업 적중 문제

## 수리(검사 B) - 응용수리

**02** 9%의 소금물 $x$g과 18%의 소금물 $y$g을 섞어 12%의 소금물을 만들려고 했으나, 잘못하여 9%의 소금물 $y$g과 18% 소금물 $x$g을 섞었다. 잘못 만들어진 소금물의 농도는 몇 %인가?

① 13%  ② 14%

③ 15%  ④ 16%

⑤ 17%

## 언어(검사 C) - 일치·불일치

**02** 다음 글의 내용과 일치하는 것은?

일반적으로 동식물에서 종(種)이란 '같은 개체끼리 교배하여 자손을 남길 수 있는' 또는 '외양으로 구분이 가능한' 집단을 뜻한다. 그렇다면 세균처럼 한 개체가 둘로 분열하여 번식하며 외양의 특징도 많지 않은 미생물에서는 종을 어떤 기준으로 구분할까?

미생물의 종 구분에는 외양과 생리적 특성을 이용한 방법이 사용되기도 한다. 하지만 이러한 특성들은 미생물이 어떻게 배양되는지에 따라 변할 수 있으며, 모든 미생물에 적용될 만한 공통적 요소가 되기도 어렵다. 이런 문제를 극복하기 위해 오늘날 미생물 종의 구분에는 주로 유전적 특성을 이용하고 있다. 미생물의 유전체는 DNA로 이루어진 많은 유전자로 구성되는데, 특정 유전자를 비교함으로써 미생물들 간의 유전적 관계를 알 수 있다. 종의 구분에는 서로 간의 차이를 잘 나타내 주는 유전자를 이용한다. 유전자 비교를 통해 미생물들이 유전적으로 얼마나 가깝고 먼지를 확인할 수 있는데, 이를 '유전거리'라 한다. 유전거리가 가까울수록 같은 종으로 묶일 가능성이 커진다.

하지만 유전자 비교로 확인한 유전거리만으로는 두 미생물이 같은 종에 속하는지를 명확히 판별하기 어렵다. 특정 유전자가 해당 미생물의 전체적인 유전적 특성을 대변하지는 못하기 때문이다.

이러한 문제를 보완하기 위한 것이 미생물들 간의 유전체 유사도를 측정하는 방법이다. 유전체 유사도를 정확히 측정하기 위해서는 모든 유전자를 대상으로 유전적 관계를 살펴야 하지만, 수많은 유전자를 모두 비교하는 것은 현실적으로 어렵다. 따라서 유전체의 특성을 화학적으로 비교하는 방법이 주로 사용되고 있다. 이렇게 얻어진 유전

## 직무(검사 D) - 조건추리

※ 다음 제시문을 읽고 각 〈보기〉가 항상 참이면 ①, 거짓이면 ②, 알 수 없으면 ③을 고르시오. [9~10]

**Easy**
**09**

- 철수와 영희는 남매이다.
- 철수에게는 누나가 한 명 있다.
- 영희는 맏딸이다.
- 철수는 막내가 아니다.

**보기**

영희의 동생은 한 명이다.

① 참  ② 거짓  ③ 알 수 없음

**포스코**

## 언어이해 - 주제찾기

**Easy**

**03** 다음 글의 주제로 가장 알맞은 것은?

> 옛날에도 어진 인재는 보잘 것 없는 집안에서 많이 나왔었다. 그때에도 지금 우리나라와 같은 법을 썼다면, 범중엄이 재상 때에 이룬 공업이 없었을 것이요, 진관과 반양귀는 곧은 신하라는 이름을 얻지 못하였을 것이며, 사마양저, 위청과 같은 장수와 왕부의 문장도 끝내 세상에서 쓰이지 못했을 것이다. 하늘이 냈는데도 사람이 버리는 것은 하늘을 거스르는 것이다. 하늘을 거스르고도 하늘에 나라를 길이 유지하게 해달라고 비는 것은 있을 수 없는 일이다.

① 인재는 많을수록 좋다.
② 인재 선발에 투자하여야 한다.
③ 인재를 적재적소에 배치해야 한다.
④ 인재를 차별 없이 등용해야 한다.

## 자료해석

**04** 다음은 주요 항만별 선박 입항 현황에 대한 자료이다. 이에 대한 설명으로 옳지 않은 것은?

〈주요 항만별 선박 입항 현황〉

(단위 : 대)

| 구분 | 2016년 | 2017년 | 2018년 | 2019년 3/4분기 | | | 2020년 3/4분기 | | |
|---|---|---|---|---|---|---|---|---|---|
| | | | | 소계 | 외항 | 내항 | 소계 | 외항 | 내항 |
| 전체 | 139,080 | 151,109 | 163,451 | 119,423 | 43,928 | 75,495 | 126,521 | 45,395 | 81,126 |
| 부산항 | 32,803 | 34,654 | 37,571 | 27,681 | 16,248 | 11,433 | 28,730 | 17,127 | 11,603 |
| 울산항 | 20,828 | 22,742 | 24,241 | 17,977 | 7,233 | 10,744 | 17,676 | 7,434 | 10,242 |
| 인천항 | 19,383 | 20,337 | 22,475 | 16,436 | 5,044 | 11,392 | 17,751 | 4,854 | 12,897 |
| 광양항 | 15,759 | 17,810 | 19,476 | 14,165 | 5,581 | 8,584 | 14,372 | 5,548 | 8,824 |

## 공간지각 - 전개도

**Hard** ▶ 동영상 해설

**05** 주어진 전개도로 입체도형을 만들었을 때, 만들어질 수 없는 것은?

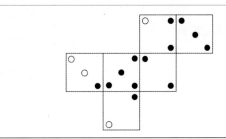

# 도서 200% 활용하기

## 1 [기출유형] 뜯어보기

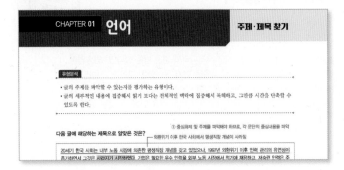

기출문제를 바탕으로 영역별로 대표유형과 상세한 해설을 수록하여 영역별 출제경향과 학습방법을 익히고 확인할 수 있도록 하였다.

## 2 다년도 [최신기출문제]

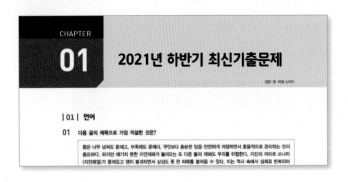

2021년 하반기부터 2016년 상반기까지의 KT그룹 종합인적성검사 최신기출문제를 수록하여 변화하는 출제 경향을 파악할 수 있도록 하였다.

## 3 2021~2020년 [주요기업 최신기출문제]

삼성, SK, CJ, 포스코 등 주요기업의 2021~2020년 최신기출문제를 영역별로 수록하여 최근 변화하고 있는 인적성검사에 대비하고 추가로 연습할 수 있도록 하였다.

# 4 [상세한 설명] 및 [오답분석]으로 풀이까지 완벽 마무리

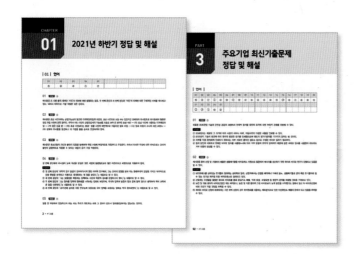

정답에 대한 자세한 해설은 물론 문제별로 오답분석을 수록하여 오답이 되는 이유를 올바르게 이해할 수 있도록 하였다.

# 5 [Easy] & [Hard]로 난이도별 시간 분배 연습

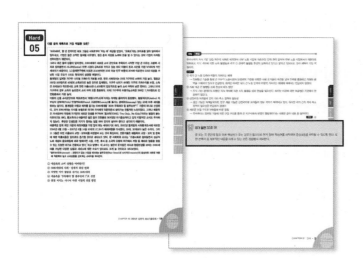

시간을 절약해야 하는 문제와 시간을 투자해야 하는 문제를 표시하였다. 이런 표시가 있는 문제는 기출유형의 [이거 알면 30초 컷!]을 적용하는 연습을 통해, 쉬운 문제는 시간을 더 단축하고, 어려운 문제는 다른 문제와 비슷한 시간을 사용하여 문제를 풀 수 있는 방법을 고민하면서 학습한다.

# 이 책의 차례

# 2022

## KT그룹

# 종합인적성

# 검       사

KT ●——————————————————————————————————————

# PART

# I

# 기출유형 뜯어보기

유형분석

- 글의 주제를 파악할 수 있는지를 평가하는 유형이다.
- 글의 세부적인 내용에 집중해서 읽기 보다는 전체적인 맥락에 집중해서 독해하고, 그만큼 시간을 단축할 수 있도록 한다.

① 중심화제 및 주제를 파악해야 하므로, 각 문단의 중심내용을 파악

**다음 글에 해당하는 제목으로 알맞은 것은?**

┌─ 외환위기 이후 한국 사회에서 평생직장 개념이 사라짐

20세기 한국 사회는 내부 노동 시장에 의존한 평생직장 개념을 갖고 있었으나, 1997년 외환위기 이후 인력 관리의 유연성이 증가하면서 그것은 사라지기 시작하였다. 기업은 필요한 우수 인력을 외부 노동 시장에서 적기에 채용하고, 저숙련 인력은 주 변화하여 비정규직을 계속 늘려간다는 전략을 구사하고 있다. 이러한 기업의 인력 관리 방식에 따라서 실업률은 계속 하락하는 동시에 주당 18시간 미만으로 일하는 불완전 취업자가 크게 증가하고 있다. ┌─ 평생직장 개념이 사라지는 원인 :
지식 기반 사업으로의 경제 변화
이러한 현상은 우리나라의 경제가 지식 기반 산업 위주로 점차 바뀌고 있음을 말해 준다. 지식 기반 산업이 주도하는 경제 체제에서는 고급 지식을 갖거나 숙련된 노동자는 더욱 높은 임금을 받게 된다. 다시 말해, 지식 기반 경제로의 이행은 지식 격차에 의한 소득 불평등의 심화를 의미한다. 우수한 기술과 능력을 가진 핵심 인력은 능력 개발 기회를 갖게 되어 '고급 기술 → 높은 임금 → 양질의 능력 개발 기회'의 선순환 구조를 갖지만, 비정규직·장기 실업자 등 주변 인력은 악순환을 겪을 수밖에 없다. 이러한 '양극화' 현상을 국가가 적절히 통제하지 못할 경우, 사회 계급 간의 간극은 더욱 확대될 것이다. 결국 고도 기술 사회가 온다고 해도 자본주의 사회 체제가 지속되는 한, 사회 불평등 현상은 여전히 계급 간 균열 선을 따라 존재하게 될 것이다. 국가가 포괄적 범위에서 강력하게 사회 정책적 개입을 추진하면 계급 간 차이를 현재보다는 축소시킬 수 있겠지만 아주 없어지는 못할 것이다. ┌─ 노동력 및 재화 획득 방식의 변화
사회 불평등 현상은 나라들 사이에서도 발견된다. 각국 간 발전 격차가 지속 확대되면서 전 지구적 생산의 재배치는 이미 20세기 중엽부터 진행되어 왔다. 정보통신 기술은 지구의 자전 주기와 공간적 거리를 '장애물'에서 '이점'으로 변모시켰다. 그 결과, 전 지구적 노동시장이 탄생하였고 기업을 비롯한 각 사회 조직들은 국경을 넘어 인력을 충원하며 재화와 용역을 구입하고 있다. 개인들도 인터넷을 통해 이러한 흐름에 동참하고 있다. 생산 기능은 저개발국으로 이전되고, 연구·개발·마케팅 기능은 선진국으로 모여드는 경향이 지속·강화되어, 나라들 간 정보 격차가 확대되고 있다. 유비쿼터스 컴퓨팅 기술에 의거하여 전 지구 사회를 잇는 지역 간 분업은 앞으로 더욱 활발해질 것이다. 또한 나라 간의 경제적 불평등 현상은 국제 자본 이동과 국제 노동 이동으로 표출되고 있다. 노동 집약적 부문의 국내 기업이 해외로 생산 기지를 옮기는 현상에서 나아가, 초국적 기업화현 상이 본격적으로 대두되고 있으며 전 지구에 걸친 외부 용역 대치가 이루어지고, 콜센터를 외국으로 옮기는 현상도 보편화될 것이다.

└─ 기술 발전에 따라 변화는 보편화됨

① 국가 간 노동 인력의 이동이 가져오는 폐해
② 사회 계급 간 불평등 심화 현상의 해소 방안
③ 지식 기반 산업 사회에서의 노동 시장의 변화
④ 선진국과 저개발국 간의 격차 축소 정책의 필요성
⑤ 새로운 산업 구조로 변화함에 따른 장점

② 선택지 중 세부적인 내용을 다루고 있는 것은 정답에서 제외
③ 글의 중심내용에 적합한 선택지 선택

우리나라가 지식 기반 산업 위주의 사회로 바뀌면서 내부 노동 시장에 의존하던 인력 관리 방식이 외부 노동 시장에서의 채용으로 변화하고, 지식 격차에 의한 소득 불평등과 국가 간 경제적 불평등 현상이 심화하고 있다고 말하고 있으므로, ③의 제목이 가장 적절하다.

**오답분석**

① 국가 간 노동 인력의 이동이 가져오는 폐해
→ 정보통신 기술을 통해 전 지구적 노동시장이 탄생하여 기업을 비롯한 사회 조직들이 국경을 넘어 인력을 충원하고 재화와 용역을 구매하고 있다고 언급했다. 하지만 이러한 국가 간 노동 인력의 이동이 가져오는 폐해에 대해서는 언급하지 않았다.

② 사회 계급 간 불평등 심화 현상의 해소 방안
→ 지식 기반 경제로의 이행은 지식 격차에 의한 소득 불평등 심화 현상을 일으킨다. 하지만 이것에 대한 해결책은 지문에서 언급하지 않았다.

④ 선진국과 저개발국 간의 격차 축소 정책의 필요성
→ 생산 기능은 저개발국으로, 연구 개발 기능은 선진국으로 모여들어 정보 격차가 확대되고 있다. 하지만 국가 간의 격차 축소 정책의 필요성은 언급하지 않았다.

⑤ 새로운 산업 구조로 변화함에 따른 장점
→ 유비쿼터스 컴퓨팅 기술에 의한 산업 구조를 통해 전 지구사회의 분업이 활발해진다는 내용은 글의 내용 중 일부이다.

**정답** ③

 **이거 알면 30초 컷!**

글 또는 각 문단의 앞과 뒤에 핵심어가 오는 경우가 많으므로 먼저 읽어 핵심어를 파악하여 중심내용을 파악할 수 있도록 한다. 또한 선택지 중 세부적인 내용을 다루고 있는 것은 정답에서 제외한다.

**유형분석**

- 글의 내용과 흐름을 파악할 수 있는지를 평가하는 유형이다.
- 문단 순서 배열에서 가장 중요한 것은 지시어와 접속어이므로, 접속어의 쓰임에 대해 정확히 알고 있어야 하며 지시어가 가리키는 것이 무엇인지 잘 파악해야 한다.

① 먼저 접속사 및 지시대명사를 찾아 확인

**다음 제시된 문장을 알맞게 배열한 것은?**

④ (가)에서 핵심어 찾기 : 글쓴이가 하고 싶은 말은 첫 문장에 있기 마련이므로 첫 문장에서 글의 핵심이 되는 단어 또는 내용을 확인

(가) 상품의 가격은 기본적으로 수요와 공급의 힘으로 결정된다. 시장에 참여하고 있는 경제 주체들은 자신이 가진 정보를 기초로 하여 수요와 공급을 결정한다.

(나) 이런 경우에는 상품의 가격이 우리의 상식으로는 도저히 이해하기 힘든 수준까지 일시적으로 뛰어오르는 현상이 나타날 가능성이 있다. 이런 현상은 특히 투기의 대상이 되는 자산의 경우 자주 나타나는데, 우리는 이를 '거품 현상'이라고 부른다.

② 정의된 단어를 확인 : '거품 현상'이라는 단어가 들어간 문장은 (나) 외에 (라)밖에 없으므로 (나) 뒤에 (라)가 위치해야 옳다.

(다) 그러나 현실에서는 사람들이 서로 다른 정보를 갖고 시장에 참여하는 경우가 많다. 어떤 사람은 특정한 정보를 갖고 있는데 거래 상대방은 그 정보를 갖고 있지 못한 경우도 있다.

(라) 일반적으로 거품 현상이란 것은 어떤 상품 ─ 특히 자산 ─ 의 가격이 지속해서 급격히 상승하는 현상을 가리킨다. 이와 같은 지속적인 가격 상승이 일어나는 이유는 애초에 발생한 가격 상승이 추가적인 가격 상승의 기대로 이어져 투기 바람이 형성되기 때문이다.

(마) 이들이 똑같은 정보를 함께 갖고 있으며 이 정보가 아주 틀린 것이 아닌 한, 상품의 가격은 어떤 기본적인 수준에서 크게 벗어나지 않을 것이라고 예상할 수 있다.

① (마) ─ (가) ─ (다) ─ (라) ─ (나)   ③ 첫 문장으로 적합하지 않은 선택지를 삭제
② (라) ─ (가) ─ (다) ─ (나) ─ (마)
③ (가) ─ (다) ─ (나) ─ (라) ─ (마)
④ (가) ─ (마) ─ (다) ─ (나) ─ (라)
⑤ (라) ─ (다) ─ (가) ─ (나) ─ (마)

먼저 (가)~(마) 문단의 맨 앞 글자만 빠르게 보면서 접속사나 지시대명사가 있는지 확인하여 (나) 문단의 '이런 경우', (다) 문단의 '그러나'와 (마) 문단의 '이들이', '이 정보'에 표시를 해놓는다. 또한 따옴표로 거품 현상을 정의한 (나)의 마지막 문장은 큰 힌트가 된다. (나) 문단을 제외하고 거품 현상에 대해서 설명한 문단은 (라)밖에 없으므로 (나) 문단 다음에 (라) 문단을 배치하는 것이 자연스럽다. 이를 종합해보면 접속어 및 지시어가 있는 문단을 제외하면 (가) 문단과 (라) 문단이 첫 문단이 될 수 있는데 (라) 문단은 (나) 문단 뒤에 연결되므로 (가) 문단이 이 글의 첫 문단이 된다.

(가) 문단이 맨 앞에 배치된 선택지는 ③과 ④로, (가) 문단 다음으로 (다) 문단 또는 (마) 문단임을 알 수 있다. 연결되는 문단을 찾기 위해서 (가) 문단의 핵심어를 찾아보면 (가) 문단에서 상품의 가격은 경제 주체들이 자신이 가진 정보를 기초로 하여 정한 수요와 공급으로 결정된다고 하였으므로 궁극적으로 '상품의 가격'이 핵심어가 된다. 연결되는 문단 후보인 (다) 문단부터 살펴보면, 접속어 '그러나'로 시작하며 앞의 내용을 뒤집고 있다.

반면 (마) 문단은 (가) 문단의 '경제 주체들'과 '자신이 가진 정보'를 각각 '이들이'와 '이 정보'로 지시하면서 부연 설명을 하고 있다. 따라서 내용을 뒤집기 전에 부연 설명을 하는 것이 적절하므로 (가) 문단 뒤에 (마) 문단이 오는 ④가 정답이다.

**정답 ④**

 **이거 알면 30초 컷!**

- 우선 각 문장에 자리한 지시어와 접속어를 살펴본다. 문두에 접속어가 오거나 문장 중간에 지시어가 나오는 경우 글의 첫 번째 문장이 될 수 없다. 따라서 이러한 문장들을 하나씩 소거하면 첫 문장이 될 수 있는 것을 찾을 수 있다.
- 첫 문장을 찾기 어려운 경우 선택지를 참고하여 문장의 순서를 생각해보는 것이 시간을 단축하는 좋은 방법이 될 수 있다.

- 글을 읽고 논지가 전개되는 방식과 글의 구조를 파악할 수 있는지를 평가하는 유형이다.
- 선택지를 먼저 읽고, 글의 전체적인 흐름을 파악한다. 이때, 너무 지엽적인 특징은 제외한다.

## 다음 글의 논지 전개상 특징으로 적절한 것은?

② 글의 단락별 핵심 내용, 주제와 같은 단락별 특징을 통해 글의 흐름과 전개 방식, 서술 방식 등을 파악

현대 사회에서 스타는 대중문화의 성격을 규정짓는 가장 중요한 열쇠이다. 스타가 생산, 관리, 활용, 거래, 소비되는 전체적인 순환 메커니즘이 바로 스타 시스템이다. 이것이 자본주의 대중문화의 가장 핵심적인 작동 원리로 자리 잡게 되면서 사람들은 스타가 되기를 열망하고, 또 스타 만들기에 진력하게 되었다.

> 현대 사회의 스타 만들기 현상 소개

스크린과 TV 화면에 보이는 스타는 화려하고 강하고 영웅적이며, 누구보다 매력적인 인간형으로 비춰진다. 사람들은 스타에 열광하는 순간 스타와 자신을 무의식적으로 동일시하며 그 환상적 이미지에 빠진다. 스타를 자신들의 결점을 대리 충족시켜 주는 대상으로 생각하기 때문이다. 그런 과정이 가장 전형적으로 드러나는 장르가 영화이다. 영화는 어떤 환상도 쉽게 먹혀들어 갈 수 있는 조건에서 상영되며 기술적으로 완벽한 이미지를 구현하여 압도적인 이미지로 관객을 끌어들인다. 컴컴한 극장 안에서 관객은 부동자세로 숨죽인 채 영화에 집중하게 되며 자연스럽게 영화가 제공하는 이미지에 매료된다. 그리고 그 순간 무의식적으로 자신을 영화 속의 주인공과 동일시하게 된다. 관객은 매력적인 대상과 자신을 동일시하면서 자신의 진짜 모습을 잊고 이상적인 인간형을 간접 체험하게 되는 것이다.

> 스타와 대중의 익명 관계를 바탕으로 만들어진 이미지를 통해 현실을 망각하는 현상

스크린과 TV 화면에 비친 대중이 선망하는 스타의 모습은 현실적인 이미지가 아니라 허구적인 이미지에 불과하다. 사람들은 스타 역시 어쩔 수 없는 약점과 한계를 안고 사는 한 인간일 수밖에 없다는 사실을 아주 쉽게 망각해 버리곤 한다. 이렇게 스타에 대한 열광의 성립은 대중과 스타의 관계가 기본적으로 익명적일 수밖에 없다는 데서 가능해진다.

자본주의의 특징 가운데 하나는 필요 이상의 물건을 생산하고 그것을 팔기 위해 갖은 방법으로 소비자들의 욕망을 부추긴다는 것이다. 스타는 그 과정에서 소비자들의 구매 욕구를 불러일으키는 가장 중요한 연결고리 역할을 함과 동시에 그들도 상품처럼 취급되어 소비된다. 스타 시스템은 대중문화의 안과 밖에서 스타의 화려하고 소비적인 생활 패턴의 소개를 통해 사람들의 욕망을 자극하게 된다. 또한 스타들을 상품의 생산과 판매를 위한 도구로 이용하며, 끊임없이 오락과 소비의 영역을 확장하고 거기서 이윤을 발생시킨다. 이 모든 것이 가능한 것은 많은 대중이 스타를 닮고자 하는 욕구를 가지고 있어 스타의 패션과 스타일, 소비 패턴을 모방하기 때문이다.

> 소비 촉진을 위한 도구로 사용되는 스타 시스템

스타 시스템을 건전한 대중문화의 작동 원리로 발전시키기 위해서는 우선 대중문화 산업에 종사하고 싶어 하는 사람들을 위한 활동 공간과 유통 구조를 확보하여 실험적이고 독창적인 활동을 다양하게 벌일 수 있는 토양을 마련해 주어야 한다. 나아가 이러한 예술 인력을 스타 시스템과 연결하는 중간 메커니즘도 육성해야 할 것이다.

> 소비자를 유혹하는 것이 아닌 건전한 문화로서의 스타 시스템을 만들기 위한 방안 제시

① 상반된 이론을 제시한 후 절충적 견해를 이끌어내고 있다.
② 현상의 문제점을 언급한 후 해결 방안을 제시하고 있다.
③ 권위 있는 학자의 견해를 들어 주장의 정당성을 입증하고 있다.
④ 대상을 하위 항목으로 구분하여 논의의 범주를 명확히 하고 있다.
⑤ 현상의 변천 과정을 고찰하고 향후의 발전 방향을 제시하고 있다.

① 선택지에서 제시하고 있는 서술 방식을 먼저 파악

 **정답 해설**

제시문은 스타 시스템에 대한 문제점을 지적하고 글쓴이 나름대로의 대안을 모색하고 있다.

**오답분석**

① 스타 시스템의 정의와 그로 인한 문제점을 제시할 뿐, 이를 옹호하거나 절충안을 제시하고 있지는 않다.
③ 글쓴이의 주장과 해결 방안이 있을 뿐, 학자의 견해나 주장을 통한 정당성을 입증하고 있지는 않다.
④ 스타 시스템과 이에 따른 현상을 설명할 뿐, 별도의 하위 항목으로 구분하고 있지는 않다.
⑤ 현상의 정의와 특징, 그로 인한 문제점을 설명하고 있을 뿐, 시간의 흐름이나 변천 과정에 대해서는 언급하고 있지는 않다.

**정답 ②**

**⏰30 이거 알면 30초 컷!**

**문장을 전개하는 방법**
- 논리적 순서에 따른 배열
- 중요성의 순서에 따른 배열
- 시간적 순서에 따른 배열
- 공간적 질서에 따른 배열

> **유형분석**
>
> • 글의 세부적인 내용을 이해할 수 있는지를 평가하는 유형이다.
> • 경제·경영·철학·역사·예술·과학 등 다양한 분야에 관련된 지문이 제시되므로 폭 넓은 독서를 해야 한다.

**다음 글의 내용과 일치하지 않는 것은?** 2. 선택지에 체크한 핵심어와 관련된 내용을 지문에서 파악하며 글의 내용과 비교

┌── ② 일치

생물 농약이란 농작물에 피해를 주는 병이나 해충, 잡초를 제거하기 위해 자연에 있는 생물로 만든 천연 농약을 뜻한다. 생물 농약을 개발한 것은 흙 속에 사는 병원균으로부터 식물을 보호할 목적에서였다. 뿌리를 공격하는 병원균은 땅속에 살고 있으므로 병원균을 제거하기에 어려움이 있었다. 게다가 화학 농약의 경우 그 성분이 토양에 달라붙어 제 기능을 발휘하지 못했기 때문에 식물 성장을 돕고 항균 작용을 할 수 있는 미생물에 주목하기 시작한 것이다. └── ① 일치

식물 성장을 돕고 항균 작용을 하는 미생물집단을 근권미생물이라 하는데, 여러 종류의 근권미생물 중 농약으로 쓰기에 가장 ③ 일치 좋은 것은 뿌리에 잘 달라붙는 것들이다. 근권미생물의 입장에서 뿌리 주변은 사막의 오아시스와 비슷한 조건이다. 뿌리 주변은 뿌리에서 공급되는 양분과 안락한 서식 환경을 제공받지만, 뿌리 주변에서 멀리 떨어진 곳은 황량한 지역이어서 먹을 것을 찾기가 어렵기 때문이다. 따라서 뿌리 주변에서는 좋은 위치를 선점하기 위해 미생물 간에 치열한 싸움이 벌어진다. 얼마나 뿌리에 잘 정착하느냐가 생물 농약으로 사용되는 미생물을 결정하는 데 중요한 기준이 되는 셈이다. └── ④ 일치

생물 농약으로 쓰이는 미생물은 식물 성장을 돕는 성질을 포함한다. 미생물이 만든 항균물질은 농작물의 뿌리에 침입하려는 곰팡이나 병원균의 성장을 억제하거나 죽게 한다. 그리고 병원균이나 곤충, 선충에 기생하는 종들을 사용한 생물 농약은 유해 병원균이나 해충을 직접 공격하기도 한다. 예를 들자면, 흰가루병은 채소 대부분에 생겨나는 곰팡이 때문에 발생하는데, 흰가루병을 일으키는 곰팡이의 영양분을 흡수해 죽이는 천적 곰팡이(암펠로마이세스 귀스콸리스)를 이용한 생물 농약이 만들어졌다. └── ⑤ 불일치

① 화학 농약은 화학 성분이 토양에 달라붙어 제 기능을 발휘하지 못한다.
② 생물 농약은 식물을 흙 속에 사는 병원균으로부터 보호하기 위해서 만들어졌다.
③ '근권미생물'이란 식물의 성장에 도움을 주는 미생물이다.
④ 뿌리에 얼마만큼 정착하는지의 여부가 미생물의 생물 농약 사용 기준이 된다.
⑤ 생물 농약으로 쓰이는 미생물들은 유해 병원균이나 해충을 직접 공격하지는 못한다.

1. 지문에서 접할 수 있는 핵심어 중심으로 선택지 체크

정답 해설

마지막 문단에서 '그리고 병원균이나 곤충, 선충에 기생하는 종들을 사용한 생물 농약은 유해 병원균이나 해충을 직접 공격하기도 한다.'라고 설명했다.

오답분석

① 첫 번째 문단 '화학 농약의 경우 그 성분이 토양에 달라붙어 제 기능을 발휘하지 못했기 때문'이라는 문장을 통해 확인 가능하다.

② 첫 번째 문단 '생물 농약을 개발한 것은 흙 속에 사는 병원균으로부터 식물을 보호할 목적'이라는 문장을 통해 확인 가능하다.

③ 두 번째 문단 '식물 성장을 돕고 항균 작용을 하는 미생물집단을 근권미생물'이라는 문장을 통해 확인 가능하다.

④ 두 번째 문단 '얼마나 뿌리에 잘 정착하느냐가 생물 농약으로 사용되는 미생물을 결정하는 데 중요한 기준'이라는 문장을 통해 확인 가능하다.

정답 ⑤

 이거 알면 30초 컷!

- 주어진 글의 내용과 일치하는 것 또는 일치하지 않는 것을 고르는 문제의 경우, 제시문을 읽기 전에 문제와 선택지를 먼저 읽어보는 것이 좋다. 이를 통해 지문 속에서 알아내야 할 정보가 무엇인지를 먼저 인지한 후 글을 읽어야 문제 푸는 시간을 단축할 수 있다.
- 선택지에 키워드를 표시한 후에 제시문에도 중요한 키워드는 표시하면서 독해한다. 이 경우 제시문을 다시 봐야 할 때, 필요한 정보가 있는 곳을 빠르게 찾을 수 있다.
- 이 유형의 경우 선택지에는 제시문의 아주 세부적인 내용(온도, 숫자 등)이나, 제시문의 내용을 반대로 설명하는 내용 혹은 A의 특징을 B의 특징으로 설명하는 선택지가 답인 경우가 많다. 때문에 이러한 부분에 주의하여 독해한다.
  - 예 ⑤ 생물 농약으로 쓰이는 미생물들은 유해 병원균이나 해충을 직접 공격하지는 못한다.
    → 생물 농약은 유해 병원균이나 해충을 직접 공격하기도 한다. 이 선택지는 제시문의 내용을 반대로 설명한 경우이다.

**유형분석**

- 글에 명시적으로 드러나지 않은 부분을 추론하여 답을 도출해야 하는 유형이다.
- 자신의 주관적인 판단보다는 글의 세부적 내용에 대한 이해를 바탕으로 확실한 근거를 가지고 문제를 풀어야 한다.

**다음 글을 통해 추론할 수 있는 내용으로 적절하지 않은 것은?** 1. 문제에서 제시하는 추론 유형을 확인
→ 세부적인 내용을 추론하는 유형

┌─①의 근거

제약 연구원이란 제약 회사에서 약을 만드는 과정에 참여하는 사람을 말한다. 제약 연구원은 이러한 모든 단계에 참여하지만, 특히 신약 개발 단계와 임상 시험 단계에서 가장 중점적인 역할을 한다. 일반적으로 약을 만드는 과정은 새로운 약품을 개발하는 신약 개발 단계, 임상 시험을 통해 개발된 신약의 약효를 확인하는 임상 시험 단계, 식약처에 신약이 판매될 수 있도록 허가를 요청하는 약품 허가 요청 단계, 마지막으로 의료진과 환자를 대상으로 신약에 대해 홍보하는 영업 및 마케팅의 단계로 나눈다.

┌─②의 근거

제약 연구원이 되기 위해서는 일반적으로 약학을 전공해야 한다고 생각하기 쉽지만, 약학 전공자 이외에도 생명 공학, 화학 공학, 유전 공학 전공자들이 제약 연구원으로 활발하게 참여하고 있다. 만일 신약 개발의 전문가가 되고 싶다면 해당 분야에서 오랫동안 연구한 경험이 필요하기 때문에 대학원에서 석사나 박사 학위를 취득하는 것이 유리하다.
└─③의 근거

제약 연구원이 되기 위해서는 전문적인 지식도 중요하지만, 사람의 생명과 관련된 일인 만큼, 무엇보다도 꼼꼼함과 신중함, 책임 의식이 필요하다. 또한 제약 회사라는 공동체 안에서 일을 하는 것이므로 원만한 일의 진행을 위해서 의사소통 능력도 필수적으로 요구된다. 오늘날 제약 분야가 빠르게 성장하고 있다는 점을 고려할 때, 일에 대한 도전 의식, 호기심과 탐구심 등도 제약 연구원에게 필요한 능력으로 꼽을 수 있다.
└─⑤의 근거
2. 문단을 읽으면서 선택지의 근거가 되는 부분을 확인

제약 연구원의 하는 일과 약을 만드는 과정

제약 연구원이 되기 위한 방법

제약 연구원에게 필요한 능력과 마음가짐

① 제약 연구원은 약품 허가 요청 단계에 참여한다.—첫 번째 문단

② 제약 연구원과 관련된 정보가 부족하다면 약학을 전공해야만 제약 연구원이 될 수 있다고 생각할 수 있다.

③ 생명이나 유전 공학 전공자도 제약 연구원으로 일할 수 있다.

④ 신약 개발 전문가가 되려면 반드시 석사나 박사를 취득해야 한다.

⑤ 오늘날 제약 연구원에게 요구되는 능력이 많아졌다.—세 번째 문단

두 번째 문단

제시문에 따르면 신약 개발의 전문가가 되기 위해서는 해당 분야에서 오랫동안 연구한 경험이 필요하므로 석사나 박사 학위를 취득하는 것이 유리하다고 하였다. 그러나 석사나 박사 학위가 신약 개발 전문가가 되는 데 도움을 준다는 것일 뿐이므로 반드시 필요한 필수 조건인지는 알 수 없다. 따라서 ④는 제시문을 통해 추론할 수 없다.

① 제약 연구원은 약을 만드는 모든 단계에 참여한다고 하였으므로 일반적으로 약을 만드는 과정에 포함되는 약품 허가 요청 단계에도 제약 연구원이 참여하는 것을 알 수 있다.
② 일반적으로 제약 연구원이 되기 위해서는 약학을 전공해야 한다고 생각하기 쉽다고 하였으므로, 제약 연구원에 대한 정보가 부족한 사람이라면 약학을 전공해야만 제약 연구원이 될 수 있다고 생각할 수 있다.
③ 약학 전공자 이외에도 생명 공학 · 화학 공학 · 유전 공학 전공자들도 제약 연구원으로 활발하게 참여하고 있다고 하였다.
⑤ 오늘날 제약 분야가 성장함에 따라 도전 의식, 호기심, 탐구심 등도 제약 연구원에게 필요한 능력이 되었다고 하였으므로, 과거에 비해 요구되는 능력이 많아졌음을 알 수 있다.

 정답 ④

### ⏰ 이거 알면 30초 컷!

- 문제에서 제시하는 추론 유형이 어떤 형태인지 파악한다.
  - 글쓴이의 주장/의도를 추론하는 유형 : 글에 나타난 주장, 근거, 논증 방식을 파악하는 유형으로, 주장의 타당성을 평가하여 글쓴이의 관점을 이해하며 읽는다.
  - 세부적인 내용을 추론하는 유형 : 주어진 선택지를 먼저 읽고 제시문을 읽으면서 답이 아닌 선택지를 지워나가는 방법이 효율적이다.
- 세부적인 내용을 추론하는 유형의 경우 글의 의도나 주장보다는 사실이나 수치에 근거한 자료에서 정답이 주로 출제되는 편이다. 뚜렷한 수치나 단계가 언급된 경우 선택지와의 대조에 유의하도록 한다.

- 글을 읽고 비판적 의견이나 반박을 생각할 수 있는지를 평가하는 유형이다.
- 제시문의 '주장'에 대한 반박을 찾는 것이므로, '근거'에 대한 반박이나 논점에서 벗어난 것을 찾지 않도록 주의해야 한다.

**다음 주장에 대한 반대 의견의 근거로 가장 적절하지 않은 것은?** 1. 문제를 풀기 위해 글의 주장, 관점, 의도, 근거 등 글의 핵심을 파악

> 소년법은 반사회성이 있는 소년의 환경 조정과 품행 교정을 위한 보호처분 등의 필요한 조치를 하고, 형사처분에 관한 특별조치를 적용하는 법이다. 만 14세 이상부터 만 19세 미만의 사람을 대상으로 하며, 인격 형성 도중에 있어 그 개선가능성이 풍부하고 심신의 발육에 따르는 특수한 정신적 동요상태에 놓여 있으므로 현재의 상태를 중시하여 소년의 건전한 육성을 기하려는 것이 본래의 목적이다. ── 소년법의 사전적 정의와 목적
>
> 하지만 청소년이 강력범죄를 저지르더라도 소년법의 도움으로 처벌이 경미한 점을 이용해 성인이 저지른 범죄를 뒤집어쓰거나 일정한 대가를 제시하고 대신 자수하도록 하는 등 악용사례가 있으며, 최근에는 미성년자들 스스로가 모의하여 발생한 강력범죄가 날로 수위를 높여가고 있다. 무엇보다 이러한 죄를 저지른 이들이 범죄나 처벌을 대수롭지 않게 여기는 태도를 보이는 경우가 많아 법의 존재 자체를 의심받는 상황에 이르고 있다. 따라서 해당 법을 폐지하고 저지른 죄에 걸맞은 높은 형량을 부여하는 것이 옳다. ── 소년법의 악용 사례와 실효성에 대한 의문 제기를 통한 소년법 폐지 및 형량 강화 주장

① 성인이 저지른 범죄를 뒤집어쓰는 경우는 소년법의 문제라기보다는 해당 범죄를 악용한 범죄자를 처벌하는 것이 옳다.

② 소년법 대상의 대부분이 불우한 가정환경을 가지고 있기 때문에 소년법 폐지보다는 범죄예방이 급선무이다.
　　　　　　　　　　　　　= 되갚음 → 소년법은 소년의 보호를 목적으로 하므로 어색함

③ 소년법을 폐지하면 형법의 주요한 목적 중 하나인 응보의 의미가 퇴색된다.

④ 세간에 알려진 것과 달리 강력범죄의 경우에는 미성년자라고 할지라도 실형을 선고받는 사례가 더 많으므로 성급한 처사라고 볼 수 있다.

⑤ 한국의 소년법은 현재 UN 아동권리협약에 묶여있으므로 무조건적인 폐지보다는 개선방법을 고민하는 것이 먼저다.

2. 글의 주장 및 근거의 어색한 부분을 찾아 반박 근거와 사례를 생각

형법의 주요한 목적 중 하나인 응보는 '어떤 행위에 대하여 받는 갚음'을 뜻한다. 제시문의 주장에 따르면 소년법을 악용하여 범죄 수준에 비해 처벌을 경미하게 받는 등 악용사례가 있으므로, 소년법을 폐지하면 응보의 의미가 퇴색된다는 것은 필자의 주장을 반박하는 근거로 적절하지 않다.

**오답분석**

① 소년법의 악용사례가 소년법 자체의 문제에 의한 것이 아니라고 주장하는 반대 의견이다.

② · ⑤ 소년법 본래의 취지와 현재의 상황을 상기시키며 필자의 주장이 지나치다고 반박하고 있다.

④ 필자의 주장의 근거 중 하나인 경미한 처벌이 사실과 다르다고 반박하고 있다.

정답 ③

### 이거 알면 30초 컷!

- 주장, 관점, 의도, 근거 등 문제를 풀기 위한 글의 핵심을 파악한다. 이후 글의 주장 및 근거의 어색한 부분을 찾아 반박할 주장과 근거를 생각해본다.
- 제시된 지문이 지나치게 길 경우 선택지를 먼저 파악하여 홀로 글의 주장이 어색하거나 상반된 의견을 제시하고 있는 답은 없는지 확인한다.

- 제시된 조건을 바탕으로 사람이나 사물을 배열하거나 분류하는 유형이 출제된다.

① 정보 확인　　　　┌ 환자　　　　　　　　　　　　　　　　　　　　　　┌ 처방약

약국에 희경, 은정, 소미, 정선 4명의 손님이 방문하였다. 약사는 이들로부터 처방전을 받아 A, B, C, D 네 봉지의 약을 조제하였다. 다음 조건이 참일 때 옳은 것은?

┌ 증세
- 방문한 손님들의 병명은 몸살, 배탈, 치통, 피부병이다.
- 은정이의 약은 B에 해당하고, 은정이는 몸살이나 배탈 환자가 아니다.
- A는 배탈 환자에 사용되는 약이 아니다.
- D는 연고를 포함하고 있는데, 이 연고는 피부병에만 사용된다.
- 희경이는 임산부이고, A와 D에는 임산부가 먹어서는 안 되는 약품이 사용되었다.
- 소미는 몸살 환자가 아니다.

① 은정이는 피부병에 걸렸다.

② 정선이는 몸살이 났고, 이에 해당하는 약은 C이다.

③ 소미는 치통 환자이다.

④ 희경이는 배탈이 났다.

⑤ 소미의 약은 A이다.

② 표로 시각화하여 정리

| 처방약 | 환자 | 몸살 | 배탈 | 치통 | 피부병 |
|:---:|:---:|:---:|:---:|:---:|:---:|
| A | 임산부×, 소미×, 희경× → 정선 | ○ | × | × | × |
| B | 은정 | × | × | ○ | × |
| C | 희경 | × | ○ | × | × |
| D | 임산부×, 소미 | × | × | × | ○ |

• 증세

증세에 따른 처방전에 대한 조건을 정리하면 다음과 같다.

A : 세 번째 조건 - 배탈 ×

B : 두 번째 조건 - 몸살 ×, 배탈 ×

D : 네 번째 조건 - 피부병 ○

처방전 D의 증세는 피부병이므로 처방전 B의 증세는 치통이다. 처방전 B와 D의 증세에 따라 처방전 A의 증세는 몸살이고 나머지 처방전 C의 증세는 배탈이다.

• 처방전

환자와 처방전에 대한 조건을 정리하면 다음과 같다.

A : 다섯 번째 조건 - 임산부 ×

B : 두 번째 조건 - 은정 ○

D : 다섯 번째 조건 - 임산부 ×

다섯 번째 조건에서 희경이는 임산부라고 하였는데 처방전 A와 D는 임산부가 먹어서는 안 되는 약품이라고 하였으므로 희경이의 처방전은 C이다. 마지막 조건에 의해 소미는 몸살 환자가 아님을 알 수 있는데 처방전 A는 몸살 환자에게 필요한 약품이므로 소미의 처방전은 D이다.

 정답 ④

 이거 알면 30초 컷!

- 제시된 조건을 자신만의 방법으로 도식화하여 나타낸다.
- 고정 조건을 중심으로 표나 도식으로 정리하여 확실한 조건과 배제해야 할 조건들을 정리한다.

- '$p \rightarrow q$, $q \rightarrow r$이면 $p \rightarrow r$이다.' 형식의 삼단논법과 명제의 대우를 활용하여 푸는 유형이다.
- 명제의 역 · 이 · 대우

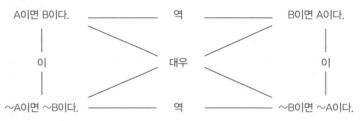

다음 명제가 참일 때, 항상 옳은 것은?

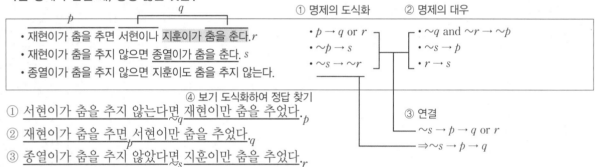

① 서현이가 춤을 추지 않는다면 재현이만 춤을 추었다.
② 재현이가 춤을 추면 서현이만 춤을 추었다.
③ 종열이가 춤을 추지 않았다면 지훈이만 춤을 추었다.
④ 서현이가 춤을 추면 재현이와 지훈이는 춤을 추었다.
⑤ 종열이가 춤을 추지 않았다면 재현이와 서현이는 춤을 추었다.

'재현이가 춤을 주다.'를 $p$, '서현이가 춤을 춘다.'를 $q$, '지훈이가 춤을 춘다.'를 $r$, '종열이가 춤을 춘다.'를 $s$라고 하면 주어진 명제는 순서대로 $p \rightarrow q$ or $r$, $\sim p \rightarrow s$, $\sim s \rightarrow \sim r$이다. 두 번째 명제의 대우는 $\sim s \rightarrow p$이고 이를 첫 번째 명제와 연결하면 $\sim s \rightarrow p \rightarrow q$ or $r$이다. 세 번째 명제에서 $\sim s \rightarrow \sim r$라고 하였으므로 $\sim s \rightarrow p \rightarrow q$임을 알 수 있다. 따라서 ⑤가 적절하다.

정답 ⑤

**이거 알면 30초 컷!**

• 꼬리 물기 명제의 경우 가장 첫 문장을 찾는다.
• 참/거짓 문제는 모순이 되는 진술을 먼저 찾고 이의 참/거짓을 판단한다.

# 언어 · 수추리

**유형분석**

- 나열된 수를 분석하여 그 안의 규칙을 찾고 적용할 수 있는지를 평가하는 유형이다.
- 규칙에 분수나 소수가 나오면 어려운 문제인 것처럼 보이지만 오히려 규칙은 단순한 경우가 많다.
- 수열
  - 등차수열 : 앞의 항에 일정한 수를 더해 이루어지는 수열
  - 등비수열 : 앞의 항에 일정한 수를 곱해 이루어지는 수열
  - 계차수열 : 앞의 항과의 차가 일정하게 증가하는 수열
  - 피보나치수열 : 앞의 두 항의 합이 그 다음 항이 되는 수열

※ 일정한 규칙으로 수나 문자를 나열할 때, 빈칸에 들어갈 알맞은 것을 고르시오. [1~2]

## 01

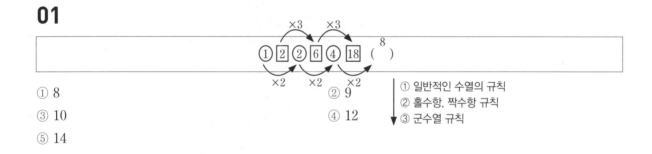

① 8
② 9
③ 10
④ 12
⑤ 14

## 02

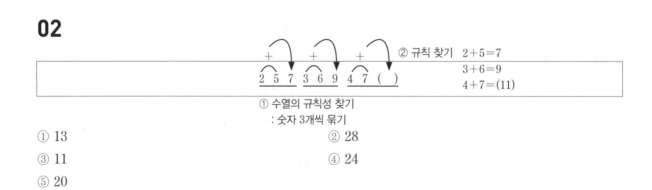

① 13
② 28
③ 11
④ 24
⑤ 20

## 01

홀수 항에는 ×2를 하고, 짝수 항에는 ×3을 하는 수열이다.

따라서 (   )=4×2=8이다.

정답 ①

## 02

나열된 수를 3개씩 묶어 각각 $A$, $B$, $C$라고 하면

$\underline{A\,B\,C} \rightarrow A+B=C$

따라서 (   )=4+7=11이다.

정답 ③

 **이거 알면 30초 컷!**

일반적인 방법으로 규칙이 보이지 않는다면 홀수항과 짝수항을 분리해서 파악하거나, 군수열을 의심하고 $n$개의 항을 묶어 생각한다.

# 수리

**유형분석**

- 기차와 터널의 길이, 물과 같이 속력이 있는 공간 등 추가적인 거리 · 시간 · 속력에 관한 정보가 있는 경우 난이도가 높은 편에 속하는 문제로 출제되지만, 기본적인 공식에 더하거나 빼는 것이므로 기본에 집중한다.
- (거리) = (시간) × (속력)

- (시간) = $\dfrac{(거리)}{(속력)}$

- (속력) = $\dfrac{(거리)}{(시간)}$

물의 방향 →

③ ・물의 방향 : +1m/s
・물의 반대 방향 : −1m/s

① 3,000m

강물이 A지점에서 3km 떨어진 B지점으로 흐르고 있을 때, 물의 속력이 1m/s이다. 철수가 A지점에서 B지점까지 갔다가 다시 돌아오는 데 1시간 6분 40초가 걸렸다고 한다. 철수의 속력은 몇 m/s인가?

① 4,000초
② 미지수 설정
① 구해야 할 최종 단위에 맞추어 계산

① 2m/s
② 4m/s
③ 6m/s
④ 8m/s
⑤ 12m/s

② 철수의 속력을 $x$m/s라 하사. ┌─ 물의 방향 ┌─ 물의 반대 방향

A지점에서 B지점으로 갈 때 속력은 $(x+1)$m/s, B지점에서 A지점로 갈 때 속력은 $(x-1)$m/s이다.
③

1시간 6분 40초는 $1 \times 60 \times 60 + 6 \times 60 + 40 = 4{,}000$초이고, 3km는 3,000m이므로
① ①

$\dfrac{3{,}000}{x+1} + \dfrac{3{,}000}{x-1} = 4{,}000$

$\rightarrow 6{,}000x = 4{,}000(x+1)(x-1)$

$\rightarrow 3x = 2(x^2 - 1)$

$\rightarrow 2x^2 - 3x - 2 = 0$

$\rightarrow (2x+1)(x-2) = 0$

$\therefore x = 2 \ (\because 속력 \geq 0)$

정답 | ①

🕥 **이거 알면 30초 컷!**

• 기차나 터널의 길이, 물과 같이 속력이 있는 장소 등 추가적인 조건을 반드시 확인한다.
• 속력과 시간의 단위를 처음에 정리하여 계산하면 계산 실수 없이 풀이할 수 있다.
  ㅡ 1시간 = 60분 = 3,600초
  ㅡ 1km = 1,000m = 100,000$cm$

- (소금물의 농도)$=\dfrac{(소금의\ 양)}{(소금물의\ 양)}$
- (소금물의 양)$=$(소금의 양)$+$(물의 양)

② 섞은 설탕물의 설탕 양 구하기

- 농도 : 변화 ×
- 설탕물의 양 : $(600-x)$g
- 설탕의 양 : ↓

10% 설탕물 480g에 20% 설탕물 120g을 섞었다. 이 설탕물에서 한 컵의 설탕물을 퍼내고, 퍼낸 설탕물의 양만큼 다시 물을 부었더니 11%의 설탕물이 되었다. 이때 컵으로 퍼낸 설탕물의 양은?③

④ 방정식 ── ① 미지수 설정

- 농도 : 변화 ○
- 설탕물의 양 : $600(=600-x+x)$g
- 설탕의 양 : 변화 ×

① 30g
② 50g
③ 60g
④ 90g
⑤ 100g

- 10% 설탕물에 들어있는 설탕의 양 : $\dfrac{10}{100} \times 480 = 48g$

- 20% 설탕물에 들어있는 설탕의 양 : $\dfrac{20}{100} \times 120 = 24g$

- 두 설탕물을 섞었을 때의 농도 : $\dfrac{48+24}{480+120} \times 100 = 12\%$ ② ②

컵으로 퍼낸 설탕물의 양을 $x$g이라고 하자. 이때, 컵으로 퍼낸 설탕의 양은 $\dfrac{12}{100}x$g이다.
① ③

컵으로 퍼낸 만큼 물을 부었을 때의 농도는 $\dfrac{(48+24)-\dfrac{12}{100}x}{600-x+x} \times 100 = 11\%$이므로
④

$\dfrac{\left(72-\dfrac{12}{100}x\right) \times 100}{600} = 11$

$\rightarrow 7{,}200 - 12x = 600 \times 11$

$\rightarrow 12x = 600$

$\therefore x = 50$

 정답 ②

 **이거 알면 30초 컷!**

- 숫자의 크기를 최대한 간소화해야 한다. 특히, 농도의 경우 분수와 정수가 같이 제시되고, 최근에는 비율을 활용한 문제가 많이 출제되고 있으므로 통분이나 약분을 통해 수를 간소화시켜 계산 실수를 줄일 수 있도록 한다.
- 소금물이 증발하는 경우 소금의 양은 유지되지만, 물의 양이 감소한다. 따라서 농도는 증가한다.
- 농도가 다른 소금물 두 가지를 섞는 문제의 경우 보통 두 소금물을 합했을 때의 전체 소금물의 양을 제시해주는 경우가 많다. 때문에 각각의 미지수를 $x$, $y$로 정하는 것보다 하나를 $x$로 두고 다른 하나를 (전체)$-x$로 식을 세우면 계산을 간소화할 수 있다.

**유형분석**

- 구하고자 하는 값을 미지수로 놓고 식을 세운다.
- 최근 증가 · 감소하는 비율이나 평균과 결합된 문제가 많이 출제되고 있다.

유진이네 반 학생 50명이 총 4문제가 출제된 수학시험을 보았다. **1번과 2번 문제를 각 3점, 3번과 4번 문제를 각 2** [식 2] [식 1] **점으로 채점하니 평균이 7.2점이었고, 2번 문제를 2점, 3번 문제를 3점으로 배점을 바꾸어서 채점하니 평균이 6.8점이었다. 또한 각 문제의 배점을 문제 번호와 같게 하여 채점하니 평균은 6점이었다.** 1번 문제를 맞힌 학생이 총 48명 일 때, 2번, 3번, 4번 문제를 맞힌 학생 수의 총합으로 알맞은 것은? [식 3]

① 미지수 설정

- 2번 문제를 맞힌 학생의 수 : $a$명
- 3번 문제를 맞힌 학생의 수 : $b$명
- 4번 문제를 맞힌 학생의 수 : $c$명

② 문제 확인

① 82명      ② 84명
③ 86명      ④ 88명
⑤ 90명

2번, 3번, 4번 문제를 맞힌 학생 수를 각각 $a$, $b$, $c$명이라 하자. ①

$$3(48+a)+2(b+c)=7.2\times 50 \rightarrow 3a+2b+2c=216 \cdots ㉠$$
$$3(48+b)+2(a+c)=6.8\times 50 \rightarrow 2a+3b+2c=196 \cdots ㉡$$
$$48+2a+3b+4c=6\times 50 \rightarrow 2a+3b+4c=252 \cdots ㉢$$
㉡과 ㉢을 연립하면 $2c=56 \rightarrow c=28$

$c=28$을 대입하여 ㉠과 ㉡을 연립하면 ─③ 미지수 줄이기
$a=40$, $b=20$ ㉡과 ㉢의 경우 $2a+3b$가 공통되어 있으므로 이를 먼저 소거하여 $c$계산

따라서 2번, 3번, 4번 문제를 맞힌 학생 수는 각각 40명, 20명, 28명이고, 이들의 합은 $40+20+28=88$명이다.

정답 ④

### 🕒 이거 알면 30초 컷!

최근에는 가중평균을 활용한 문제가 많이 출제되고 있다. 때문에 산술평균과 가중평균의 개념을 알아두고, 적절하게 활용하도록 한다.

• 산술평균

$n$개로 이루어진 집합 $x_1$, $x_2$, $x_3$, $\cdots$, $x_n$이 있을 때 원소의 총합을 개수로 나눈 것

$$m=\frac{x+x_2+\cdots+x_n}{n}$$

• 가중평균

$n$개로 이루어진 집합 $x_1$, $x_2$, $x_3$, $\cdots$, $x_n$이 있을 때, 각 원소의 중요도나 영향도를 $f_1$, $f_2$, $f_3$, $\cdots$, $f_n$이라고 하면 각 원소의 중요도나 영향도를 가중치로 곱하여 가중치의 합인 $N$으로 나눈 것

$$m=\frac{x_1f_1+x_2f_2+\cdots x_nf_n}{N}$$

예 B학생의 성적이 다음과 같다.

| 과목 | 국어 | 수학 | 영어 |
|------|------|------|------|
| 점수 | 70점 | 90점 | 50점 |

B학생의 산술평균 성적은 $\frac{70+90+50}{3}=70$점이다.

A대학교는 이공계 특성화 대학이다. 때문에 국어, 수학, 영어에 각각 2 : 5 : 3의 가중치를 두어 학생을 선발할 예정이다. 이때 B학생 성적의 가중평균을 구하면 $\frac{740}{2+5+3}=74$점이다.

---

**유형분석**

- 미지수의 값이 계산에 의해 정확하게 구해지는 것이 아니라 가능한 여러 경우의 수를 찾아서 조건에 맞는 값을 고르는 유형이다.
- 사람이나 물건의 개수를 구하는 문제라면 0이나 자연수로만 답을 구해야 한다. 이처럼 문제에서 경우의 수로 가능한 조건이 주어지므로 유의한다.

---

② 미지수 확인 | 식 1

획수가 5획, 8획, 11획인 한자를 활용하여 글을 쓰려고 한다. 각 한자를 $a$, $b$, $c$번 사용하였을 때 총 획의 수는 71획이고, 5획과 11획의 활용 횟수를 바꿔 사용했더니 총 획의 수가 89획이 되었다. 이때 8획인 한자는 최대 몇 번 쓸 수 있는가?(단, 각 한자는 한 번 이상씩 사용하였다)

식 2 | ① 문제에서 묻는 내용 확인

① 4번　　　　　　　　　　　② 5번
③ 6번　　　　　　　　　　　④ 7번
⑤ 8번

$5a+8b+11c=71$ … ㉠

$11a+8b+5c=89$ … ㉡

㉠과 ㉡을 연립하면

$6a-6c=18 \rightarrow a-c=3 \rightarrow a=c+3$ … ㉢

㉢을 ㉠에 대입하면

$5(c+3)+8b+11c=71 \rightarrow 16c+8b=56 \rightarrow 2c+b=7$

③ 미지수 줄이기

8획인 한자 $c$가 남도록 식 간소화

$b$, $c$는 1 이상의 자연수이므로 $(b, c)$는 $(1, 3)$, $(3, 2)$, $(5, 1)$가 가능하다.

$b$의 값이 최대가 되려면 $c$가 최솟값을 가져야하므로 $c=1$이고, $b=5$가 된다.

따라서 8획인 한자는 최대 5번을 활용할 수 있다.

$b$, $c$가 될 수 있는 조건 확인

획의 수 $=0$ or 자연수

정답 ②

**이거 알면 30초 컷!**

• 연립방정식이 나오는 경우 중복이 많은 문자를 소거할 수 있는 방법을 찾거나 가장 짧은 식을 만든다.

• 미지수를 추리해야 하는 경우 계수가 큰 미지수를 먼저 구하면 계산 과정을 줄일 수 있다.

안심Touch

**유형분석**

- 원가 · 정가 · 할인가 · 판매가의 개념을 명확히 한다.
- (정가)=(원가)+(이익)
- (할인가)=(정가)$\times\left\{1-\dfrac{(할인율)}{100}\right\}$

$\overbrace{\qquad}^{원가}$ 원가　$\overbrace{\qquad}^{(정가)=(원가)\times\left(1+\frac{25}{100}\right)}$

윤정이는 어떤 물건을 100개 구입하여, 구입 가격에 25%를 더한 가격으로 50개를 팔았다. 남은 물건 50개를 기존

판매가에서 일정 비율 할인하여 판매했더니 본전이 되었다. 이때 할인율은 얼마인가?

정가　　　　　　(할인 판매가)　　② 조건 확인　　① 미지수 설정

① 32.5%　　　　　=(정가)×{1-(할인율)}　　(100개의 원가)　　· 구입가격(원가) : $x$원

② 35%　　　　　　=(정가)$\times\left(1-\dfrac{y}{100}\right)$　　=(100개의 판매가)　　· 할인율 : $y$%

③ 37.5%

④ 40%

⑤ 42.5%

윤정이가 구입한 개당 가격을 $x$원, 할인율을 $y$%라고 하자.

물건 100개의 원가는 $100 \times x$원이고, 판매가는 다음과 같다.

$$50 \times 1.25 \times x + 50 \times 1.25 \times \left(1 - \frac{y}{100}\right) \times x$$

윤정이가 물건을 다 팔았을 때 본전이었으므로 (판매가)＝(원가)이다.

$$100x = 50 \times 1.25 \times x + 50 \times 1.25 \times \left(1 - \frac{y}{100}\right) \times x$$

$$\rightarrow 2 = 1.25 + 1.25 \times \left(1 - \frac{y}{100}\right)$$

$$\rightarrow 3 = 5 - \frac{y}{20}$$

$$\therefore y = 40$$

정답 ④

 **이거 알면 30초 컷!**

- 제시된 문제의 원가($x$)처럼 기준이 동일하고, 이를 기준으로 모든 값을 계산하는 경우에 처음부터 $x$를 생략하고 식을 세우는 연습을 한다.
- 정가가 반드시 판매가인 것은 아니다.
- 금액을 계산하는 문제는 보통 비율과 함께 제시되기 때문에 풀이과정에서 실수하기 쉽다. 때문에 선택지의 값을 대입해서 풀이하는 것이 실수 없이 빠르게 풀 수 있는 방법이 될 수도 있다.

# 수리

**유형분석**

- 전체 작업량을 1로 놓고, 분·시간 등의 단위 시간 동안 한 일의 양을 기준으로 식을 세운다.
- $(일률) = \dfrac{(작업량)}{(작업시간)}$

① (전체 일의 양)=1    ② (하루 동안 할 수 있는 일의 양)=(일률)=$\dfrac{(작업량)}{(작업기간)}$

**프로젝트**를 완료하는 데 A사원이 혼자 하면 7시간, B사원이 혼자 하면 9시간이 걸린다. 3시간 동안 두 사원이 함께 프로젝트를 진행하다가 B사원이 반차를 내는 바람에 나머지는 A사원이 혼자 처리해야 한다. A사원이 남은 프로젝트를 완료하는 데에는 시간이 얼마나 더 걸리겠는가?

③ 남은 일의 양을 계산    ⑤ (작업기간)=$\dfrac{(작업량)}{(일률)}$

④ 미지수 설정

① 1시간 20분    ② 1시간 40분
③ 2시간    ④ 2시간 10분
⑤ 2시간 20분

프로젝트를 완료하는 일의 양을 1이라 하면, A사원은 한 시간에 $\frac{1}{7}$, B사원은 한 시간에 $\frac{1}{9}$만큼의 일을 할 수 있다.
①                                          ②

3시간 동안 같이 한 일의 양은 $\left(\frac{1}{7}+\frac{1}{9}\right)\times 3=\frac{16}{21}$이므로, A사원이 혼자 해야 할 일의 양은 $\frac{5}{21}\left(=1-\frac{16}{21}\right)$가 된다.
③

이때 프로젝트를 완료하는 데 걸리는 시간을 $x$시간이라 하자.
④

$\frac{1}{7}\times x=\frac{5}{21} \rightarrow x=\frac{5}{3}$
⑤

따라서 A사원 혼자 프로젝트를 완료하는 데에는 총 1시간 40분이 더 걸린다.

정답 ②

### 이거 알면 30초 컷!

전체의 값을 모르는 상태에서 비율을 묻는 문제의 경우 전체를 1이라고 하면 쉽게 풀이할 수 있다. 이는 단순히 일률을 계산하는 경우뿐만 아니라 조건부 확률과 같이 비율이 나오는 문제에는 공통적으로 적용가능하다.

---

**유형분석**

- 부등식의 양변에 같은 수를 더하거나 같은 수를 빼도 부등호의 방향은 바뀌지 않는다.
    - → $a<b$이면 $a+c<b+c$, $a-c<b-c$
- 부등식의 양변에 같은 양수를 곱하거나 양변을 같은 양수로 나누어도 부등호의 방향은 바뀌지 않는다.
    - → $a<b$, $c>0$이면 $a×c<b×c$, $\dfrac{a}{c}<\dfrac{b}{c}$
- 부등식의 양변에 같은 음수를 곱하거나 양변을 같은 음수로 나누면 부등호의 방향은 바뀐다.
    - → $a<b$, $c<0$이면 $a×c>b×c$, $\dfrac{a}{c}>\dfrac{b}{c}$

---

⟨1개 기준⟩

| 구분 | A제품 | B제품 |
|------|-------|-------|
| 재료비 | 3,600 | 1,200 |
| 인건비 | 1,600 | 2,000 |

어느 회사에서는 A, B 두 제품을 주력 상품으로 제조하고 있다. A제품을 1개 만드는 데 재료비는 3,600원, 인건비는 1,600원이 들어간다. 또한 B제품을 1개 만드는 데 재료비는 1,200원, 인건비는 2,000원이 들어간다. 이 회사는 한 달 동안 두 제품을 합하여 40개를 생산하려고 한다. 재료비는 12만 원 이하, 인건비는 7만 원 이하가 되도록 하려고 할 때, A제품을 최대로 생산하면 몇 개를 만들 수 있는가?

③ 부등식      ① 미지수 설정

② 미지수 줄이기
$x+y=40$
$y=40-x$

① 25개    • A제품 생산 개수 : $x$개   ② 26개
③ 28개    • B제품 생산 개수 : $y$개   ④ 30개
⑤ 31개

- A제품 생산 개수 : $x$개
- B제품 생산 개수 : $(40-x)$개

A제품의 생산 개수를 $x$개라 하자. ──①

B제품의 생산 개수는 $(40-x)$개이다. ──②

$3,600 \times x + 1,200 \times (40-x) \leq 120,000$

∴ $x \leq 30$

$1,600 \times x + 2,000 \times (40-x) \leq 70,000$ ──③

∴ $x \geq 25$

→ $25 \leq x \leq 30$

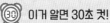

25　　30 ← 최대

따라서 A제품은 최대 30개까지 생산할 수 있다.

정답 ④

### ⏰ 이거 알면 30초 컷!

- 문제에 이상, 이하, 초과, 미만, 최대, 최소 등의 표현이 사용된다.
- 미지수가 2개 이상 나오는 경우나 부등식이 2개 사용되는 경우 그래프를 활용하면 실수의 확률을 줄일 수 있다.
- 최대를 묻는 경우의 부등호의 방향은 미지수가 작은 쪽($x \leq n$)으로 나타내고, 최소를 묻는 경우 부등호의 방향은 미지수가 큰 쪽 $(x \geq n)$으로 나타낸다.

**유형분석**

- 두 사건 A, B가 동시에 일어나지 않을 때, A가 일어나는 경우의 수가 $a$가지, B가 일어나는 경우의 수를 $b$가지라고 하면 A 또는 B가 일어나는 경우의 수는 $(a+b)$가지이다.
- 두 사건 A, B가 동시에 일어날 때, A가 일어나는 경우의 수가 $a$가지, B가 일어나는 경우의 수를 $b$가지라고 하면 A와 B가 동시에 일어나는 경우의 수는 $a \times b$가지이다.
- $n$명 중 자격이 다른 $m$명을 뽑는 경우의 수 : $_nP_m$
- $n$명 중 자격이 같은 $m$명을 뽑는 경우의 수 : $_nC_m$

중복 확인(사람일 때는 같은 사람이 없으므로 중복이 없지만,
사물이나 직급, 성별같은 경우에는 중복이 있을 수 있으므로 주의해야 함)

합의 법칙

A, B, C, D, E 다섯 명을 전방을 향해 일렬로 배치할 때, B와 E 사이에 1명 또는 2명이 있도록 하는 경우의 수는?

순서를 고려하므로 순열 P                    ①, ②          ④

① 30가지                          ② 60가지
③ 90가지                          ④ 120가지
⑤ 150가지

어떤 둘 사이에 $n$명($n \geq 2$)을 배치할 때,
$(n+2)$명을 한 묶음으로 생각하고 계산
→ $(n+2)$명을 1명으로 치환

전체 $m$명을 일렬로 배치하는 데 $n$명($2 \leq n \leq m$)이 붙어있을 경우의 수는?
① $n$명을 한 묶음으로 본다. 이때, 이 한 묶음 안에서 $n$명을 배치하는 경우의 수 : $n!$
② $n$명을 1명으로 생각
③ $(m-n+1)$명을 배치하는 경우의 수 : $(m-n+1)!$
④ 곱의 법칙으로 전체 경우의 수 : $n! \times (m-n+1)!$

ⅰ) B와 E 사이에 1명이 있는 경우
  • A, C, D 중 B와 E 사이에 위치할 1명을 골라 줄을 세우는 방법 : $_3P_1$ ─ ①, ②
  B와 E, 가운데 위치한 1명을 한 묶음으로 생각하고, B와 E가 서로 자리를 바꾸는 것도 고려하면
  전체 경우의 수는 $_3P_1×3!×2=3×6×2=36$가지이다.
                    ③

ⅱ) B와 E 사이에 2명이 있는 경우
  • A, C, D 중 B와 E 사이에 위치할 2명을 골라 줄을 세우는 방법 : $_3P_2$ ─ ①, ②
  B와 E, 가운데 위치한 2명을 한 묶음으로 생각하고, B와 E가 서로 자리를 바꾸는 것도 고려하면
  전체 경우의 수는 $_3P_2×2!×2=6×2×2=24$가지이다.
                    ③

∴ 구하는 경우의 수 : $\underline{36+24=60}$가지
                ④

정답 ②

 **이거 알면 30초 컷!**
  • 기본적으로 많이 활용되는 공식은 숙지한다.
    ─ 동전 $n$개를 던졌을 때의 경우의 수 : $2^n$가지
    ─ 주사위 $n$개를 던졌을 때의 경우의 수 : $6^n$가지
    ─ $n$명을 한 줄로 세우는 경우의 수 : $n!$
    ─ 원형 모양의 탁자에 $n$명이 앉는 경우의 수 : $(n-1)!$
  • 확률과 경우의 수 문제는 빠르게 계산할 수 있는 방법을 생각해야 한다. 특히 '이상'과 같은 표현이 사용됐다면 1(전체)에서 나머지 확률(경우의 수)를 빼는 방법(여사건 활용)이 편리하다.

**유형분석**

- $(백분율) = \dfrac{(비교하는\ 양)}{(기준량)} \times 100$

- $(증감률) = \dfrac{(비교대상의\ 값) - (기준값)}{(기준값)}$

- $(증감량) = (비교대상\ 값\ A) - (또\ 다른\ 비교대상의\ 값\ B)$

다음은 은행별 금융민원감축 노력수준 평가에 해당 공시자료이다. 이에 대한 설명 중 옳지 않은 것은?

① 표 제목 확인
표 제목은 표의 내용을 요약한 것으로 표를 보기 전 확인하면 표 해석에 도움이 됨

〈금융민원 발생 현황〉

② 단위 확인
함정이 생길 수 있는 부분이므로 확인 필수

(단위 : 건)

③ 표의 항목 확인

②

| 은행명 | 민원 건수(고객 십만 명당) | | 민원 건수 | |
|---|---|---|---|---|
| | 2020년 | 2021년 | 2020년 | 2021년 |
| A | 5.62 | 4.64 | 1,170 | 1,009 |
| B | 5.83 | 4.46 | 1,695 | 1,332 ↑ 제일 많음 |
| C | 4.19 | 3.92 | 980 | 950 ↓ 제일 적음 |
| D | 5.53 | 3.75 | 1,530 | 1,078 |

감소

① 금융민원 발생 건수는 전반적으로 전년 대비 감소했다고 평가할 수 있다.

$$(\text{○○○○년 대비 □□□□년 증감률}) = \frac{(\text{□□□□년 데이터}) - (\text{○○○○년 데이터})}{(\text{○○○○년 데이터})} \times 100$$

② 2021년을 기준으로 C은행은 금융민원 건수가 가장 적지만, 전년 대비 민원 감축률은 약 3.1%로 가장 낮았다.

A를 A은행의 전년 대비 민원 감축률, B를 B은행의 전년 대비 민원 감축률, C를 C은행의 전년 대비 민원 감축률, D를 D은행의 전년 대비 민원 감축률이라 하자.

**C와 A, B, D 배수 비교**

$$C : \frac{30}{980} \times 100 < (A : \frac{161}{1,170} \times 100,\ B : \frac{363}{1,695} \times 100,\ D : \frac{452}{1,530} \times 100)$$

(∵ 분자는 5배 이상 차이가 나지만 분모는 2배 미만)

③ 가장 많은 고객을 보유하고 있는 은행은 2021년에 금융민원 건수가 가장 많다.

$$\rightarrow (\text{고객 십만 명당 민원 건수}) = \frac{\dfrac{(\text{전체 민원 건수})}{(\text{전체 고객 수})}}{(\text{십만 명})}$$

→ (전체 고객 수) = (전체 민원 건수) ÷ (고객 십만 명당 민원 건수) × (십만 명)

④ 금융민원 건수 감축률을 기준으로 금융소비자보호 수준을 평가했을 때 D → A → B → C은행 순서로 우수하다. → **A와 B 배수 비교**

$$A : \frac{161}{1,170} \times 100 < B : \frac{363}{1,695} \times 100$$

(∵ $363 = 161 \times n$, $1,695 = 1,170 \times m$

이라고 하면, $n > 2$이고 $0 < m < 2$이므로 $\dfrac{n}{m} > 1$)

**B와 D 분수 비교**

$$B : \frac{363}{1,695} \times 100 < D : \frac{452}{1,530} \times 100 (\because 452 > 363,\ 1,530 < 1,695)$$

⑤ 민원 건수가 2020년 대비 2021년에 가장 많이 감소한 곳은 D은행이다.

은행별 감축률을 구하면 다음과 같다.

- 전년 대비 2021년 A은행 금융민원 건수 감축률 : $(|1{,}009-1{,}170|)\div1{,}170\times100=\dfrac{161}{1{,}170}\times100\fallingdotseq13.8\%$

- 전년 대비 2021년 B은행 금융민원 건수 감축률 : $(|1{,}332-1{,}695|)\div1{,}695\times100=\dfrac{363}{1{,}695}\times100\fallingdotseq21.4\%$

- 전년 대비 2021년 C은행 금융민원 건수 감축률 : $(|950-980|)\div980\times100=\dfrac{30}{980}\times100\fallingdotseq3.1\%$

- 전년 대비 2021년 D은행 금융민원 건수 감축률 : $(|1{,}078-1{,}530|)\div1{,}530\times100=\dfrac{452}{1{,}530}\times100\fallingdotseq29.5\%$

따라서 D → B → A → C은행 순서로 우수하다.

**오답분석**

① 제시된 자료의 민원 건수를 살펴보면, 2020년 대비 2021년에 모든 은행의 민원 건수가 감소한 것을 확인할 수 있다.

② C은행의 2021년 금융민원 건수는 950건으로 가장 적지만, 전년 대비 약 3%로 가장 낮은 수준의 감축률을 달성하였다.

- 전년 대비 2021년 A은행 금융민원 건수 감축률 : $(|1{,}009-1{,}170|)\div1{,}170\times100=\dfrac{161}{1{,}170}\times100\fallingdotseq13.8\%$

- 전년 대비 2021년 B은행 금융민원 건수 감축률 : $(|1{,}332-1{,}695|)\div1{,}695\times100=\dfrac{363}{1{,}695}\times100\fallingdotseq21.4\%$

- 전년 대비 2021년 C은행 금융민원 건수 감축률 : $(|950-980|)\div980\times100=\dfrac{30}{980}\times100\fallingdotseq3.1\%$

- 전년 대비 2021년 D은행 금융민원 건수 감축률 : $(|1{,}078-1{,}530|)\div1{,}530\times100=\dfrac{452}{1{,}530}\times100\fallingdotseq29.5\%$

③ 각 은행의 고객 수는 '(전체 민원 건수)÷(고객 십만 명당 민원 건수)×(십만 명)'으로 구할 수 있다. B은행이 약 29,865,471명으로 가장 많으며, 2021년 금융민원 건수도 1,332건으로 가장 많다.

- A은행 고객 수 : $1{,}009\div4.64\times(십만 명)=\dfrac{1{,}009}{4.64}\times(십만 명)\fallingdotseq21{,}745{,}690$명

- B은행 고객 수 : $1{,}332\div4.46\times(십만 명)=\dfrac{1{,}332}{4.46}\times(십만 명)\fallingdotseq29{,}865{,}471$명

- C은행 고객 수 : $950\div3.92\times(십만 명)=\dfrac{950}{3.92}\times(십만 명)\fallingdotseq24{,}234{,}694$명

- D은행 고객 수 : $1{,}078\div3.75\times(십만 명)=\dfrac{1{,}078}{3.75}\times(십만 명)\fallingdotseq28{,}746{,}667$명

십만 명이 곱해지는 것은 모두 같기 때문에 앞의 분수만으로 비교를 해보면, 먼저 A은행과 B은행의 고객 수는 4.64>4.46이고 1,009<1,332이므로 분모가 작고 분자가 큰 B은행 고객 수가 A은행 고객 수보다 많다. 또한 C은행 고객 수와 D은행 고객 수를 비교해보면 3.92>3.75이고 950<1,078이므로 분모가 작고 분자가 큰 D은행 고객 수가 C은행 고객 수보다 많다. 마지막으로 D은행 고객 수와 B은행 고객 수를 직접 계산으로 비교를 하면 B은행이 D은행보다 고객 수가 많은 것을 알 수 있다.

⑤ D은행은 총 민원 건수가 452건 감소하였으므로 적절하다.

**정답 ④**

**이거 알면 30초 컷!**

- 계산이 필요 없는 선택지를 먼저 해결한다.
  예 ②와 ④의 풀이방법은 동일하다.
- 정확한 값을 비교하기보다 어림값을 활용한다.

**배수 비교**

- $D=mB$, $C=nA$(단, $n$, $m\geq0$)일 때,

  $n>m$이면 $\dfrac{n}{m}>1$이므로 $\dfrac{A}{B}<\dfrac{C}{D}$

  $n=m$이면 $\dfrac{n}{m}=1$이므로 $\dfrac{A}{B}=\dfrac{C}{D}$

  $n<m$이면 $0<\dfrac{n}{m}<1$이므로 $\dfrac{A}{B}>\dfrac{C}{D}$

- $A=mB$, $C=nD$(단, $n$, $m\geq0$)일 때,

  $\dfrac{A}{B}=\dfrac{mB}{B}=m$, $\dfrac{C}{D}=\dfrac{mD}{D}=n$이므로

  $n>m$이면 $\dfrac{A}{B}<\dfrac{C}{D}$

  $n=m$이면 $\dfrac{A}{B}=\dfrac{C}{D}$

  $n<m$이면 $\dfrac{A}{B}>\dfrac{C}{D}$

# CHAPTER 04

# 도형

**유형분석**

- 도식에 적용되는 다양한 규칙을 이해하고 도식 흐름에 따른 결과를 추론하는 유형이다.
- 도형을 숫자로 나타내면 더욱 쉽게 풀이를 할 수 있다.

다음 도식의 기호들은 일정한 규칙에 따라 도형을 변화시킨다. 〈보기〉의 규칙을 찾고 ?에 들어갈 알맞은 도형을 고르면?

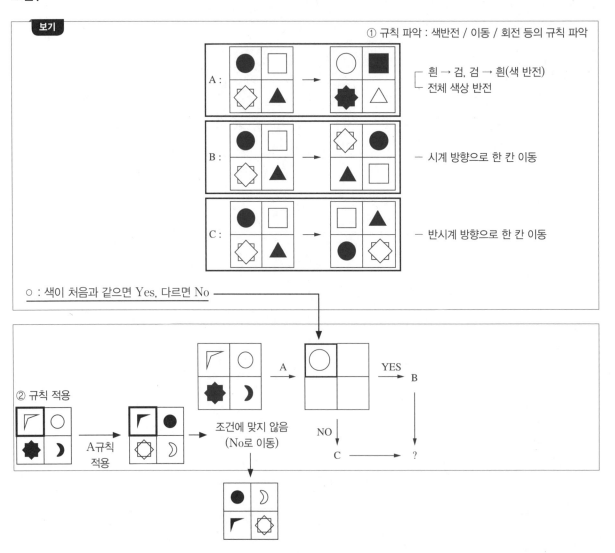

①

②

③

④

⑤

A : 색 반전
B : 시계 방향으로 도형 및 색상 한 칸 이동
C : 반시계 방향으로 도형 및 색상 한 칸 이동

  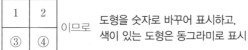

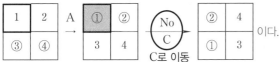 이다.

### 🕑 이거 알면 30초 컷!

제시된 문자나 그림을 조건에 따라 그리면서 문제를 해결할 수도 있으나, 도형을 숫자로 바꾸어 풀면 시간을 단축할 수 있다. 단, 도형에 색이 칠해져 있는 것은 동그라미도 함께 표시한다.

**유형분석**

• 외부도형과 내부도형을 하나씩 비교하여 규칙을 찾는 것이 도형의 규칙을 발견하는 데 용이하다.
• 제시된 여러 규칙을 활용하여 문제를 풀이하여야 하므로 규칙을 찾는 데 시간을 할애하는 것은 결코 시간 낭비가 아니다. 규칙을 간략하게 써두는 것도 좋은 방법이다.

다음 도식의 기호들은 일정한 규칙에 따라 도형을 변화시킨다. 〈보기〉의 규칙을 찾고 ?에 들어갈 알맞은 도형을 고르면?

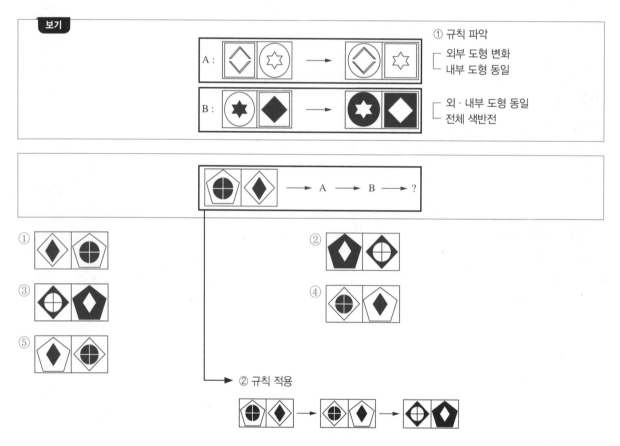

A :

| 외부도형 | 1 | 2 |
|---|---|---|
| 내부도형 | 3 | 4 |

→

| | 2 | 1 |
|---|---|---|
| | 3 | 4 |

외부와 내부 도형을 구분하여
도형을 숫자로 바꾸어 표시

B :

| 외부도형 | 1 | 2 |
|---|---|---|
| 내부도형 | ③ | ④ |

→

| | ① | ② |
|---|---|---|
| | 3 | 4 |

색이 있는 도형은 동그라미로 표시

  을 숫자로 표현하면

| 외부도형 | 1 | 2 |
|---|---|---|
| 내부도형 | ③ | ④ |

이므로

| 1 | 2 |
|---|---|
| ③ | ④ |

$\xrightarrow{A}$

| 2 | 1 |
|---|---|
| ③ | ④ |

$\xrightarrow{B}$

| ② | ① |
|---|---|
| 3 | 4 |

이다.

정답 ③

🕒 이거 알면 30초 컷!

제시된 문자/그림을 조건에 따라 그리면서 문제를 해결할 수도 있으나, 도형을 숫자로 바꾸어 풀면 시간을 단축할 수 있다. 단, 도형에 색이 칠해져 있는 것은 동그라미도 함께 표시한다.

KT •—————————————————————————————————————————————————————————————

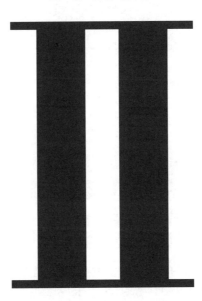

# PART II

# 최신기출문제

## | 01 | 언어

**01** 다음 글의 제목으로 가장 적절한 것은?

> 물은 너무 넘쳐도 문제고, 부족해도 문제다. 무엇보다 충분한 양을 안전하게 저장하면서 효율적으로 관리하는 것이 중요하다. 하지만 예기치 못한 자연재해가 불러오는 또 다른 물의 재해도 우리를 위협한다. 지진의 여파로 쓰나미 (지진해일)가 몰려오고 댐이 붕괴되면서 상상도 못 한 피해를 불러올 수 있다. 이는 역사 속에서 실제로 반복되어 온 일이다.
> 1755년 11월 1일 아침, 15·16세기 대항해 시대를 거치며 해양 강국으로 자리매김한 포르투갈의 수도 리스본에 대지진이 발생했다. 도시 건물 중 85%가 파괴될 정도로 강력한 지진이었다. 하지만 지진은 재해의 전주곡에 불과했다. 지진이 덮치고 약 40분 후 쓰나미(지진해일)가 항구와 도심지로 쇄도했다. 해일은 리스본뿐 아니라 인근 알가르브 지역의 해안 요새 중 일부를 박살냈고, 숱한 가옥을 무너뜨렸다. 6만~9만 명이 귀한 목숨을 잃었다. 이 대지진과 이후의 쓰나미는 포르투갈 문명의 역사를 바꿔버렸다. 포르투갈은 이후 강대국 대열에서 밀려나 옛 영화를 찾지 못한 채 지금에 이르고 있다.
> 또한, 1985년 7월 19일 지진에 의해 이탈리아의 스타바댐이 붕괴하면서 그 여파로 발생한 약 20만 톤의 진흙과 모래, 물이 테세로 마을을 덮쳐 268명이 사망하고 63개의 건물과 8개의 다리가 파괴되는 사고가 일어났다.

① 우리나라는 '물 스트레스 국가'  
② 도를 지나치는 '물 부족'  
③ 강력한 물의 재해 '지진'  
④ 누구도 피해갈 수 없는 '자연 재해'  
⑤ 자연의 경고 '댐 붕괴'

**02** 다음 문장을 논리적 순서대로 알맞게 배열한 것은?

> (가) 따라서 사진관은 영구적인 초상을 금속판에 남기는 일로 많은 돈을 벌어들였다.
> (나) 특허에 묶여 있었던 칼로 타입이 그나마 퍼질 수 있었던 곳은 프랑스였다.
> (다) 프랑스의 화가와 판화가들은 칼로 타입이 흑백의 대조가 두드러진다는 점에서 판화와 유사함을 발견하고 이 기법을 활용하여 작품을 만들었다.
> (라) 정밀한 세부 묘사를 장점으로 하는 다게레오타입은 초상 사진 분야에서 큰 인기를 누렸다.
> (마) 반면에 명암의 차이가 심하고 중간색이 거의 없었던 칼로 타입은 초상 사진보다는 풍경·정물 사진에 제한적으로 이용되었다.
> (바) 사진이 산업으로서의 가능성을 최초로 보여 준 분야는 초상 사진이었다.

① (라) – (마) – (가) – (다) – (나) – (가)
② (라) – (가) – (나) – (마) – (바) – (다)
③ (바) – (다) – (나) – (라) – (마) – (가)
④ (바) – (라) – (가) – (마) – (나) – (다)
⑤ (바) – (나) – (라) – (가) – (마) – (다)

PART 2

2021년

2020년

2019년

2018년

2017년

2016년

**03** 다음 글의 주장에 대한 반박으로 가장 적절한 것은?

> 최근 불안감을 느끼는 현대인들이 점점 많아져 사회 문제가 되고 있다. 경쟁이 심화된 성과 중심의 사회에서 사람들은 다른 사람과 자신을 비교하면서 혹시 자신이 뒤처지고 있는 것은 아닌지 불안해한다. 심지어 사람들은 일어나지도 않을 일에 대해 불안감을 느끼기도 한다. 청소년도 예외는 아니다. 성장기에 있는 청소년들은 다양한 고민을 하게 되는데, 이것이 심해져 불안감을 느끼는 원인이 되곤 한다. 특히 학업에 대한 지나친 고민으로 생긴 과도한 불안은 학업에 집중하는 것을 방해하여 학업 수행에 부정적으로 작용한다.

① 상대적 평가 방식은 청소년이 불안감을 느끼는 원인이 된다.
② 친구나 부모와의 상담을 통해 고민을 해결해야 한다.
③ 청소년기의 지나친 고민은 건강을 해칠 수 있다.
④ 시험 기간에 느끼는 약간의 불안감은 성적이 향상되는 결과를 내는 경우도 있다.
⑤ 현대인의 불안을 제때 해소하지 못한다면 더 큰 사회 문제를 초래할 수 있다.

**04** 다음 글을 통해 추론할 수 있는 내용으로 적절하지 않은 것은?

> 국어학자로서 주시경은 근대 국어학의 기틀을 세운 선구적인 인물이었다. 과학적 연구 방법이 전무하다시피 했던 국어학 연구에서, 그는 단어의 원형을 밝혀 적는 형태주의적 입장을 가지고 독자적으로 문법 현상을 분석하고 이론으로 체계화하는 데 힘을 쏟았다. 특히 '늣씨'와 '속뜻'의 개념을 도입한 것은 주목할 만하다. 그는 단어를 뜻하는 '씨'를 좀 더 작은 단위로 분석하면서 여기에 '늣씨'라는 이름을 붙였다. 예컨대 '해바라기'를 '해^바라^기', '이더라'를 '이^더라'처럼 늣씨 단위로 분석했다. 이는 그가 오늘날 '형태소'라 부르는 것과 유사한 개념을 인식하고 있었음을 보여 준다. 이것은 1930년대에 언어학자 블룸필드가 이 개념을 처음 사용하기 훨씬 이전이었다. 또한 그는 숨어 있는 구조인 '속뜻'을 통해 겉으로는 구조를 파악하기 어려운 문장을 분석했고, 말로 설명하기 어려운 문장의 계층적 구조는 그림을 그려 풀이하는 방식으로 분석했다. 이러한 방법은 현대 언어학의 분석적인 연구 방법과 유사하다는 점에서 연구사적 의의가 크다.
>
> 주시경은 국어학사에서 길이 기억될 연구 업적을 남겼을 뿐 아니라, 국어 교육자로서도 큰 공헌을 하였다. 그는 언어를 민족의 정체성을 나타내는 징표로 보았으며, 국가와 민족의 발전이 말과 글에 달려 있다고 생각하여 국어 교육에 온 힘을 다하였다. 여러 학교에서 우리말을 가르쳤을 뿐만 아니라, 국어 강습소를 만들어 장차 교사가 될 사람들에게 국어문법을 체계적으로 교육하였다.
>
> 그는 맞춤법을 확립하는 정책에도 자신의 학문적 성과를 반영하고자 했다. 이를 위해 연구 모임을 만들어 맞춤법의 이론적 근거를 확보하기 위한 논의를 지속해 나갔다. 그리고 1907년에 설치된 '국문 연구소'의 위원으로 국어 정책을 수립하는 일에도 적극 참여하였다. 그의 이러한 노력은 오늘날 우리에게 지대한 영향을 미치고 있다.

① 주시경이 '늣씨'의 개념을 도입한 것은 언어학자 블룸필드의 개념을 연구한 데서 도움을 받았을 것이다.
② 주시경은 국어학 연구에서 독자적인 과학적 방법으로 국어학을 연구하려 노력했을 것이다.
③ 주시경은 맞춤법을 확립하는 정책에도 관심이 많았을 것이다.
④ 주시경이 국어 교육에 온 힘을 다한 이유는 언어를 민족의 정체성을 나타내는 징표로 보았기 때문이다.
⑤ 주시경이 1907년에 설치한 '국문 연구소'는 국어 정책을 수립하는 일을 하였을 것이다.

**05** 밑줄 친 부분에서 말하고자 하는 바로 가장 알맞은 것은?

> 아무리 남을 도와주려는 의도를 갖고 한 일일지라도 결과적으로는 남에게 도움이 되기는커녕 오히려 큰 고통이나 해를 더 가져오는 경우가 얼마든지 있다. 거꾸로 남을 해롭게 하려는 의도로 한 일이 오히려 남에게 도움이 되는 결과를 낳을 수도 있다. 태도로서의 '선'은 행동이나 결정의 결과를 고려하지 않고 그 행동의 의도, 즉 동기에서만 본 '선'을 의미한다. 내 행동의 결과가 예상 밖으로 남에게 고통을 가져오는 한이 있었다 해도, 내 행동의 동기가 남의 고통을 덜어주고, 남을 도와주는 데 있었다면 나를 선한 사람으로 볼 수 있지 않느냐는 말이다.

① 일과 그 의도는 무관하다.
② 의도와 결과는 동일하지 않다.
③ 의도만 놓고 결과를 판단할 수 있다.
④ 우리가 의도한 대로 일이 이루어지는 경우가 있다.
⑤ 세상에는 의도와 일치하는 일이 빈번하게 일어난다.

## | 02 | 언어 · 수추리

**01** 다음의 결과에 따라 많이 찾은 순서대로 바르게 나열한 것은?

- 숨은 그림 찾기에서 민수가 철수보다 더 많이 찾았다.
- 숨은 그림 찾기에서 철수가 영희보다 더 적게 찾았다.
- 숨은 그림 찾기에서 민수가 영희보다 더 적게 찾았다.

① 영희 – 철수 – 민수　　　　　　② 철수 – 영희 – 민수
③ 영희 – 민수 – 철수　　　　　　④ 민수 – 철수 – 영희
⑤ 민수 – 영희 – 철수

**02** 사과 12개를 A, B, C, D, E 5명의 사람들이 나누어 먹고 다음과 같은 대화를 나눴다. 이 중에서 단 1명만이 진실을 말하고 있다고 할 때, 다음 중 사과를 가장 많이 먹은 사람과 적게 먹은 사람을 순서대로 짝지은 것은?(단, 모든 사람은 적어도 1개 이상의 사과를 먹었다)

- A : 나보다 사과를 적게 먹은 사람은 없어.
- B : 나는 사과를 2개 이하로 먹었어.
- C : D는 나보다 사과를 많이 먹었고, 나는 B보다 사과를 많이 먹었어.
- D : 우리 중에서 사과를 가장 많이 먹은 사람은 A야.
- E : 나는 사과를 4개 먹었고, 우리 중에 먹은 사과의 개수가 같은 사람이 있어.

① B, D　　　　　　　　　　　② B, A
③ E, A　　　　　　　　　　　④ E, D
⑤ E, C

**03** 매주 화요일에 진행되는 취업스터디에 A, B, C, D, E 5명의 친구가 함께 참여하고 있다. 스터디 불참 시 벌금이 부과되는 스터디 규칙에 따라 지난주 불참한 2명은 벌금을 내야 한다. 이들 중 2명이 거짓말을 하고 있다고 할 때, 다음 중 옳은 것은?

- A : 내가 다음 주에는 사정상 참석할 수 없지만 지난주에는 참석했어.
- B : 지난주 불참한 C가 반드시 벌금을 내야 해.
- C : 지난주 스터디에 A가 불참한 건 확실해.
- D : 사실 나는 지난주 스터디에 불참했어.
- E : 지난주 스터디에 나는 참석했지만, B는 불참했어.

① A와 B가 벌금을 내야 한다.　　　② A와 C가 벌금을 내야 한다.
③ A와 E가 벌금을 내야 한다.　　　④ B와 D가 벌금을 내야 한다.
⑤ D와 E가 벌금을 내야 한다.

**04**

| | | | | | | | |
|---|---|---|---|---|---|---|---|
| 68 | 71 | ( ) | 70 | 73 | 68 | 82 | 65 |

① 6  ② 7
③ 69  ④ 34
⑤ 75

**05**

| | | | | | |
|---|---|---|---|---|---|
| 3 | ( ) | 1 | 2 | −1 | 0 |

① 2  ② 3
③ 4  ④ 5
⑤ 6

**06**

$$4 \quad \frac{1}{2} \quad \frac{1}{2} \quad \frac{8}{6} \quad \frac{3}{8} \quad 2 \quad \frac{7}{9} \quad 3 \quad ( )$$

① $\dfrac{3}{7}$  ② $\dfrac{4}{7}$
③ $\dfrac{5}{7}$  ④ $\dfrac{3}{9}$
⑤ $\dfrac{5}{9}$

**07**

| | | | | | | | |
|---|---|---|---|---|---|---|---|
| 84 | 80 | 42 | 20 | 21 | ( ) | 10.5 | 1.25 |

① 7  ② 6
③ 5  ④ 4
⑤ 3

## | 03 | 수리

**01**  5명으로 이루어진 남성 신인 아이돌 그룹의 나이의 합은 105살이다. 5명 중 3명이 5명의 평균 나이와 같고, 가장 큰 형의 나이는 24살이다. 막내의 나이는 몇 살인가?

① 18살                      ② 19살
③ 20살                      ④ 21살
⑤ 22살

**02**  다음과 같은 〈조건〉을 만족하는 100 이하의 자연수를 7로 나눴을 때 나머지로 옳은 것은?

> **조건**
> • 3으로 나누면 1이 남는다.
> • 4로 나누면 2가 남는다.
> • 5로 나누면 3이 남는다.
> • 6으로 나누면 4가 남는다.

① 1                        ② 2
③ 3                        ④ 4
⑤ 5

**03**  어떤 콘텐츠에 대한 네티즌 평가를 하였다. 1,000명이 참여한 A사이트에서는 평균 평점이 5.0이었으며, 500명이 참여한 B사이트에서는 평균 평점이 8.0이었다. 이 콘텐츠에 대한 두 사이트 전체 참여자의 평균 평점은 얼마인가?

① 4.0점                    ② 5.5점
③ 6.0점                    ④ 7.5점
⑤ 8.0점

**04** 다음은 과일의 종류별 무게에 따른 가격표이다. 종류별 무게를 가중치로 적용하여 가격에 대한 가중평균을 구하면 42만 원이다. 이때 빈칸에 들어갈 가격으로 옳은 것은?

<과일 종류별 가격 및 무게>

(단위 : 만 원, kg)

| 구분 | 가 | 나 | 다 | 라 |
|------|----|----|----|----|
| 가격 | 25 | 40 | 60 | ( ) |
| 무게 | 40 | 15 | 25 | 20 |

① 40만 원
② 45만 원
③ 50만 원
④ 55만 원
⑤ 60만 원

**05** 다음은 보건복지부에서 발표한 연도별 의료기기 생산실적 통계자료이다. 이 자료를 보고 판단한 것 중 옳지 않은 것은?

<연도별 의료기기 생산실적 총괄 현황>

(단위 : 개, %, 명, 백만 원)

| 구분 | 업체 수 | 증감률 | 품목 수 | 증감률 | 운영인원 | 증감률 | 생산금액 | 증감률 |
|------|---------|--------|---------|--------|----------|--------|----------|--------|
| 2014년 | 1,500 | – | 5,862 | – | 25,287 | – | 1,478,165 | – |
| 2015년 | 1,596 | 6.4 | 6,392 | 9.04 | 25,610 | 1.28 | 1,704,161 | 15.29 |
| 2016년 | 1,624 | 1.75 | 6,639 | 3.86 | 26,399 | 3.08 | 1,949,159 | 14.38 |
| 2017년 | 1,662 | 2.34 | 6,899 | 3.92 | 26,936 | 2.03 | 2,216,965 | 13.74 |
| 2018년 | 1,726 | 3.85 | 7,367 | 6.78 | 27,527 | 2.19 | 2,525,203 | 13.9 |
| 2019년 | 1,754 | 1.62 | 8,003 | 8.63 | 28,167 | 2.32 | 2,764,261 | 9.47 |
| 2020년 | 1,857 | 5.87 | 8,704 | 8.76 | 30,190 | 7.18 | 2,964,445 | 7.24 |
| 2021년 | 1,958 | 5.44 | 9,086 | 4.39 | 32,255 | 6.84 | 3,366,462 | 13.56 |

① 2015 ~ 2021년까지 의료기기 생산업체 수는 꾸준히 증가하고 있으며, 품목 또한 해마다 다양해지고 있다.
② 업체 수의 2015 ~ 2021년까지의 평균 증감률은 5% 이하이다.
③ 전년 대비 업체 수가 가장 많이 늘어난 해는 2015년이며, 전년 대비 생산금액이 가장 많이 늘어난 해는 2018년이다.
④ 2018 ~ 2021년 사이 운영인원의 증감률 추이와 품목 수의 증감률 추이는 같다.
⑤ 품목 수의 평균 증감률은 업체 수의 평균 증감률을 넘어선다.

**06** 다음은 2017 ~ 2021년 K사의 경제 분야 투자에 관한 자료이다. 이에 대한 설명으로 옳지 않은 것은?

〈K사의 경제 분야 투자규모〉

(단위 : 억 원, %)

| 연도<br>구분 | 2017년 | 2018년 | 2019년 | 2020년 | 2021년 |
|---|---|---|---|---|---|
| 경제 분야 투자규모 | 20 | 24 | 23 | 22 | 21 |
| 총지출 대비 경제 분야 투자규모 비중 | 6.5 | 7.5 | 8 | 7 | 6 |

① 2021년 총지출은 320억 원 이상이다.
② 2018년 경제 분야 투자규모의 전년 대비 증가율은 25% 이하이다.
③ 2019년이 2020년보다 경제 분야 투자규모가 전년에 비해 큰 비율로 감소하였다.
④ 2017 ~ 2021년 동안 경제 분야에 투자한 금액은 110억 원이다.
⑤ 2018 ~ 2021년 동안 경제 분야 투자규모와 총지출 대비 경제 분야 투자규모 비중의 전년 대비 증감추이는 동일하지 않다.

# |04| 도형

※ 다음 도식의 기호들은 일정한 규칙에 따라 도형을 변화시킨다. 〈보기〉의 규칙을 찾고 ?에 들어갈 알맞은 도형을 고르시오. **[1~2]**

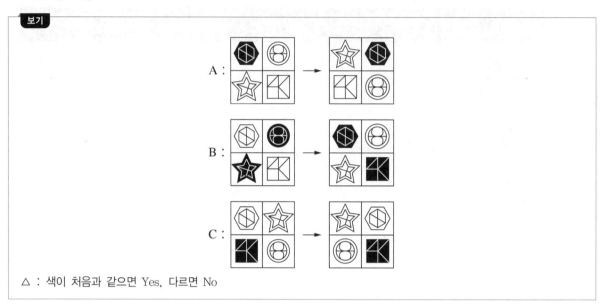

△ : 색이 처음과 같으면 Yes, 다르면 No

**01**

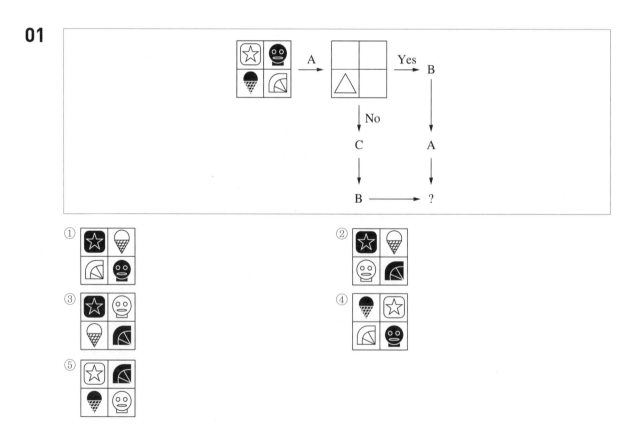

**02**

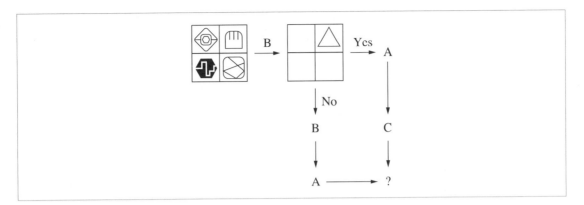

①

③

⑤

②

④

※ 다음 도식의 기호들은 일정한 규칙에 따라 도형을 변화시킨다. 〈보기〉의 규칙을 찾고 ?에 들어갈 알맞은 도형을 고르시오(단, 주어진 조건이 두 가지 이상일 때, 모두 일치해야 Yes로 이동한다). [3~4]

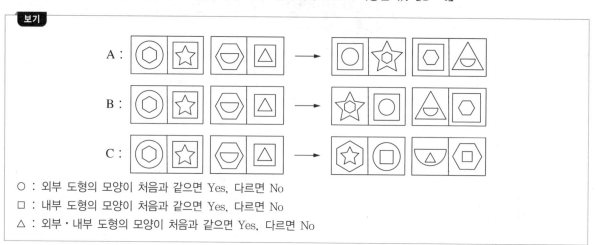

○ : 외부 도형의 모양이 처음과 같으면 Yes, 다르면 No
□ : 내부 도형의 모양이 처음과 같으면 Yes, 다르면 No
△ : 외부·내부 도형의 모양이 처음과 같으면 Yes, 다르면 No

**03**

**04**

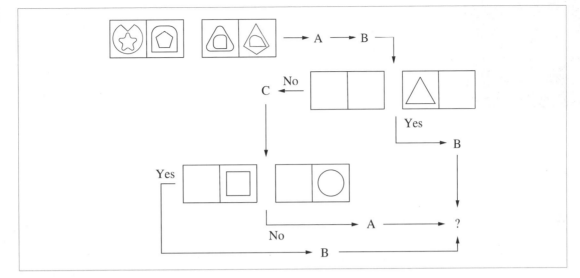

①

③

⑤

②

④

PART 2

2021년

2020년

2019년

2018년

2017년

2016년

## | 01 | 언어

**01** 다음 글의 내용과 일치하지 않는 것을 고르면?

> VOD(Video On Demand)서비스는 기존의 공중파 방송과 무엇이 다른가? 그것은 바로 방송국이 아닌 시청자 본인의 시간을 중심으로 방송매체를 볼 수 있다는 점이다. 기존 공중파 방송의 정규 편성 프로그램을 시청하기 위해서 시청자는 특정한 시간에 텔레비전 앞에서 기다려야만 했다. 하지만 VOD서비스의 등장으로 시청자는 아침 일찍, 혹은 야근이 끝난 늦은 오후에도 방송매체를 스트리밍 혹은 다운로드 방식으로 전송하여 시청할 수 있게 되었다. VOD서비스의 등장은 기존에 방송국이 편성권을 지니던 시대와는 다른 양상을 초래하고 있다. 과거에는 시청률이 가장 높은 오후 7시에서 9시까지의 황금시간대에 편성된 프로그램이 큰 인기를 차지했으며 광고비 또한 가장 높았던 반면, VOD서비스는 순수하게 방송매체의 인기가 높을수록 시청률이 늘어나기 때문에 방송국에서 프로그램의 순수한 재미와 완성도에 보다 집중하게 되는 것이다.

① VOD서비스는 방송매체의 편성권을 시청자에게 쥐어주었다.
② VOD서비스 때문에 시청자는 방송 편성 시간의 제약에서 자유로워졌다.
③ VOD서비스의 등장으로 방송국은 과도한 광고유치 경쟁에 뛰어들게 되었다.
④ VOD서비스는 방송매체의 수준 향상에 기여하게 될 것이다.
⑤ VOD서비스는 방송매체를 다운로드 혹은 스트리밍하여 시청할 수 있도록 한다.

**02** 다음 문장을 논리적 순서대로 알맞게 배열한 것은?

(가) 인간의 도덕적 자각과 사회적 실천을 강조한 개인 윤리로 '충서(忠恕)'가 있다. 충서란, 공자의 모든 사상을 꿰뚫고 있는 도리로서, 인간 개인의 자아 확립과 이를 통한 만물일체의 실현을 위한 것이다.

(나) 또한 '서(恕)'란 '여심'이다. '내 마음과 같이 한다.'는 말이다. '공자는 내가 하고자 하지 않는 것을 남에게 베풀지 말라 내가 서고자 하면 남도 서게 하고 내가 이루고자 하면 남도 이루게 하라.'고 하였다.

(다) 이때, '충(忠)'이란 '중심'이다. 주희는 충을 '자기의 마음을 다하는 것'이라고 설명하였다. 이것은 자신의 내면에 대한 충실을 의미한다. 이는 자아의 확립이며 본성에 대한 깨달음이다.

(라) 즉, 역지사지(易地思之)의 마음을 지닌 상태가 '서'의 상태인 것이며 인간의 자연스러운 마음이라는 것이다.

① (가) – (다) – (나) – (라)
② (가) – (라) – (나) – (다)
③ (다) – (가) – (나) – (라)
④ (나) – (가) – (라) – (다)
⑤ (나) – (가) – (다) – (라)

**03** 다음 글의 주장에 대한 반박으로 가장 적절한 것은?

인간 배아의 유전자를 편집하는 기술을 허용해서는 안 된다. 첫째, 인간 배아의 유전자를 편집하는 기술은 아직까지 안전성이 확인되지 않았다. 따라서 예상치 못한 유전자 변형의 문제가 발생할 수 있을 뿐만 아니라, 그 문제가 미래 세대에게까지 영향을 미칠 위험성이 있다. 둘째, 사회적 불평등이 심화될 수 있다. 왜냐하면 이 기술을 사용하는 데는 많은 비용이 들 것으로 예상되기 때문에 소수의 사람들만이 기술의 혜택을 받게 될 것이다. 셋째, 인간은 그 자체로 존엄한 가치를 인정받고 소중한 생명으로 여겨져야 한다. 그런데 유전자 편집 기술은 유전자 중 결함이 있는 유전자가 있다는 것을 전제하고, 인간을 있는 그대로 인정하지 않는다는 윤리적 문제에서 자유로울 수 없다.

① 인간 배아에 대한 유전자 편집 기술을 사용하기 위해서는 의료계의 동의가 필요하다.
② 유전자 편집 기술을 개발하는 데 필요한 비용은 국가적 차원에서 해결해야 한다.
③ 기술이 발전하여 비용을 낮출 수 있다면 유전자 편집 기술에 대한 혜택이 많은 사람에게 돌아갈 수 있다.
④ 의료계에 대한 경제적 지원을 늘린다면 유전자 편집 기술의 획기적 발전이 이루어질 수 있다.
⑤ 우리 사회에 유전자 편집 기술이 도입되려면 먼저 사회적 인식 변화와 함께 관련된 구체적 제도가 만들어져야 한다.

PART 2

2021년

2020년

2019년

2018년

2017년

2016년

**04** 다음 중 글의 내용과 일치하는 것은?

사람의 키는 주로 다리뼈의 길이에 의해서 결정된다. 다리뼈는 뼈대와 뼈끝판, 그리고 뼈끝으로 구성되어 있다. 막대기 모양의 뼈대는 뼈 형성세포인 조골세포를 가지고 있다. 그리고 뼈끝은 다리뼈의 양쪽 끝 부분이며 뼈끝과 뼈대의 사이에는 여러 개의 연골세포층으로 구성된 뼈끝판이 있다. 뼈끝판의 세포층 중 뼈끝과 경계면에 있는 세포층에서만 세포분열이 일어난다.

연골세포의 세포분열이 일어날 때, 뼈대 쪽에 가장 가깝게 있는 연골세포의 크기가 커지면서 뼈끝판이 두꺼워진다. 크기가 커진 연골세포는 결국 죽으면서 빈 공간을 남기고 이렇게 생긴 공간이 뼈대에 있는 조골세포로 채워지면서 뼈가 형성된다. 이 과정을 되풀이하면서 뼈끝판이 두꺼워지는 만큼 뼈대의 길이 성장이 일어나는데, 이는 연골세포의 분열이 계속되는 한 지속된다.

사춘기 동안 뼈의 길이 성장에는 여러 호르몬이 관여하는데, 이 중 뇌에서 분비하는 성장호르몬은 직접 뼈에 작용하여 뼈를 성장시킨다. 또한 성장호르몬은 간세포에 작용하여 뼈의 길이 성장 과정 전체를 촉진하는 성장인자를 분비하도록 한다. 이외에도 갑상샘 호르몬과 남성호르몬인 안드로겐도 뼈의 길이 성장에 영향을 미친다. 성장호르몬이 뼈에 작용하기 위해서는 갑상샘 호르몬의 작용이 있어야 하기 때문에 갑상샘 호르몬은 뼈의 성장에 중요한 요인이다. 안드로겐은 뼈의 성장을 촉진함으로써 사춘기 남자의 급격한 성장에 일조한다. 부신에서 분비되는 안드로겐은 이 시기에 나타나는 뼈의 길이 성장에 관여한다. 하지만 사춘기가 끝날 때, 안드로겐은 뼈끝판 전체에서 뼈가 형성되도록 하여 뼈의 길이 성장을 정지시킨다. 결국 사춘기 이후에는 호르몬에 의한 뼈의 길이 성장이 일어나지 않는다.

① 사람의 키를 결정짓는 다리뼈는 연골세포의 분열로 인해 성장하게 된다.
② 뼈끝판의 세포층 중 뼈대와 경계면에 있는 세포층에서만 세포분열이 일어난다.
③ 사춘기 이후에 뼈의 길이가 성장하였다면, 호르몬이 그 원인이다.
④ 뼈의 성장을 촉진시키는 호르몬인 안드로겐은 남성호르몬으로서, 여자에게서는 생성되지 않는다.
⑤ 성장호르몬은 간세포에 작용하여 뼈 성장을 촉진하는 성장인자를 분비하는 등 뼈 성장에 간접적으로 도움을 준다.

**05** 다음 글의 제목으로 가장 적절한 것은?

'5060세대'. 몇 년 전까지만 해도 그들은 사회로부터 '지는 해' 취급을 받았다. '오륙도'라는 꼬리표를 달아 일터에서 밀어내고, 기업은 젊은 고객만 왕처럼 대우했다. 젊은 층의 지갑을 노려야 돈을 벌 수 있다는 것이 기업의 마케팅 전략이었기 때문이다.

그러나 최근 들어 상황이 달라졌다. 5060세대가 새로운 소비 군단으로 주목되기 시작한 가장 큰 이유는 고령화 사회로 접어들면서 시니어(Senior) 마켓 시장이 급속도로 커지고 있는 데다 이들이 돈과 시간을 가장 넉넉하게 가진 세대이기 때문이다. LG경제연구원에 따르면 2010년이면 50대 이상 인구 비중이 30%에 이르면서 50대 이상을 겨냥한 시장 규모가 100조 원대까지 성장할 예정이다.

통계청이 집계한 가구주 나이별 가계수지 자료를 보면, 한국 사회에서는 50대 가구주의 소득이 가장 높다. 월평균 361만 500원으로 40대의 소득보다도 높은 것으로 집계됐다. 가구주 나이가 40대인 가구의 가계수지를 보면, 소득은 50대보다 적으면서도 교육 관련 지출(45만 6,400원)이 압도적으로 높아 소비 여력이 낮은 편이다. 그러나 50대 가구주의 경우 소득이 높으면서 소비 여력 또한 충분하다. 50대 가구주의 처분가능소득은 288만 7,500원으로 전 연령층에서 가장 높다.

이들이 신흥 소비군단으로 떠오르면서 '애플(APPLE)족'이라는 마케팅 용어까지 등장했다. 활동적이고(Active) 자부심이 강하며(Pride) 안정적으로(Peace) 고급문화(Luxury)를 즐기는 경제력(Economy) 있는 50대 이후 세대를 뜻하는 말이다. 통계청은 여행과 레저를 즐기는 5060세대를 '2008 주목해야 할 블루슈머*7' 가운데 하나로 선정했다. 과거 5060세대는 자식을 보험으로 여기며 자식에게 의존하면서 살아가는 전통적인 노인이었다. 그러나 애플족은 자녀로부터 독립해 자기만의 새로운 인생을 추구하며 '통크족(TONK; Two Only, No Kids)'이라는 별칭이 붙는 이유이기도 하다. 통크족이나 애플족은 젊은 층의 전유물로 여겨졌던 자기중심적이고 감각 지향적인 소비도 주저하지 않는다. 후반전 인생만은 자기가 원하는 일을 하며 멋지게 살아야 한다고 생각하기 때문이다.

애플족은 한국 국민 가운데 해외여행을 가장 많이 하는 세대이기도 하다. 2007년 통계청의 사회통계조사에 따르면 2006년 6월 15일 ~ 2007년 6월 14일 50대의 17.5%가 해외여행을 다녀왔다. 20대, 30대보다 높은 수치다. 그리고 그들은 어떤 지출보다 교양·오락비를 아낌없이 쓰는 것이 특징이다. 전문가들은 애플족의 교양·오락 및 문화에 대한 지출비용은 앞으로도 증가할 것으로 내다보고 있다. 한 사회학과 교수는 "고령사회로 접어들면서 성공적 노화 개념이 중요해짐에 따라 텔레비전 시청, 수면, 휴식 등 소극적 유형의 여가에서 게임 등 재미와 젊음을 찾을 수 있는 진정한 여가로 전환되고 있다."라고 말했다. 이 교수는 젊은이 못지않은 의식과 행동반경을 보이는 5060세대를 겨냥한 다양한 상품과 서비스에 대한 수요가 앞으로도 크게 늘 것이라고 내다보았다.

*블루슈머(Bluesumer) : 경쟁자가 없는 시장을 의미하는 블루오션(Blue Ocean)과 소비자(Consumer)의 합성어로 새로운 제품에 적응력이 높고 소비성향을 선도하는 소비자를 의미한다.

① 애플족의 소비 성향은 어떠한가?
② 5060세대의 사회·경제적 위상 변화
③ 다양한 여가 활동을 즐기는 5060세대
④ 애플족을 '주목해야 할 블루슈머 7'로 선정
⑤ 점점 커지는 시니어 마켓 시장의 선점 방법

**01** 20대 남녀, 30대 남녀, 40대 남녀 6명이 뮤지컬 관람을 위해 공연장을 찾았다. 다음 〈조건〉을 참고할 때, 항상 옳은 것은?

> **조건**
> • 양 끝자리에는 다른 성별이 앉는다.
> • 40대 남성은 왼쪽에서 두 번째 자리에 앉는다.
> • 30대 남녀는 서로 인접하여 앉지 않는다.
> • 30대와 40대는 인접하여 앉지 않는다.
> • 30대 남성은 맨 오른쪽 끝자리에 앉는다.

**[뮤지컬 관람석]**

|  |  |  |  |  |  |
|---|---|---|---|---|---|
|  |  |  |  |  |  |

① 20대 남녀는 왼쪽에서 첫 번째 자리에 앉을 수 없다.
② 20대 남녀는 서로 인접하여 앉는다.
③ 40대 남녀는 서로 인접하여 앉지 않는다.
④ 20대 남성은 40대 여성과 인접하여 앉는다.
⑤ 30대 남성은 20대 여성과 인접하여 앉지 않는다.

**02** 경영학과에 재학 중인 A ~ E는 계절학기 시간표에 따라 요일별로 하나의 강의만 수강한다. 전공 수업을 신청한 C는 D보다 앞선 요일에 수강하고, E는 교양 수업을 신청한 A보다 나중에 수강한다고 할 때, 다음 중 항상 참이 되는 것은?

| 월 | 화 | 수 | 목 | 금 |
| --- | --- | --- | --- | --- |
| 전공1 | 전공2 | 교양1 | 교양2 | 교양3 |

① A가 수요일에 강의를 듣는다면 E는 교양2 강의를 듣는다.
② B가 전공 수업을 듣는다면 C는 화요일에 강의를 듣는다.
③ C가 화요일에 강의를 듣는다면 E는 교양3 강의를 듣는다.
④ D는 반드시 전공 수업을 듣는다.
⑤ E는 반드시 교양 수업을 듣는다.

**03** K사의 기획팀에서 근무하고 있는 직원 A ~ D는 서로의 프로젝트 참여 여부에 관하여 다음과 같이 진술하였고, 이들 중 단 1명만이 진실을 말하였다. 이들 가운데 반드시 프로젝트에 참여하는 사람은 누구인가?

- A : 나는 프로젝트에 참여하고, B는 프로젝트에 참여하지 않는다.
- B : A와 C 중 적어도 한 명은 프로젝트에 참여한다.
- C : 나와 B 중 적어도 한 명은 프로젝트에 참여하지 않는다.
- D : B와 C 중 한 명이라도 프로젝트에 참여한다면, 나도 프로젝트에 참여한다.

① A                    ② B
③ C                    ④ D
⑤ 없음

※ 일정한 규칙으로 수를 나열할 때, 빈칸에 들어갈 알맞은 수를 고르시오. [4~7]

**Easy**

**04**

$$\frac{1}{2} \quad 2 \quad \frac{3}{2} \quad 2 \quad 4 \quad 5 \quad \frac{7}{2} \quad (\quad) \quad 6 \quad 7 \quad 2 \quad 9 \quad 4 \quad \frac{1}{2} \quad \frac{1}{4} \quad 8$$

① 10  ② $\frac{11}{2}$

③ 12  ④ $\frac{13}{2}$

⑤ 13

**05**

$$3 \quad 8 \quad 15 \quad 12 \quad 75 \quad 28 \quad 375 \quad (\quad)$$

① 89  ② 92
③ 93  ④ 95
⑤ 98

**06**

$$\frac{3}{2} \quad \frac{5}{6} \quad \frac{7}{12} \quad \frac{9}{20} \quad \frac{11}{30} \quad (\quad)$$

① $\frac{12}{42}$  ② $\frac{13}{36}$

③ $\frac{12}{36}$  ④ $\frac{13}{42}$

⑤ $\frac{14}{35}$

**07**

$$5 \quad 9 \quad 17 \quad 33 \quad 65 \quad 129 \quad (\quad)$$

① 223  ② 239
③ 248  ④ 257
⑤ 265

## | 03 | 수리

**01** 동혁이는 매주 일요일 집에서 10km 떨어진 산으로 등산을 간다. 어제 동혁이는 오전 11시에 집에서 출발해 평지를 지나 산 정상까지 갔다가 같은 길을 되돌아와 저녁 8시에 집에 도착했다. 평지에서는 시속 5km로, 산을 올라갈 때는 시속 4km로 걸었고 등산로의 총 길이는 12km라 할 때, 동혁이가 산을 내려올 때에는 시속 몇 km로 걸었는가?(단, 동혁이는 쉬지 않고 걸었고, 등산로는 산 입구에서 산 정상까지이다)

① 4km/h
② 5km/h
③ 6km/h
④ 7km/h
⑤ 8km/h

**Hard**

**02** 농도가 14%인 A설탕물 300g, 18%인 B설탕물 200g, 12%인 C설탕물 150g이 있다. A와 B설탕물을 합친 후 100g의 물을 더 담고, 여기에 C설탕물을 합친 후 200g만 남기고 버렸다. 이때, 마지막 200g 설탕물에 녹아 있는 설탕의 질량은?

① 25.6g
② 28.7g
③ 30.8g
④ 32.6g
⑤ 34.8g

**03** 다음은 종이책 및 전자책 성인 독서율에 대한 자료이다. (가)에 들어갈 수치로 적절한 것은?(단, 각 항목의 2020년 수치는 2018년 수치 대비 일정한 규칙으로 변화한다)

〈종이책 및 전자책 성인 독서율〉

(단위 : %)

| 항목 | 연도 | 2018년 | | | 2020년 | | |
|---|---|---|---|---|---|---|---|
| | | 사례 수(건) | 1권 이상 읽음 | 읽지 않음 | 사례 수(건) | 1권 이상 읽음 | 읽지 않음 |
| 전체 | 소계 | 5,000 | 60 | 40 | 6,000 | 72 | 28 |
| 성별 | 남자 | 2,000 | 60 | 40 | 3,000 | 90 | 10 |
| | 여자 | 3,000 | 65 | 35 | 3,000 | 65 | 35 |
| 연령별 | 20대 | 1,000 | 87 | 13 | 1,000 | 87 | 13 |
| | 30대 | 1,000 | 80.5 | 19.5 | 1,100 | 88.6 | 11.4 |
| | 40대 | 1,000 | 75 | 25 | 1,200 | 90 | 10 |
| | 50대 | 1,000 | 60 | 40 | 1,200 | (가) | |
| | 60대 이상 | 1,000 | 37 | 63 | 1,400 | 51.8 | 48.2 |
| 학력별 | 중졸 이하 | 900 | 30 | 70 | 1,000 | 33.3 | 66.7 |
| | 고졸 | 1,900 | 63 | 37 | 2,100 | 69.6 | 30.4 |
| | 대졸 이상 | 2,200 | 70 | 30 | 2,800 | 89.1 | 10.9 |

① 44
② 52
③ 72
④ 77
⑤ 82

경현이는 취업준비를 위해 6번의 영어 시험을 치렀다. 경현이의 영어 성적 분포가 다음과 같을 때, 전체 평균점수보다 높았던 적은 몇 번인가?

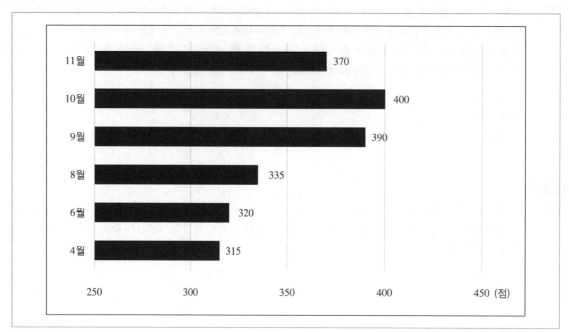

① 2번
② 3번
③ 4번
④ 5번
⑤ 6번

**05** 다음은 우리나라의 보건 수준을 가늠하게 하는 신생아 사망률에 관한 자료이다. 이에 대한 설명으로 옳은 것은?

〈생후 1주일 이내 성별·생존기간별 신생아 사망률〉

(단위 : 명, %)

| 생존 기간 | 남 | | 여 | |
|---|---|---|---|---|
| 1시간 이내 | 31 | 2.7 | 35 | 3.8 |
| 1 ~ 12시간 | 308 | 26.5 | 249 | 27.4 |
| 13 ~ 24시간 | 97 | 8.3 | 78 | 8.6 |
| 25 ~ 48시간 | 135 | 11.6 | 102 | 11.2 |
| 49 ~ 72시간 | 166 | 14.3 | 114 | 12.5 |
| 73 ~ 168시간 | 272 | 23.4 | 219 | 24.1 |
| 미상 | 153 | 13.2 | 113 | 12.4 |
| 전체 | 1,162 | 100.0 | 910 | 100.0 |

〈생후 1주일 이내 산모 연령별 신생아 사망률〉

(단위 : 명, %)

| 산모 연령 | 출생아 수 | 신생아 사망률 |
|---|---|---|
| 19세 미만 | 6,356 | 8.8 |
| 20 ~ 24세 | 124,956 | 6.3 |
| 25 ~ 29세 | 379,209 | 6.8 |
| 30 ~ 34세 | 149,760 | 9.4 |
| 35 ~ 39세 | 32,560 | 13.5 |
| 40세 이상 | 3,977 | 21.9 |
| 전체 | 696,818 | 7.7 |

① 생후 첫날 여자 신생아 사망률은 남자 신생아 사망률보다 낮다.
② 생후 1주일 내 신생아 사망자 수가 가장 많은 산모 연령대는 40세 이상이다.
③ 생후 1주일 내에서 첫날의 신생아 사망률은 약 50%이다.
④ 생후 1주일 내 신생아 사망률 중 셋째 날 신생아 사망률은 약 13.5%이다.
⑤ 산모 연령 25 ~ 29세가 출생아 수가 가장 많고 신생아 사망률이 가장 낮다.

# | 04 | 도형

**01** 다음 도식의 기호들은 일정한 규칙에 따라 도형을 변화시킨다. 〈보기〉의 규칙을 찾고 ?에 들어갈 알맞은 도형을 고르면?

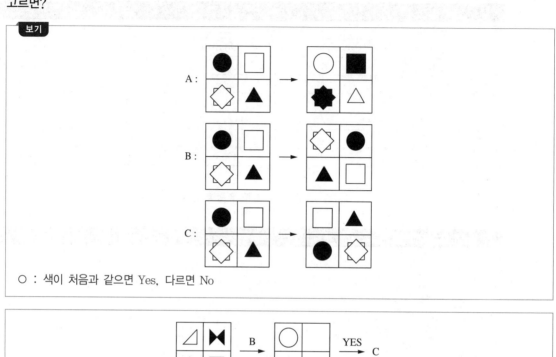

○ : 색이 처음과 같으면 Yes, 다르면 No

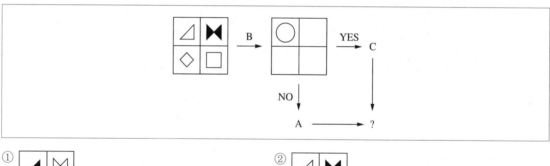

①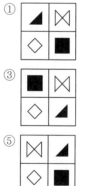

② 

③ 

④ 

⑤

**02** 다음 도식의 기호들은 일정한 규칙에 따라 도형을 변화시킨다. 〈보기〉의 규칙을 찾고 ?에 들어갈 알맞은 도형을 고르면?

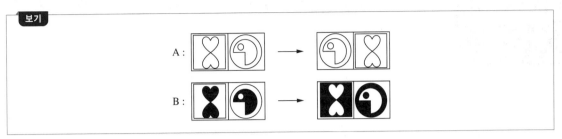

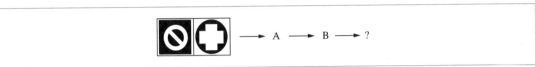

①

②

③

④

⑤

정답 및 해설 p.013

## | 01 | 언어

**01** 다음 문장을 논리적 순서대로 알맞게 배열한 것은?

> (가) 점차 우리의 생활에서 집단이 차지하는 비중이 커지고, 사회가 조직화되어 가는 현대 사회에서는 개인의 윤리 못지않게 집단의 윤리, 즉 사회 윤리의 중요성도 커지고 있다.
> (나) 따라서 우리는 현대 사회의 특성에 맞는 사회 윤리의 정립을 통해 올바른 사회를 지향하는 노력을 계속해야 할 것이다.
> (다) 그러나 이러한 사회 윤리가 단순히 개개인의 도덕성이나 윤리 의식의 강화에 의해서만 이루어지는 것은 아니다.
> (라) 물론 그것은 인격을 지니고 있는 개인과는 달리 전체의 이익을 합리적으로 추구하는 사회의 본질적 특성에서 연유하는 것이기도 하다.
> (마) 그것은 개개인이 도덕적이라는 것과 그들로 이루어진 사회가 도덕적이라는 것은 별개의 문제이기 때문이다.

① (가) – (다) – (마) – (라) – (나)
② (가) – (다) – (나) – (라) – (마)
③ (가) – (나) – (마) – (라) – (다)
④ (가) – (나) – (다) – (라) – (마)
⑤ (가) – (나) – (라) – (다) – (마)

**02** 다음 글의 주장에 대한 반박으로 가장 적합한 것은?

> 인공 지능 면접은 더 많이 활용되어야 한다. 인공 지능을 활용한 면접은 인터넷에 접속하여 인공 지능과 문답하는
> 방식으로 진행되는데, 지원자는 시간과 공간에 구애받지 않고 면접에 참여할 수 있는 편리성이 있어 면접 기회가
> 확대된다. 또한 회사는 면접에 소요되는 인력을 줄여, 비용 절감 측면에서 경제성이 크다. 실제로 인공 지능을 면접
> 에 활용한 ○○회사는 전년 대비 2억 원 정도의 비용을 절감했다. 그리고 기존 방식의 면접에서는 면접관의 주관이
> 개입될 가능성이 큰 데 반해, 인공 지능을 활용한 면접에서는 빅데이터를 바탕으로 한 일관된 평가 기준을 적용할
> 수 있다. 이러한 평가의 객관성 때문에 많은 회사들이 인공 지능 면접을 도입하는 추세이다.

① 빅데이터는 사회에서 형성된 정보가 축적된 결과물이므로 왜곡될 가능성이 적다.
② 인공 지능을 활용한 면접은 기술적으로 완벽하기 때문에 인간적 공감을 떨어뜨린다.
③ 회사 관리자 대상의 설문 조사에서 인공 지능을 활용한 면접을 신뢰한다는 비율이 높게 나온 것으로 보아 기존의
  면접 방식보다 지원자의 잠재력을 판단하는 데 더 적합하다.
④ 회사의 특수성을 고려해 적합한 인재를 선발하려면 오히려 해당 분야의 경험이 축적된 면접관의 생각이나 견해가
  면접 상황에서 중요한 판단 기준이 되어야 한다.
⑤ 면접관의 주관적인 생각이나 견해로는 지원자의 잠재력을 판단하기 어렵다.

**Hard**
**03** 다음 글을 통해 추론할 수 있는 내용으로 적절하지 않은 것은?

> 소크라테스와 플라톤은 그를 존경스럽고 비상한 능력을 지닌 인물로 높이 평가했으며, 그들의 사상에도 영향을 받
> 았다. 그러나 그의 사상에는 난해한 점도 존재한다고 했다. 유럽 철학사에서 파르메니데스의 중요성은 그가 최초로
> '존재'의 개념을 정립했다는 데 있다. 파르메니데스는 아르케, 즉 근원적인 원리에 대한 근본적인 질문을 이오니아
> 의 자연철학자들과는 다른 방식으로 다룬다. 그는 원천의 개념에서 일체의 시간적·물리적 성질을 제거하고 오로지
> 존재론적인 문제만을 남겨놓는다. 이 위대한 엘레아 사람은 지성을 기준으로 내세웠고, 예리한 인식에는 감각적 지
> 각이 필요 없다고 주장했다. 경험적 인식과는 무관한 논리학이 사물의 본질을 파악할 수 있는 능력이라고 전제함으
> 로써 그는 감각적으로 지각할 수 있는 세계 전체를 기만적인 것으로 치부하고 유일하게 실재하는 것은 '존재'라고
> 생각했다.
> 그리고 이 존재는 로고스에 의해 인식되며, 로고스와 같은 것이라고 했다. 파악함과 존재는 같은 것이므로 존재하는
> 것은 파악될 수 있다. 그리고 파악될 수 있는 것만이 존재한다. 파르메니데스는 '존재자'라는 근본적인 존재론적
> 개념을 유럽 철학에 최초로 도입한 인물일 뿐만 아니라, 경험세계와는 전적으로 무관하게 오로지 논리적 근거만을
> 사용하여 순수한 이론적 체계를 성립시킨 최초의 인물이기도 했다.

① 파르메니데스 사상의 업적은 존재란 개념을 이성적 파악의 대상으로 본 것이다.
② 플라톤의 철학사상은 파르메니데스의 이론에 영향을 받았을 것이다.
③ 파르메니데스는 감성보다 지성에 높은 지위를 부여했을 것이다.
④ 파르메니데스에게 예리한 인식이란 로고스로 파악하는 존재일 것이다.
⑤ 경험론자들의 주장과 파르메니데스의 주장은 일맥상통할 것이다.

**04** 다음 글을 읽은 독자의 반응으로 적절하지 않은 것은?

> 우주로 쏘아진 인공위성들은 지구 주위를 돌며 저마다의 임무를 충실히 수행한다. 이들의 수명은 얼마나 될까? 인공위성들은 태양 전지판으로 햇빛을 받아 전기를 발생시키는 태양전지와 재충전용 배터리를 장착하여 지구와의 통신은 물론 인공위성의 온도를 유지하고 자세와 궤도를 조정하는데, 이러한 태양전지와 재충전용 배터리의 수명은 평균 15년 정도이다.
>
> 방송 통신 위성은 원활한 통신을 위해 안테나가 늘 지구의 특정 위치를 향해 있어야 하는데, 안테나 자세 조정을 위해 추력기라는 작은 로켓에서 추진제를 소모한다. 자세 제어용 추진제가 모두 소진되면 인공위성은 자세를 유지할 수 없기 때문에 더 이상의 임무 수행이 불가능해지고 자연스럽게 수명을 다하게 된다.
>
> 첩보 위성의 경우는 임무의 특성상 아주 낮은 궤도를 비행한다. 하지만 낮은 궤도로 비행하게 될 경우 인공위성은 공기의 저항 때문에 마모가 훨씬 빨라지므로 수명이 몇 개월에서 몇 주일까지 짧아진다. 게다가 운석과의 충돌 등 예기치 못한 사고로 인하여 부품이 훼손되어 수명이 다하는 경우도 있다.

① 수명이 다 된 인공위성들은 어떻게 되는 걸까?
② 첩보 위성을 높은 궤도로 비행시키면 더욱 오래 임무를 수행할 수 있을 거야.
③ 안테나가 특정 위치를 향하지 않더라도 통신이 가능하도록 만든다면 방송 통신 위성의 수명을 늘릴 수 있을지도 모르겠군.
④ 별도의 충전 없이 오래가는 배터리를 사용한다면 인공위성의 수명을 더 늘릴 수 있지 않을까?
⑤ 아무런 사고 없이 임무를 수행한 인공위성이라도 15년 정도만 사용할 수 있겠구나.

**05** 다음 글의 내용을 통해 알 수 없는 것은?

> 최근 민간 부문에 이어 공공 부문의 인사관리 분야에 '역량(Competency)'의 개념이 핵심 주제로 등장하고 있다. '역량'이라는 개념은 1973년 사회심리학자인 맥클레랜드에 의하여 '전통적 학업 적성 검사 혹은 성취도 검사의 문제점 지적'이라는 연구에서 본격적으로 논의된 이후 다양하게 정의되어 왔으나, 여기서의 역량의 개념은 직무에서 탁월한 성과를 나타내는 고성과자(High Performer)에게서 일관되게 관찰되는 행동적 특성을 의미한다. 즉, 지식·기술·태도 등 내적 특성들이 상호작용하여 높은 성과로 이어지는 행동적 특성을 말한다. 따라서 역량은 관찰과 측정할 수 있는 구체적인 행위의 관점에서 설명된다. 조직이 필요로 하는 역량 모델이 개발된다면 이는 채용이나 선발, 경력 관리, 평가와 보상, 교육·훈련 등 다양한 인사관리 분야에 적용될 수 있다.

① 역량의 개념은 역사적으로 다양하였다.
② 역량은 개인의 내재적 특성을 포함하는 개념이다.
③ 역량은 직무에서 높은 성과로 이어지는 행동적 특성을 말한다.
④ 역량 모델은 공공 부문보다 민간 부문에서 더욱 효과적으로 작용한다.
⑤ 역량 모델의 개발은 조직의 관리를 용이하게 한다.

# | 02 | 언어 · 수추리

**01** 어느 호텔 라운지에 둔 화분이 투숙자 중 한 명에 의하여 깨졌다. 이 호텔에는 갑, 을, 병, 정, 무 5명의 투숙자가 있었으며, 각 투숙자는 아래와 같이 진술하였다. 5명의 투숙자 중 4명은 진실을 말하고 한 명이 거짓말을 하고 있다면, 거짓말을 하고 있는 사람은 누구인가?

> • 갑 : '을'은 화분을 깨뜨리지 않았다.
> • 을 : 화분을 깨뜨린 사람은 '정'이다.
> • 병 : 내가 깨뜨렸다.
> • 정 : '을'의 말은 거짓말이다.
> • 무 : 나는 깨뜨리지 않았다.

① 갑        ② 을
③ 병        ④ 정
⑤ 무

**Hard**

**02** A, B, C, D, E는 인적성 시험에 함께 응시하였다. 시험 도중 부정행위가 일어났다고 할 때, 다음 〈조건〉을 통해 부정행위를 한 사람을 모두 고르면?

> **조건**
> • 2명이 부정행위를 저질렀다.
> • B와 C는 같이 부정행위를 하거나 같이 부정행위를 하지 않았다.
> • B나 E가 부정행위를 했다면, A도 부정행위를 했다.
> • C가 부정행위를 했다면, D도 부정행위를 했다.
> • E가 부정행위를 하지 않았으면, D도 부정행위를 하지 않았다.

① B, C        ② A, B
③ A, E        ④ C, D
⑤ D, E

## 03 〈조건〉이 다음과 같을 때 금요일에 도서관에 가는 사람은 누구인가?

> **조건**
> • 근희는 금요일에 도서관에 간다.
> • 영경이는 화요일과 목요일에 도서관에 간다.
> • 경지가 도서관에 가지 않으면 정민이가 도서관에 간다.
> • 정민이가 도서관에 가면 보현이도 도서관에 간다.
> • 영경이가 도서관에 가지 않으면 근희는 도서관에 간다.
> • 근희가 도서관에 가면 경지는 도서관에 가지 않는다.

① 근희, 정민, 보현　　　　　　　② 근희, 경지, 영경

③ 근희, 경지, 보현　　　　　　　④ 근희, 정민, 영경

⑤ 근희, 영경, 보현

※ 일정한 규칙으로 수를 나열할 때, 빈칸에 들어갈 알맞은 수를 고르시오. **[4~7]**

## 04

| 1　2　3　5　8　( ) |
|---|

① 12　　　　　　　　　　　② 13

③ 14　　　　　　　　　　　④ 15

⑤ 16

## 05

| −1　2　( )　−24　−120　720 |
|---|

① 6　　　　　　　　　　　② −24

③ −6　　　　　　　　　　④ 24

⑤ −12

**06**

| 0.5 | 1.4 | 1.2 | 4.1 | 2.8 | 12.2 | 6.2 | ( ) |

① 36.5　　　　　　　　　　　　② 36.6

③ 37.5　　　　　　　　　　　　④ 37.6

⑤ 38.5

**07**

| −7 | −4.5 | −1 | ( ) | 9 | 15.5 |

① 1.5　　　　　　　　　　　　② 3.5

③ 4　　　　　　　　　　　　　④ 6.5

⑤ 7

**01** 100 이하의 자연수 중 12와 32로 나누어떨어지는 자연수의 개수는 몇 개인가?

① 0개                               ② 1개
③ 2개                               ④ 3개
⑤ 4개

**02** 십의 자리 숫자와 일의 자리 숫자의 합은 10이고, 십의 자리 숫자와 일의 자리 숫자의 자리를 바꾼 수를 2로 나눈 값은 원래 숫자보다 14만큼 작다. 처음 숫자는 얼마인가?

① 43                               ② 44
③ 45                               ④ 46
⑤ 47

**Hard**

**03** 회사 직원 중 1,000명에게 사내 복지제도에 대한 설문조사를 하였다. 조사 결과 30%는 만족, 30%는 보통, 40%는 불만족을 선택했고, 불만족을 선택한 인원의 70%가 여직원이었다. 불만족을 선택한 여직원의 수는 회사 전체 여직원 수의 20%이고, 남직원의 수는 회사 전체 남직원의 10%라고 할 때, 회사 전체 직원 수는 총 몇 명인가?

① 2,440명                          ② 2,480명
③ 2,530명                          ④ 2,570명
⑤ 2,600명

**04** A호텔은 매일 분수쇼와 퍼레이드를 보여주고 있으며, 시간은 오전 10시부터 시작한다. 분수쇼는 10분 동안 하고 35분 쉬고, 퍼레이드는 20분 공연하고 40분의 휴식을 한다. 사람들이 오후 12시부터 오후 6시까지 분수쇼와 퍼레이드의 시작을 함께 볼 수 있는 기회는 몇 번인가?

① 1번                               ② 2번
③ 3번                               ④ 4번
⑤ 5번

**05** 숫자 0, 1, 2, 3, 4가 적힌 5장의 카드에서 2장을 뽑아 두 자리 정수를 만들 때 그 수가 짝수일 확률은?

① $\dfrac{3}{8}$    ② $\dfrac{1}{2}$

③ $\dfrac{5}{8}$    ④ $\dfrac{3}{4}$

⑤ $\dfrac{7}{8}$

PART 2

2021년
2020년
2019년
2018년
2017년
2016년

Easy

**06** 다음은 20대 이상 성인에게 종이책 독서에 관해 설문조사를 한 자료이다. 여성과 남성의 사례 수가 각각 3,000명이라면 '읽음'을 선택한 여성과 남성의 인원은 총 몇 명인가?

〈종이책 독서 현황〉

(단위 : %)

| 구분 | | 사례 수(명) | 읽음 | 읽지 않음 |
|---|---|---|---|---|
| 전체 | | 6,000 | 59.9 | 40.1 |
| 성별 | 남성 | 3,000 | 58.2 | 41.8 |
| | 여성 | 3,000 | 61.5 | 38.5 |
| 연령별 | 20대 | 1,070 | 73.5 | 26.5 |
| | 30대 | 1,071 | 68.9 | 31.1 |
| | 40대 | 1,218 | 61.9 | 38.1 |
| | 50대 | 1,190 | 52.2 | 47.8 |
| | 60대 이상 | 1,451 | 47.8 | 52.2 |

※ '읽음'과 '읽지 않음'의 비율은 소수점 둘째 자리에서 반올림한 값이다.

① 3,150명    ② 3,377명

③ 3,591명    ④ 3,782명

⑤ 3,843명

**07** 다음은 출생, 사망 추이를 나타낸 표이다. 이 표에 대한 해석으로 옳지 않은 것은?

<출생, 사망 추이>

| 구분 | | 2014년 | 2015년 | 2016년 | 2017년 | 2018년 | 2019년 | 2020년 |
|---|---|---|---|---|---|---|---|---|
| 출생아 수(명) | | 490,543 | 472,761 | 435,031 | 448,153 | 493,189 | 465,892 | 444,849 |
| 사망자 수(명) | | 244,506 | 244,217 | 243,883 | 242,266 | 244,874 | 246,113 | 246,942 |
| 기대수명(년) | | 77.44 | 78.04 | 78.63 | 79.18 | 79.56 | 80.08 | 80.55 |
| 수명(년) | 남자 | 73.86 | 74.51 | 75.14 | 75.74 | 76.13 | 76.54 | 76.99 |
| | 여자 | 80.81 | 81.35 | 81.89 | 82.36 | 82.73 | 83.29 | 83.77 |

① 출생아 수는 2014년 이후 감소하다가 2017년, 2018년에 증가 이후 다시 감소하고 있다.
② 매년 기대수명은 증가하고 있다.
③ 남자와 여자의 수명은 매년 5년 이상의 차이를 보이고 있다.
④ 매년 출생아 수는 사망자 수보다 20만 명 이상 더 많으므로 매년 총 인구는 20만 명 이상씩 증가한다고 볼 수 있다.
⑤ 여자의 수명과 기대수명의 차이는 2018년이 가장 적다.

**Easy**

**08** 다음 자료는 어느 나라의 2019년과 2020년의 노동 가능 인구구성의 변화를 나타낸 것이다. 2019년도와 비교한 2020년도의 상황을 바르게 설명한 것은?

<노동 가능 인구 구성의 변화>

| 구분 | 취업자 | 실업자 | 비경제활동인구 |
|---|---|---|---|
| 2019년 | 55% | 25% | 20% |
| 2020년 | 43% | 27% | 30% |

① 이 자료에서 실업자의 수는 알 수 없다.
② 실업자의 비율은 감소하였다.
③ 경제활동인구는 증가하였다.
④ 취업자 비율의 증감 폭이 실업자 비율의 증감 폭보다 작다.
⑤ 비경제활동인구의 비율은 감소하였다.

※ 다음 도식의 기호들은 일정한 규칙에 따라 도형을 변화시킨다. ?에 들어갈 알맞은 도형을 고르시오. **[1~2]**

**01**

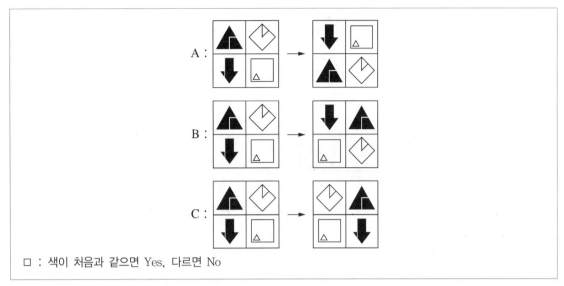

□ : 색이 처음과 같으면 Yes, 다르면 No

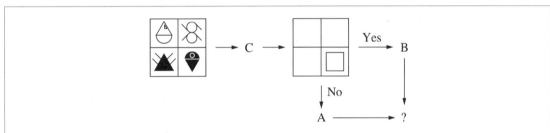

①

②

③

④

⑤

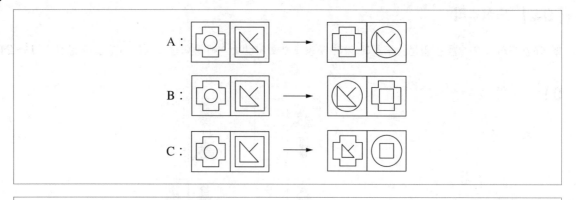

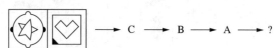

①

③

⑤

②

④

PART 2

2021년

2020년

2019년

2018년

2017년

2016년

## | 01 | 언어추리력

※ 다음 제시문을 읽고 각 문제가 항상 참이면 ①, 거짓이면 ②, 알 수 없으면 ③을 고르시오. [1~3]

- 올해 한국의 GDP 순위는 세계 12위이다.
- 프랑스의 GDP 순위는 한국보다 여섯 계단 더 높다.
- 한국 바로 앞 순위는 러시아이다.
- 브라질의 GDP 순위는 프랑스보다 낮지만, 러시아보다는 높다.
- 한국, 프랑스, 러시아, 브라질, 영국 다섯 국가 중 영국의 GDP 순위가 가장 높다.

**Easy**

**01** 주어진 다섯 국가 중 순위가 가장 낮은 나라는 한국이다.

　① 참　　　　　　　　② 거짓　　　　　　　　③ 알 수 없음

**02** 브라질의 GDP 순위는 10위 이내이다.

　① 참　　　　　　　　② 거짓　　　　　　　　③ 알 수 없음

**03** 영국의 GDP 순위는 세계 1위이다.

　① 참　　　　　　　　② 거짓　　　　　　　　③ 알 수 없음

안심Touch

- 등산을 좋아하는 사람은 스케이팅을 좋아하지 않는다.
- 영화 관람을 좋아하지 않는 사람은 독서를 좋아한다.
- 영화 관람을 좋아하지 않는 사람은 조깅 또한 좋아하지 않는다.
- 낮잠 자기를 좋아하는 사람은 스케이팅을 좋아한다.
- 스케이팅을 좋아하는 사람은 독서를 좋아한다.

**04** 낮잠 자기를 좋아하는 사람은 독서를 좋아한다.

① 참 ② 거짓 ③ 알 수 없음

**05** 영화 관람을 좋아하는 사람은 독서를 좋아하지 않는다.

① 참 ② 거짓 ③ 알 수 없음

**06** 등산을 좋아하는 사람은 낮잠 또한 좋아한다.

① 참 ② 거짓 ③ 알 수 없음

※ 다음 제시문을 읽고 각 문제가 항상 참이면 ①, 거짓이면 ②, 알 수 없으면 ③을 고르시오. [7~8]

- A, B, C, D, E, F 여섯 명이 일렬로 된 6개의 좌석에 앉아 있다. 좌석은 왼쪽부터 1번으로 시작하는 번호가 매겨져 있다.
- D와 E는 사이에 세 명을 두고 있다.
- A와 F는 인접할 수 없다.
- D는 F보다 왼쪽에 있다.
- F는 C보다 왼쪽에 있다.

**Hard**

**07** C가 4번에 앉아있다면, E는 C보다 오른쪽에 앉아 있다.

① 참 ② 거짓 ③ 알 수 없음

**08** A는 가장자리에 앉아 있다.

① 참 ② 거짓 ③ 알 수 없음

## | 02 | 판단력

**01** 다음 빈칸에 공통적으로 들어갈 알맞은 단어를 고르면?

---

- 옛날 사람들은 사람도 하늘을 날 수 있다는 [        ]을 가졌다. 그리고 이러한 [        ]을 가진 사람 중에는 라이트형제도 있었다. 이들은 결국 비행기를 발명했다.
- 그에게는 더 이상 살아갈 [        ]이 남아 있지 않았다.
- [        ]이 부족하다.

---

① 꿈

② 희망

③ 환상

④ 야망

⑤ 염원

**02** 다음 글의 중심내용으로 적절한 것은?

---

인지부조화는 한 개인이 가지는 둘 이상의 사고, 태도, 신념, 의견 등이 서로 일치하지 않거나 상반될 때 생겨나는 심리적인 긴장상태를 의미한다. 인지부조화는 불편함을 유발하기 때문에 사람들은 이것을 감소시키려고 한다. 인지부조화를 감소시키는 방법은 서로 모순관계에 있어서 양립할 수 없는 인지들 가운데 하나 이상의 인지가 갖는 내용을 바꾸어 양립할 수 있게 만들거나, 서로 모순되는 인지들 간의 차이를 좁힐 수 있는 새로운 인지를 추가하여 부조화된 인지상태를 조화된 상태로 전환하는 것이다.

그런데 실제로 부조화를 감소시키는 행동은 비합리적인 면이 있다. 그 이유는 그러한 행동들이 사람들로 하여금 중요한 사실을 배우지 못하게 하고 자신들의 문제에 대하여 실제적인 해결책을 찾지 못하도록 할 수 있기 때문이다. 부조화를 감소시키려는 행동은 자기방어적인 행동이고, 부조화를 감소시킴으로써 우리는 자신의 긍정적인 이미지, 즉 자신이 선하고 현명하며 상당히 가치 있는 인물이라는 긍정적인 측면의 이미지를 유지하게 된다. 비록 자기방어적인 행동이 유용한 것으로 생각될 수 있지만, 이러한 행동은 부정적 결과를 초래할 수 있다.

---

① 인지부조화를 극복하기 위해 합리적인 사고가 필요하다.

② 인지부조화를 감소시키는 방법의 비합리성으로 인해 부정적 결과가 초래될 수 있다.

③ 인지부조화는 합리적인 사고에 도움을 준다는 점에서 긍정적이다.

④ 인지부조화는 자기방어적 행동을 유발하여 정신건강을 해친다.

⑤ 인지부조화를 감소시키는 과정은 긍정적인 자기 이미지 만들기에 효과적이다.

**03** 다음 주장에 대한 반박으로 적절하지 않은 것은?

> 문화재 관리에서 중요한 개념이 복원과 보존이다. 복원은 훼손된 문화재를 원래대로 다시 만드는 것을, 보존은 더 이상 훼손되지 않도록 잘 간수하는 것을 의미한다. 이와 관련하여 훼손된 탑의 관리에 대한 논의가 한창이다.
>
> 나는 복원보다는 보존이 다음과 같은 근거에서 더 적절하다고 생각한다. 우선, 탑을 보존하면 탑에 담긴 역사적 의미를 온전하게 전달할 수 있어 진정한 역사 교육이 가능하다. 탑은 백성들의 평화로운 삶을 기원하기 위해 만들어졌고, 이후 역사의 흐름 속에서 전란을 겪으며 훼손된 흔적들이 더해져 지금 모습으로 남아 있다. 그런데 탑을 복원하면 이런 역사적 의미들이 사라져 그 의미를 온전하게 전달할 수 없다.
>
> 다음으로, 정확한 자료가 없이 탑을 복원하면 이는 결국 탑을 훼손하는 것이 될 수밖에 없다. 따라서 원래의 재료를 활용하지 못하고 과거의 건축 과정에 충실하게 탑을 복원하지 못하면 탑의 옛 모습을 온전하게 되살리는 것은 불가능하므로 탑을 보존하는 것이 더 바람직하다.
>
> 마지막으로, 탑을 보존하면 탑과 주변 공간의 조화가 유지된다. 전문가에 따르면 탑은 주변 산수는 물론, 절 내부 건축물들과의 조화를 고려하여 세워졌다고 한다. 이런 점을 무시하고 탑을 복원한다면 탑과 기존 공간의 조화가 사라지기 때문에 보존하는 것이 적절하다.
>
> 따라서 탑은 보존하는 것이 복원하는 것보다 더 적절하다고 생각한다. 건축 문화재의 경우 복원보다는 보존을 중시하는 국제적인 흐름을 고려했을 때도, 탑이 더 훼손되지 않도록 지금의 모습을 유지하고 관리하는 것이 문화재로서의 가치를 지키고 계승할 수 있는 바람직한 방법이라고 생각한다.

① 탑을 복원하더라도 탑에 담긴 역사적 의미는 사라지지 않는다.
② 탑을 복원하면 형태가 훼손된 탑에서는 느낄 수 없었던 탑의 형태적 아름다움을 느낄 수 있다.
③ 탑 복원에 필요한 자료를 충분히 수집하여 탑을 복원하면 탑의 옛 모습을 되살릴 수 있다.
④ 주변 공간과의 조화를 유지하는 방법으로 탑을 복원할 수 있다.
⑤ 탑을 복원하는 비용보다 보존하는 비용이 더 많이 든다.

**04** 다음 문단을 논리적인 순서대로 바르게 배열한 것은?

> (가) 이러한 특징은 구엘 공원에 잘 나타나 있는데, 산의 원래 모양을 최대한 유지하기 위해 지면을 받치는 돌기둥을 만드는가 하면, 건축물에 식물을 심어 그 뿌리로 하여금 무너지지 않게 했다.
>
> (나) 스페인을 대표하는 천재 건축가 가우디가 만든 건축물의 대표적인 특징을 꼽자면, 먼저 곡선을 들 수 있다. 그의 여러 건축물 중 곡선미가 가장 잘 나타나는 것은 바로 1984년 유네스코 세계문화유산으로 지정된 까사 밀라이다.
>
> (다) 또 다른 특징으로는 자연과의 조화로, 그는 건축 역시 사람들이 살아가는 공간이자 자연의 일부라고 생각하여 가능한 자연을 훼손하지 않고 건축하는 것을 원칙으로 삼았다.
>
> (라) 이 건축물의 겉 표면에는 일렁이는 파도를 연상시키는 곡선이 보이는데, 이는 당시 기존 건축양식과는 거리가 매우 멀어 처음엔 조롱거리가 되었다. 하지만 훗날 비평가들은 그의 창의성을 인정하게 됐고 현대 건축의 출발점으로 지금까지 평가되고 있다.

① (가) – (나) – (라) – (다)    ② (가) – (다) – (나) – (라)
③ (나) – (라) – (가) – (다)    ④ (나) – (라) – (다) – (가)
⑤ (다) – (나) – (가) – (라)

**05** 다음은 행정구역별 화재현황에 관한 자료이다. 이에 대한 설명으로 옳은 것은?

〈행정구역별 화재현황〉

(단위 : 건)

| 구분 | 2014년 | 2015년 | 2016년 | 2017년 | 2018년 |
|---|---|---|---|---|---|
| 전국 | 42,135 | 44,435 | 43,413 | 44,178 | 42,338 |
| 서울특별시 | 5,815 | 5,921 | 6,443 | 5,978 | 6,368 |
| 부산광역시 | 2,026 | 1,973 | 2,199 | 2,609 | 2,471 |
| 대구광역시 | 1,767 | 1,817 | 1,739 | 1,612 | 1,440 |
| 인천광역시 | 1,818 | 1,875 | 1,790 | 1,608 | 1,620 |
| 광주광역시 | 1,010 | 1,006 | 956 | 923 | 860 |
| 대전광역시 | 1,291 | 1,254 | 974 | 1,059 | 1,094 |
| 울산광역시 | 890 | 874 | 928 | 959 | 887 |
| 세종특별자치시 | 223 | 252 | 300 | 316 | 236 |
| 경기도 | 9,675 | 10,333 | 10,147 | 9,799 | 9,632 |
| 강원도 | 2,182 | 2,485 | 2,315 | 2,364 | 2,228 |
| 충청북도 | 1,316 | 1,373 | 1,379 | 1,554 | 1,414 |
| 충청남도 | 2,838 | 3,031 | 2,825 | 2,775 | 2,605 |
| 전라북도 | 1,652 | 1,962 | 1,983 | 1,974 | 2,044 |
| 전라남도 | 2,620 | 2,647 | 2,454 | 2,963 | 2,635 |
| 경상북도 | 2,803 | 3,068 | 2,651 | 2,817 | 2,686 |
| 경상남도 | 3,622 | 3,960 | 3,756 | 4,117 | 3,482 |
| 제주특별자치도 | 587 | 604 | 574 | 751 | 636 |

① 매년 화재 건수가 3번째로 많은 지역은 경상북도이다.

② 충청북도는 매년 화제 건수가 증가하는 추이를 보인다.

③ 전국의 화재 건수와 동일한 증감 추이를 보이는 지역은 총 5곳이다.

④ 강원도의 2018년 화재 건수는 전년 대비 7% 이상 감소했다.

⑤ 2018년 서울특별시의 화재 건수는 전체의 20% 이상이다.

## |03| 응용수리력

**01** 5% 소금물 400g이 있다. 여기에서 몇 g의 물을 증발시켜야 10%의 소금물을 얻을 수 있는가?

① 100g
② 200g
③ 300g
④ 400g
⑤ 500g

**02** 전체 길이가 2.5m인 나무토막을 3등분하려고 한다. 가장 긴 막대의 길이는 중간 길이의 막대보다 32cm 더 길고, 가장 짧은 막대는 중간 막대보다 16cm 짧았다고 할 때, 가장 긴 막대의 길이는?

① 106cm
② 107cm
③ 108cm
④ 109cm
⑤ 110cm

Easy

**03** A고등학교의 음악 동아리는 남학생과 여학생으로 구성되어 있다. 1명의 신입 회원이 들어왔을 때, 그 회원이 남자라면 여학생 수의 2배가 되고, 여자라면 남녀의 수가 같아진다. 신입회원이 들어오기 전 동아리 회원 수는?

① 5명
② 6명
③ 7명
④ 8명
⑤ 9명

**04**  A중학교 1, 2, 3학년 학생들의 수학 점수 평균을 구했더니 각각 38점, 64점, 44점이었다. 각 학년의 학생 수가 50명, 20명, 30명이라고 할 때, 학교 학생들의 전체 수학 점수 평균은 몇 점인가?

① 43점                                    ② 44점
③ 45점                                    ④ 46점
⑤ 47점

**05**  어른과 청소년을 합하여 30명이 영화 관람을 하기로 했다. 어른의 영화 티켓 가격은 11,000원이고, 청소년의 영화 티켓 가격은 어른의 60%이다. 총 금액이 264,000원이 나왔다. 영화를 본 어른의 인원수는?

① 13명                                    ② 14명
③ 15명                                    ④ 16명
⑤ 17명

`Easy`

**06**  A와 B의 집 사이의 거리는 24km이다. A는 시속 3km, B는 시속 5km로 각자의 집에서 서로에게 동시에 출발하였을 때, 두 사람은 출발한 지 몇 시간 후에 만나게 되는가?

① 1시간                                   ② 2시간
③ 3시간                                   ④ 5시간
⑤ 6시간

## | 04 | 수추리력

※ 일정한 규칙으로 수를 나열할 때, 빈칸에 들어갈 알맞은 수를 고르시오. [1~4]

**01**

| 45 | 40 | 80 | 75 | 150 | ( ) | 290 |

① 200　　　　　　　　　　　② 170
③ 165　　　　　　　　　　　④ 155
⑤ 145

**02**

| 3 | 10 | 24 | ( ) | 73 | 108 |

① 45　　　　　　　　　　　② 50
③ 55　　　　　　　　　　　④ 60
⑤ 65

**03**

| 1 | −1 | 2 | −6 | 24 | −120 | ( ) | −5,040 |

① 700　　　　　　　　　　　② 720
③ 740　　　　　　　　　　　④ 760
⑤ 780

**Hard**

**04**

| 5 | 2 | 6 | 15 | 4 | 6 | 18 | 12 | 15 | 5 | ( ) | 75 |

① 5　　　　　　　　　　　② 10
③ 15　　　　　　　　　　　④ 20
⑤ 25

정답 및 해설 p.023

## | 01 | 언어추리력

※ 다음 제시문을 읽고 각 문제가 항상 참이면 ①, 거짓이면 ②, 알 수 없으면 ③을 고르시오. [1~3]

- 비 오는 날을 좋아하면 물놀이를 좋아한다.
- 장화를 좋아하면 비 오는 날을 좋아한다.
- 여름을 좋아하지 않으면 물놀이를 좋아하지 않는다.
- 어떤 고양이는 장화를 좋아한다.

**01** 어떤 고양이는 여름을 좋아한다.

① 참                          ② 거짓                          ③ 알 수 없음

**02** 비오는 날을 좋아하지 않는 고양이도 있다.

① 참                          ② 거짓                          ③ 알 수 없음

**Easy**

**03** 장화를 좋아하지 않으면 물놀이를 좋아하지 않는다.

① 참                          ② 거짓                          ③ 알 수 없음

PART 2

2021년

2020년

2019년

2018년

2017년

2016년

---

- K사 인사팀은 총 15명으로 구성되어 있고, 모두 아침 회의에 참석했다.
- 회의에 참석한 남직원과 여직원의 비는 3 : 2이다.
- 회의 시간에 커피를 마신 사람은 9명이다.
- 인사팀 직원의 $\frac{2}{5}$는 커피를 전혀 마시지 않는다.

---

**04** 회의 중 여직원 2명이 커피를 마셨다면, 남은 커피는 모두 남직원이 마셨다.

① 참                          ② 거짓                          ③ 알 수 없음

**05** 커피를 마시지 않는 사람이 모두 여직원이라면, 여직원 중에는 커피를 마시는 사람이 없다.

① 참                          ② 거짓                          ③ 알 수 없음

**Hard**

**06** 여직원 중 3명은 커피를 마셨고, 2명은 전혀 마시지 않는다면 남직원은 최소 6명 이상이 커피를 마신다.

① 참                          ② 거짓                          ③ 알 수 없음

---

- 7층 아파트에 각 층마다 1명씩 거주하며, 현재 A ~ D가 살고 있다.
- 주민 간 합의를 통해 애완동물을 키우는 사람도 1 ~ 2층에 입주를 허용하였다.
- A는 개를 키우고 있다.
- B는 A보다 높은 곳에 살고 있고 홀수 층에 산다.
- C는 B의 바로 아래층에 살고 애완동물이 없다.
- D는 5층에 산다.

---

**07** A가 1층에 산다면 C는 6층에 거주한다.

① 참                          ② 거짓                          ③ 알 수 없음

**08** 강아지를 키우고 있는 E가 아파트에 입주한다면 B는 7층에 거주한다.

① 참                          ② 거짓                          ③ 알 수 없음

## | 02 |  판단력

**01**  다음 문단을 논리적인 순서대로 바르게 배열한 것은?

> (가) 정해진 극본대로 연기를 하는 연극의 서사는 논리적이고 합리적이다. 그러나 연극 밖의 현실은 비합리적이고, 그 비합리성을 개인의 합리에 맞게 해석한다. 연극 밖에서도 각자의 합리성에 맞춰 연극을 하고 있는 것이다.
>
> (나) 사전적 의미로 불합리한 것, 이치에 맞지 않는 것을 의미하는 부조리는 실존주의 철학에서는 현실에서는 전혀 삶의 의미를 발견할 가능성이 없는 절망적인 한계상황을 나타내는 용어이다.
>
> (다) 이것이 비합리적인 세계에 대한 자신의 합목적적인 희망이라는 사실을 깨달았을 때, 삶은 허망해지고 인간은 부조리를 느끼게 된다.
>
> (라) 부조리라는 개념을 처음 도입한 대표적인 철학자인 알베르 카뮈는 연극에 비유하여 부조리에 대해 설명한다.

① (나) – (다) – (가) – (라).       ② (나) – (가) – (다) – (라)
③ (나) – (라) – (가) – (다)       ④ (가) – (라) – (나) – (다)
⑤ (가) – (다) – (나) – (라)

**02**  제시된 글의 다음에 와야 하는 내용으로 가장 적절한 것은?

> 지금처럼 정보통신기술이 발달하지 않았던 시절에 비둘기는 '전서구'라고 불리며 먼 곳까지 소식을 전해 주었다. 비둘기는 다리에 편지를 묶어 날려 보내면 아무리 멀리 있어도 자기의 집을 찾아오는 습성이 있는 것으로 알려져 있다.
>
> 이러한 비둘기의 습성에 관해 많은 과학자들이 연구한 결과, 비둘기가 자기장을 이용해 집을 찾는다는 것을 밝혀냈다. 비둘기에게 불투명한 콘택트렌즈를 끼워 시야를 가리고 먼 곳에서 날려 집을 찾아오는 지에 대한 실험을 했을 때, 비둘기는 정확하게 집을 찾아왔다. 또한, 비둘기의 머리에 코일을 감아 전기를 통하게 한 후, 지구 자기의 N극 위치와 같이 N극이 비둘기 아래쪽에 형성되도록 한 비둘기는 집을 잘 찾아 갔지만, 머리 위쪽에 형성되도록 한 비둘기는 엉뚱한 방향으로 날아가 집을 찾지 못했다.

① 비둘기의 서식 환경
② 비둘기가 자기장을 느끼는 원인
③ 비둘기와 태양 사이의 관계
④ 비둘기가 철새가 아닌 이유
⑤ 비둘기가 자기장을 느끼지 못하게 하는 방법

PART 2

2021년
2020년
2019년
2018년
2017년
2016년

## 03  다음 글의 내용과 일치하지 않는 것은?

> '저장강박증'은 물건의 사용 여부와 관계없이 버리지 못하고 저장해 두는 강박장애의 일종이다. 미래에 필요할 것이라고 생각해서 물건이나 음식을 버리지 못하고 쌓아 두거나, 어떤 사람은 동물을 지나치게 많이 기르기도 한다. 저장강박증이 있는 사람들은 물건을 버리지 않고 모으지만 애정이 없기 때문에 관리는 하지 않는다. 다만 물건이 모아져 있는 상태에서 일시적인 편안함을 느낄 뿐이다. 그러나 결과적으로는 불안증과 강박증, 폭력성을 더욱 가중하는 결과를 낳게 된다.
> 저장강박증은 치료가 쉽지 않다. 아직까지 정확하게 밝혀진 원인이 없고, 무엇보다 이 사람들의 대부분은 자가 병식이 없다. 때문에 대부분 치료를 원하지 않거나 가족들의 강요에 의해 병원을 찾는다. 그러나 자연적으로 좋아지기 어려우므로 반드시 초기에 치료를 진행해야 한다.

① 저장강박증은 물건을 버리지 못하는 강박장애이다.
② 저장강박증이 있는 사람은 동물을 지나치게 많이 기르기도 한다.
③ 저장강박증이 있는 사람은 물건의 애착을 느껴서 버리지 못한다.
④ 저장강박증의 정확한 원인은 아직 밝혀지지 않았다.
⑤ 저장강박증이 있는 사람들은 스스로 병에 대한 문제를 느끼지 못한다.

**04** 다음은 국내 수출물가지수에 대한 자료이다. 이에 대한 설명으로 옳은 것은?

〈2018년 11월 ~ 2019년 2월 국내 수출물가지수〉

| 분야 | 2018년 11월 | 2018년 12월 | 2019년 1월 | 2019년 2월 |
|---|---|---|---|---|
| 총지수 | 85.82 | 83.80 | 82.78 | 82.97 |
| 농산물 | 153.48 | 179.14 | 178.17 | 178.24 |
| 수산물 | 92.40 | 91.37 | 92.29 | 90.02 |
| 공산품 | 85.71 | 83.67 | 82.64 | 82.84 |
| 식료품 | 103.76 | 103.30 | 103.89 | 103.78 |
| 담배 | 96.92 | 97.39 | 97.31 | 97.35 |
| 섬유 및 가죽제품 | 108.18 | 108.94 | 111.91 | 112.18 |
| 의약품 | 100.79 | 100.56 | 101.55 | 101.11 |
| 기타최종화학제품 | 106.53 | 105.31 | 103.88 | 103.57 |
| 플라스틱제품 | 90.50 | 90.13 | 90.63 | 91.40 |
| 전기기계 및 장치 | 93.11 | 92.64 | 92.35 | 92.32 |
| 반도체 및 전자표시장치 | 55.05 | 54.18 | 51.09 | 49.60 |
| 컴퓨터 및 주변기기 | 60.91 | 59.78 | 59.47 | 59.58 |
| 가정용 전기기기 | 92.53 | 92.08 | 91.94 | 91.94 |
| 정밀기기 | 76.03 | 75.72 | 74.10 | 74.12 |
| 자동차 | 99.97 | 99.66 | 99.54 | 99.48 |
| 기타 제조업제품 | 108.13 | 107.59 | 107.54 | 107.98 |

※ 2017년 동월 같은 분야의 물가지수를 기준(=100)으로 나타낸 지수이다.

① 2018년 11월 정밀기기 분야의 전년 동월 대비 감소율은 30% 이상이다.
② 2019년 2월 농산물 분야의 물가는 수산물 분야 물가의 2배 미만이다.
③ 물가지수의 2019년 1월 전월 대비 감소율은 담배 분야가 전기기계 및 장치 분야보다 높다.
④ 2018년 11월과 2018년 12월에 전년 동월 대비 물가가 증가한 분야의 수는 다르다.
⑤ 공산품 분야의 2017년 11월 물가를 250이라고 한다면, 2018년 11월 물가는 190 이상이다.

**05** 다음은 우리나라 건강보험 재정현황에 대한 자료이다. 이에 대한 설명으로 옳지 않은 것은?

〈우리나라 건강보험 재정현황〉

(단위 : 조 원)

| 구분 | 2011년 | 2012년 | 2013년 | 2014년 | 2015년 | 2016년 | 2017년 | 2018년 |
|------|--------|--------|--------|--------|--------|--------|--------|--------|
| 수입 | 33.6 | 37.9 | 41.9 | 45.2 | 48.5 | 52.4 | 55.7 | 58.0 |
| 보험료 등 | 28.7 | 32.9 | 36.5 | 39.4 | 42.2 | 45.3 | 48.6 | 51.2 |
| 정부지원 | 4.9 | 5 | 5.4 | 5.8 | 6.3 | 7.1 | 7.1 | 6.8 |
| 지출 | 34.9 | 37.4 | 38.8 | 41.6 | 43.9 | 48.2 | 52.7 | 57.3 |
| 보험급여비 | 33.7 | 36.2 | 37.6 | 40.3 | 42.5 | 46.5 | 51.1 | 55.5 |
| 관리운영비 등 | 1.2 | 1.2 | 1.2 | 1.3 | 1.4 | 1.7 | 1.6 | 1.8 |
| 수지율(%) | 104 | 98 | 93 | 92 | 91 | 92 | 95 | 99 |

※ 수지율(%)＝$\dfrac{(지출)}{(수입)}$×100

① 2011년 대비 2018년 건강보험 수입의 증가율과 건강보험 지출의 증가율의 차이는 15%p 이상이다.

② 2012년부터 건강보험 수지율이 전년 대비 감소하는 해에는 정부지원 수입이 전년 대비 증가했다.

③ 2016년 보험료 등이 건강보험 수입에서 차지하는 비율은 75% 이상이다.

④ 건강보험 수입과 지출의 전년 대비 증감 추이는 2012년부터 2017년까지 동일하다.

⑤ 2012년부터 2014년까지 건강보험 지출 중 보험급여비가 차지하는 비중은 매년 90%를 초과한다.

# | 03 | 응용수리력

**01** 미주는 집에서 백화점에 가기 위해 시속 8km의 속력으로 집에서 출발했다. 미주가 집에서 출발한 지 12분 후에 지갑을 두고 간 것을 발견한 동생이 시속 20km의 속력으로 미주를 만나러 출발했다. 미주와 동생은 몇 분 후에 만나게 되는가?(단, 미주와 동생은 쉬지 않고 일정한 속력으로 움직인다)

① 11분
② 14분
③ 17분
④ 20분
⑤ 23분

**Hard**

**02** 한 학교의 올해 남학생과 여학생 수는 작년에 비해 남학생은 8% 증가, 여학생은 10% 감소했다. 작년의 전체 학생 수는 820명이고, 올해는 작년에 비해 10명이 감소하였다고 할 때, 작년의 여학생 수는?

① 400명
② 410명
③ 420명
④ 430명
⑤ 440명

**03** 현재 시간이 7시 20분일 때, 시계의 시침과 분침의 작은 각의 각도는?

① 100°
② 105°
③ 110°
④ 115°
⑤ 120°

Easy

**04** 가로의 길이가 15cm, 세로의 길이가 6cm인 직사각형이 있다. 이 직사각형의 가로길이는 1초에 2cm씩 짧아지고, 세로길이는 1초에 1cm씩 길어진다. 이 직사각형이 정사각형이 될 때의 넓이는?

① $25\text{cm}^2$  　　　　　　　　② $36\text{cm}^2$

③ $49\text{cm}^2$  　　　　　　　　④ $64\text{cm}^2$

⑤ $81\text{cm}^2$

**05** 경서와 민준이는 각각 1 : 2의 비율로 용돈을 받았고, 4 : 7의 비율로 지출을 했다. 각각 남은 금액이 2,000원, 5,500원이라고 할 때, 민준이가 받은 용돈은 얼마인가?(단, 용돈 외에 추가수입은 없었다)

① 15,000원  　　　　　　　　② 15,500원

③ 16,000원  　　　　　　　　④ 16,500원

⑤ 17,000원

**06** K사는 전 직원을 대상으로 유연근무제에 대한 찬반투표를 진행하였다. 그 결과 전체 직원의 80%가 찬성하였고, 20%는 반대하였다. 전 직원의 40%는 여직원이고, 유연근무제에 찬성한 직원의 70%는 남직원이었다. 여직원 한 명을 뽑았을 때, 이 직원이 유연근무제에 찬성했을 확률은?(단, 모든 직원은 찬성이나 반대의 의사표시를 하였다)

① $\dfrac{1}{5}$  　　　　　　　　② $\dfrac{2}{5}$

③ $\dfrac{3}{5}$  　　　　　　　　④ $\dfrac{4}{6}$

⑤ $\dfrac{5}{6}$

## | 04 | 수추리력

※ 일정한 규칙으로 수를 나열할 때, 빈칸에 들어갈 알맞은 수를 고르시오. [1~4]

**01**

| 4 | 2 | 6 | $-2$ | 14 | $-18$ | ( ) |

① 46      ② $-46$

③ 52      ④ $-52$

⑤ 74

**02**

| 0 | ( ) | $-6$ | $-18$ | $-24$ | $-72$ | $-78$ |

① $-6$      ② $-2$

③ 0      ④ 2

⑤ 6

**03**

$$-2 \quad \frac{7}{2} \quad -2 \quad \frac{21}{2} \quad -2 \quad (\quad)$$

① $-2$      ② $-\dfrac{1}{2}$

③ $\dfrac{54}{2}$      ④ $\dfrac{63}{2}$

⑤ $\dfrac{74}{3}$

**Hard**

**04**

| 2 | 4 | 4 | 2 | 3 | ( ) | 9 | 3 | 5 | 10 | 25 | 5 |

① 2      ② 3

③ 4      ④ 5

⑤ 6

## | 01 | 언어추리력

※ 다음 제시문을 읽고 각 문제가 항상 참이면 ①, 거짓이면 ②, 알 수 없으면 ③을 고르시오. **[1~3]**

- 수현이와 진혁이 앞에 사과, 포도, 귤이 있다.
- 수현이는 포도를 좋아한다.
- 포도를 좋아하는 사람은 귤을 싫어한다.
- 진혁이는 수현이가 싫어하는 과일을 좋아한다.
- 귤을 좋아하는 사람은 사과를 싫어한다.

**01** 진혁이는 사과를 싫어한다.

① 참           ② 거짓           ③ 알 수 없음

**02** 사과, 포도, 귤 중에 진혁이가 좋아하는 과일은 한 가지이다.

① 참           ② 거짓           ③ 알 수 없음

**Hard**

**03** 사과를 좋아하는 사람은 포도를 싫어한다.

① 참           ② 거짓           ③ 알 수 없음

※ 다음 제시문을 읽고 각 문제가 항상 참이면 ①, 거짓이면 ②, 알 수 없으면 ③을 고르시오. [4~6]

- 이틀 동안 비가 내리면 다음날 날씨는 맑다.
- 하루 동안 눈이 내리면 다음날 날씨는 맑다.
- 비가 내린 삼일 후에는 항상 눈이 내린다.

Easy

**04** 비가 내린 사일 후에는 날씨가 흐리다.

① 참 ② 거짓 ③ 알 수 없음

**05** 이틀 동안 눈이 내리면 삼일 후의 날씨는 맑다.

① 참 ② 거짓 ③ 알 수 없음

**06** 월요일과 화요일에 비가 내렸다면 토요일에는 눈이 내린다.

① 참 ② 거짓 ③ 알 수 없음

※ 다음 제시문을 읽고 각 문제가 항상 참이면 ①, 거짓이면 ②, 알 수 없으면 ③을 고르시오. [7~8]

- 디저트를 좋아하는 사람은 살이 찐다.
- 야식을 좋아하면 헬스장에 간다.
- 샐러드를 먹으면 헬스장에 가지 않는다.
- 샐러드를 먹지 않으면 디저트를 좋아한다.

**07** 디저트를 좋아하면 헬스장에 간다.

① 참 ② 거짓 ③ 알 수 없음

**08** 살이 찌지 않았다면 야식을 좋아하지 않는다.

① 참 ② 거짓 ③ 알 수 없음

## | 02 | 판단력

**Hard**

**01** 다음 글에 나타난 자식의 태도로 적절한 속담은?

> 자수성가한 A씨는 젊어서 고생한 덕분에 여유로운 노후를 보내고 있다. A씨는 어린 시절 고생했던 기억 때문에 자녀들에게는 아낌없이 지원하여 키웠지만, 독립한 자식들은 각자 생활이 바쁘다는 이유로 전화나 방문을 일절 하지 않았다. 그러던 어느 날 자식들이 찾아와서 "아버지는 나이 드셔서 큰돈을 쓸 일이 없으니, 재산을 나눠달라. 그 돈으로 우리가 효도하겠다."며 재산 상속을 권유했다. A씨는 결국 재산 상속을 했지만, 자식들은 여전히 핑계를 대며 찾아오지 않고, 전화도 한 통 하지 않는다.
>
> 이러한 사회문제가 증가하면서 이른바 '불효자 방지법'에 대한 논의가 활발하게 진행되고 있다. 지금까지 발의된 불효자 방지법은 재산을 증여받고도 부양의무를 다하지 않는 자녀에 대해 증여를 되돌려달라는 내용이 주를 이룬다. 불효자 방지법은 노인 문제를 해결하자는 취지에서 발의됐지만, 가족 간의 문제는 법이 아닌 도덕적으로 해결해야 한다는 반대여론 또한 높다.

① 자는 중도 떡 세 개
② 꽃샘추위에 설늙은이 얼어 죽는다.
③ 거미도 줄을 쳐야 벌레를 잡는다.
④ 나갔던 며느리 효도한다.
⑤ 다 된 밥에 재 뿌리기

**Hard**

**02** 다음 글을 읽고 주제로 적절한 한자성어를 고르면?

> 미국 메릴랜드 대학 의학센터에서는 흥미로운 실험 하나가 진행됐다. 지원자 20명에게 웃음을 유발하는 코미디 영화와 긴장감을 조성하는 전쟁 영화를 차례로 보여주고 혈류량을 측정했다. 그 결과 코미디 영화를 볼 때는 대부분 지원자의 혈류량이 평균 22% 증가했지만, 전쟁 영화를 볼 때는 혈류량이 34% 감소했다. 이는 웃을 때 분비되는 엔도르핀이라는 호르몬이 혈관을 이완시켜 혈류량을 증가시켰기 때문이었다.
>
> 웃음 초기에는 맥박과 혈압이 증가하지만, 나중에는 동맥이 이완되면서 맥박과 혈압이 감소한다. 이러한 작용은 내부 장기를 마사지하는 효과가 있어서 혈액 순환 및 소화를 촉진하고 산소의 농도를 증가시키기 때문에 긴장을 완화한다.
>
> 또한 스트레스는 면역반응을 억제하는데, 엔도르핀은 T − 림프구의 효과를 증가시켜서 감기부터 암에 이르는 질병에 대항할 면역계의 능력을 강화한다. 이러한 이유로 최근 많은 암 병원에서는 전문 웃음치료사를 통한 웃음치료를 진행하고 있다. 암 환자들은 암과 같은 치명적인 질병 앞에서 분노와 두려움을 보일 수밖에 없는데, 이때 웃음은 환자들의 부정적인 감정을 조절하는 역할을 한다.

① 망운지정(望雲之情)
② 소문만복래(掃門萬福來)
③ 출필고반필면(出必告反必面)
④ 맹모삼천지교(孟母三遷之敎)
⑤ 일소일소 일노일노(一笑一少 一怒一老)

**03** 다음 글을 읽고 빈칸에 들어갈 문장으로 가장 알맞은 것은?

연구 윤리는 학문을 공부하고, 연구하는 사람이라면 그 종류와 관계없이 모두가 지켜야 하는 사항이다. 아무리 연구 성과가 뛰어나다고 하더라도 그 결과를 도출해내는 과정에서 범법을 행했거나, 부정한 행위를 했다면 오점이 된다. 그중에서도 가장 빈번히 발생하는 문제가 표절과 저작권 침해이다.

'표절'은 다른 사람의 저작으로부터 출처를 명확하게 밝히지 않고 내용을 인용하거나 차용하는 행위이다. 반면에 '저작권 침해'는 다른 사람의 저술로부터 상당한 부분을 저자의 동의 없이 임의로 자신의 저술에 사용한 행위를 가리킨다. 그러므로 저자의 동의 없이 지식의 확산을 위해 공정하게 사용될 수 있는 정도를 넘어서는 경우라면 출처를 밝혔더라도 저작권 침해가 발생할 수 있다.

특히 표절은 지적 재산권에 대한 도둑질이지만 사법적인 의미에서 형사 문제로 다루는 관행은 아직 확립되어 있지 않다. 때때로 표절에 해당하는 행위가 저작권 침해 등과 같은 명목으로 법정에서 다루어지기도 하지만 매우 예외적인 일이다. 그러나 [                    ]

표절과 저작권 침해를 개인의 양심에 맡겨 두기에는 문제의 심각성이 점점 더해지고 있다. 표절을 방지하기 위한 프로그램을 개발하는 것은 일시적인 해결책에 불과하다. 따라서 기관마다 처벌기준을 명확히 하고 도둑질처럼 남의 생각을 훔치는 행위가 얼마나 큰 범죄인지 알리는 교육이 필요하다.

① 표절과 저작권 침해를 방지하기는 쉽지 않다.
② 표절과 저작권 침해의 기준은 분명하지 않기 때문에 개인의 도덕적 관념이 중요하다.
③ 표절에 관한 법에 대해 분명한 기준을 세우지 못한 점이 가장 큰 문제이다.
④ 이익을 창출하거나 자신의 성과를 위한 표절은 분명히 처벌해야 하는 범죄이다.
⑤ 이익 창출이 목적이 아닌 문화의 확산이 목적이라면 저작권 침해에 해당되지 않는다.

PART 2

2021년
2020년
2019년
2018년
2017년
2016년

**04** 다음은 우리나라의 시·도별 부도업체 수에 관한 자료이다. 다음 〈보기〉 중 자료에 대한 설명으로 옳은 것을 모두 고른 것은?

〈시·도별 부도업체 수〉

(단위 : 개)

| 구분 | 2015년 | 2016년 | 2017년 |
|---|---|---|---|
| 전국 | 720 | 555 | 494 |
| 서울특별시 | 234 | 153 | 145 |
| 부산광역시 | 58 | 51 | 41 |
| 대구광역시 | 37 | 36 | 29 |
| 인천광역시 | 39 | 27 | 25 |
| 광주광역시 | 18 | 12 | 9 |
| 대전광역시 | 15 | 20 | 15 |
| 울산광역시 | 9 | 5 | 12 |
| 경기도 | 130 | 116 | 108 |
| 강원도 | 13 | 9 | 3 |
| 충청북도 | 16 | 11 | 5 |
| 충청남도 | 19 | 17 | 9 |
| 전라북도 | 34 | 15 | 26 |
| 전라남도 | 18 | 10 | 5 |
| 경상북도 | 31 | 27 | 18 |
| 경상남도 | 38 | 38 | 37 |
| 제주특별자치도 | 11 | 8 | 7 |

**보기**

ㄱ. 전라북도 부도업체 수는 2015년 대비 2017년에 30% 이상 감소하였다.
ㄴ. 2016년에 부도업체 수가 20곳을 초과하는 시·도는 8곳이다.
ㄷ. 경기도와 광주광역시의 2016년과 2017년 부도업체 수의 전년 대비 증감 추이는 동일하다.
ㄹ. 2017년 부산광역시의 부도업체가 전국 부도업체 중 차지하는 비중은 15% 미만이다.

① ㄱ, ㄴ
② ㄱ, ㄷ
③ ㄴ, ㄷ
④ ㄴ, ㄹ
⑤ ㄷ, ㄹ

**05** 다음은 주요 산업국의 연구개발비에 대한 자료이다. 이에 대한 〈보기〉의 설명 중 옳은 것을 모두 고르면?

<주요 산업국 연도별 연구개발비>

(단위 : U.S 백만 달러)

| 구분 | 2013년 | 2014년 | 2015년 | 2016년 | 2017년 | 2018년 |
|------|--------|--------|--------|--------|--------|--------|
| 한국 | 23,587 | 28,641 | 33,684 | 31,304 | 29,703 | 37,935 |
| 중국 | 29,898 | 37,664 | 48,771 | 66,430 | 84,933 | – |
| 일본 | 151,270 | 148,526 | 150,791 | 168,125 | 169,047 | – |
| 독일 | 69,317 | 73,737 | 84,148 | 97,457 | 92,552 | 92,490 |
| 영국 | 39,421 | 42,693 | 50,016 | 47,138 | 40,291 | 39,924 |
| 미국 | 325,936 | 350,923 | 377,594 | 403,668 | 401,576 | – |

**보기**

ㄱ. 2017년도 연구개발비가 전년 대비 감소한 곳은 4곳이다.

ㄴ. 2013년에 비해 2017년도 연구개발비 증가율이 가장 높은 곳은 중국이고, 가장 낮은 곳은 일본이다.

ㄷ. 전년 대비 2015년 한국의 연구개발비 증가율은 독일보다 높고, 중국보다 낮다.

① ㄱ                              ② ㄴ

③ ㄱ, ㄴ                          ④ ㄱ, ㄷ

⑤ ㄴ, ㄷ

PART 2

2021년

2020년

2019년

2018년

2017년

2016년

**01** 가로, 세로의 길이가 각각 432m, 720m인 직사각형 모양의 공원에 나무를 심으려고 한다. 네 모퉁이에는 반드시 나무를 심고 서로 간격이 일정하게 떨어지도록 심으려고 할 때, 최소 몇 그루를 심어야 하는가?

① 16그루
② 24그루
③ 36그루
④ 48그루
⑤ 60그루

**02** K사에서 A 혼자하면 10일, B 혼자하면 20일, C 혼자하면 40일이 걸리는 프로젝트가 있다. 이 프로젝트를 4일간 A와 B가 먼저 일하고 남은 양을 C가 혼자서 마무리 한다고 할 때, C가 혼자 일하는 기간은 얼마인가?

① 12일
② 14일
③ 16일
④ 18일
⑤ 20일

**03** 정혁이가 집에서 역까지 갈 때는 매분 50m, 돌아올 때는 매분 60m의 속력으로 걸어서 총 22분이 걸렸다. 이때 역에서 집에 돌아올 때 걸린 시간은?

① 7분
② 8분
③ 9분
④ 10분
⑤ 11분

**04** 어른 3명과 어린 아이 3명이 함께 식당에 갔다. 자리가 6개인 원탁에 앉는다고 할 때 앉을 수 있는 경우의 수는?
(단, 아이들은 어른들 사이에 앉힌다)

① 8가지                    ② 12가지
③ 16가지                   ④ 20가지
⑤ 24가지

**05** A ~ G 7명의 사람이 일렬로 설 때, A와 G는 맨 끝에 서고 C, D, E는 서로 이웃하여 서는 경우의 수는?

① 48가지                   ② 54가지
③ 60가지                   ④ 66가지
⑤ 72가지

**06** 두 개의 주사위가 있다. 주사위를 굴려서 눈의 합이 2 이하가 나오는 확률은?

① $\dfrac{1}{36}$            ② $\dfrac{2}{36}$

③ $\dfrac{3}{36}$            ④ $\dfrac{4}{36}$

⑤ $\dfrac{5}{36}$

## | 04 |  수추리력

※ 일정한 규칙으로 수를 나열할 때, 빈칸에 들어갈 알맞은 수를 고르시오. **[1~4]**

**01**

| 4   6   9   14   21   32   (   ) |

① 41                                          ② 45
③ 49                                          ④ 52
⑤ 57

**02**

| 3   (   )   4   12.5   6   125   9   1,875   13 |

① 1.1                                         ② 1.3
③ 2.5                                         ④ 3.9
⑤ 4.4

**Easy**
**03**

$$4 \quad 36 \quad 9 \quad \frac{1}{4} \quad \frac{1}{36} \quad \frac{1}{9} \quad (\quad)$$

① 36                                          ② 9

③ 4                                           ④ $\frac{1}{9}$

⑤ $\frac{1}{36}$

**04**

| 2   1   3   4   10   −5   1   4   1.5   3.5   3   (   ) |

① 0                                           ② 0.5
③ 1                                           ④ 1.5
⑤ 2

## | 01 | 언어추리력

※ 다음 제시문을 읽고 각 문제가 항상 참이면 ①, 거짓이면 ②, 알 수 없으면 ③을 고르시오. **[1~3]**

- A, B, C, D 네 사람이 일렬로 서 있는데, 네 사람의 직업은 농부, 엔지니어, 경찰, 화가이다.
- 농부의 양 옆에는 경찰과 화가가 있다.
- B와 C는 이웃하지 않는다.
- A와 B는 농부가 아니다.
- D는 가장자리에 서 있다.
- 경찰의 한쪽 옆은 사람이 서 있지 않다.

**Hard**

**01** C는 농부이다.

① 참                          ② 거짓                          ③ 알 수 없음

**02** 화가는 엔지니어와 이웃하지 않는다.

① 참                          ② 거짓                          ③ 알 수 없음

**03** B는 경찰이다.

① 참                          ② 거짓                          ③ 알 수 없음

**01** 다음은 로가닉(Rawganic)에 대한 신문기사이다. 이를 읽고 이해한 내용으로 적절하지 않은 것은?

오늘날 한국 사회는 건강에 대한 관심이 그 어느 때보다 증가하고 있다. 이미 우리 사회에서 유기농, 친환경, 웰빙과 같은 단어는 이미 친숙해진 지 오래이다. 제품마다 웰빙이라는 단어를 부여해야만 매출이 상승했던 웰빙 시대를 지나서 사람들은 천연 재료를 추구하는 오가닉(Organic) 시대를 접하였으며, 나아가 오늘날에는 오가닉을 넘어 로가닉(Rawganic)을 추구하기 시작한 것이다.

로가닉이란 '천연상태의 날것'을 의미하는 Raw와 '천연 그대로의 유기농'을 의미하는 Organic의 합성어이다. 즉 자연에서 재배한 식자재를 가공하지 않고 천연 그대로 사용하는 것을 말하는 것이다. 로가닉은 '천연상태의 날것'을 유지한다는 점에서 기존의 오가닉과 차이를 가진다. 재료 본연의 맛과 향을 잃지 않는 방식으로 제조되는 것이다.

이러한 로가닉은 오늘날 우리의 식품업계에 직접적으로 영향을 주고 있다. 화학조미료 사용을 줄이고 식재료 본연의 맛과 풍미를 살린 '로가닉 조리법'을 활용한 외식 프랜차이즈 브랜드가 꾸준히 인기를 끌고 있음을 확인할 수 있다.

로가닉은 세 가지의 핵심적인 가치요소가 포함되어야 한다. 첫째는 날것 상태인 천연 그대로의 성분을 사용하는 것이고, 둘째는 희소성이며, 셋째는 매력적이고 재미있는 스토리를 가지고 있어야 한다는 것이다.

예를 들면 ○○한우 브랜드는 당일 직송된 암소만을 엄선하여 사용함으로써 로가닉 사고를 지닌 소비자들의 입맛을 사로잡고 있다. 품질이 우수한 식재료의 본연의 맛에서 가장 좋은 요리가 탄생한다는 로가닉 조리법을 통해 화제가 된 것이다. 또한 코펜하겐에 위치한 △△레스토랑은 '채집음식'을 추구함으로써 세계 최고의 레스토랑으로 선정되었다. 채집음식이란 재배한 식물이 아닌 야생에서 자란 음식재료를 활용하여 만든 음식을 의미한다.

다음으로 로가닉의 가치요소인 희소성은 루왁 커피를 예로 들 수 있다. 루왁 커피는 사향 고양이인 루왁이 커피 열매를 먹고 배설한 배설물을 채집하여 만들어진 커피로, 까다로운 채집과정과 인공의 힘으로 불가능한 생산과정을 거침으로써 높은 희소가치를 지닌 상품으로 각광받고 있다.

마지막으로 로가닉은 매력적이고 재미있는 스토리텔링이 되어야 한다. 로가닉 제품의 채집과정과 효능, 상품 탄생 배경 등과 같은 구체적이고 흥미 있는 스토리로 소비자들의 공감을 불러일으켜야 한다는 것이다. 소비자들이 이러한 스토리텔링에 만족한다면 로가닉 제품의 높은 가격은 더 이상 매출 상승의 장애 요인이 되지 않는다.

로가닉은 이처럼 세 가지 핵심적인 가치요소들을 충족함으로써 한층 더 고급스러워진 소비자들의 욕구를 채워주고 있는 것이다.

① 로가닉의 희소성은 어려운 채집과정과 생산과정을 통해 나타난다.
② 직접 재배한 식물로 만들어진 채집음식은 로가닉으로 볼 수 있다.
③ 로가닉 천연 상태의 날것을 유지한다는 점에서 오가닉과 다르다.
④ 로가닉 제품의 높은 가격은 스토리텔링을 통해 보완할 수 있다.
⑤ 로가닉 조리법을 활용한 외식업체의 인기가 높음을 알 수 있다.

**02** 다음 기사의 제목으로 가장 적절한 것은?

> 최근 한 연구소의 연구결과에 따르면 유리창 충돌이 야생 조류가 사고로 죽는 원인 중 2위에 해당한다고 밝혔다.
> 야생 조류는 왜 유리창에 잘 부딪치는 것일까?
> 사람은 양쪽 눈의 시야가 겹치는 범위가 넓어서 전방에 있는 사물을 잘 인식하지만, 대부분의 야생 조류는 눈이
> 머리 측면에 있어서 양쪽 눈의 시야가 겹치는 범위가 좁다. 이 때문에 전방 인지 능력이 떨어지므로 유리창을 인식
> 하지 못해서 부딪치는 경우가 많이 발생한다. 때문에 이를 방지하기 위한 다양한 노력이 필요하다.
> 이러한 노력 중에는 그물망 설치나 줄 늘어뜨리기 등이 있는데, 그 중 자외선 반사 테이프를 붙이는 것은 건물의
> 미관을 해치지 않으면서도 효과를 볼 수 있는 방법이다. 사람은 자외선을 볼 수 없지만, 대부분의 야생 조류는 사람
> 과 달리 자외선도 볼 수 있다. 이를 이용한 것이 바로 자외선 반사 테이프인데, 이를 유리창에 붙이면 야생 조류가
> 테이프에서 반사된 자외선을 보고 테이프를 붙인 부분에 장애물이 있다고 인식하게 되어 사고를 방지할 수 있다.
> 조○○ 연구소장은 "자외선 반사 테이프만 잘 사용해도 야생 조류의 사고율을 크게 낮출 수 있을 것"이라고 말하며
> "국민들의 야생조류 보전에 대한 인식이 발전하여 조류생태계 회복에 대한 관심이 높아지기를 기대한다."라고 덧붙
> 였다.

① 연구협회 "야생 조류 멸종을 막기 위해 함께 노력해야"
② 사람과 조류의 공통점을 찾다
③ 야생 조류의 유리창 충돌사고, 이렇게 막아요!
④ 자외선 반사 테이프, 다양한 쓰임!
⑤ 길거리가 지저분한 이유 "야생 조류 사고"

PART 2

2021년
2020년
2019년
2018년
2017년
2016년

## | 03 |  응용수리력

**01**  A와 B는 운전면허 시험에 도전하였다. B가 합격할 확률이 50%일 때, A와 B 모두 합격할 확률은 25%이다. A가 불합격할 확률은?

① $\dfrac{1}{3}$                      ② $\dfrac{2}{3}$

③ $\dfrac{1}{4}$                      ④ $\dfrac{3}{4}$

⑤ $\dfrac{1}{2}$

---

`Hard`

**02**  가로 길이가 8cm, 세로 길이가 5cm인 직사각형 나무 목재가 있다. 못 간격을 1.5cm 간격으로 목재에 박으려고 한다. 못은 몇 개가 필요한가?(단, 목재의 끝부분과 못 사이 거리는 1cm씩 띄우고 작업한다)

① 8개                      ② 9개

③ 10개                     ④ 11개

⑤ 12개

---

**03**  H농장의 동물들은 소와 양뿐이다. 지난 해 모든 동물들의 수는 50마리였다. 올해 들어서 소를 20% 줄이고 양은 30% 증가하여 56마리가 되었다면, 지난 해 양은 몇 마리였나?

① 12마리                   ② 22마리

③ 32마리                   ④ 42마리

⑤ 52마리

---

**04**  어떤 출판사에 분당 100자를 타이핑할 수 있는 A와 분당 150자를 타이핑할 수 있는 B가 있다. 총 15,000자 분량의 원고를 두 사람이 동시에 타이핑을 하면 시간이 얼마나 걸리는가?

① 1시간                    ② 2시간

③ 3시간                    ④ 4시간

⑤ 5시간

## | 04 |  수추리력

※ 일정한 규칙으로 수를 나열할 때, 빈칸에 들어갈 알맞은 수를 고르시오. **[1~3]**

**Easy**

**01**

$$\begin{pmatrix}1 & 1 \\ 4 & 2\end{pmatrix} \quad \begin{pmatrix}2 & 4 \\ 9 & 6\end{pmatrix} \quad \begin{pmatrix}3 & 9 \\ 16 & 12\end{pmatrix} \quad \begin{pmatrix}4 & 16 \\ 25 & 20\end{pmatrix} \quad (\qquad)$$

① $\begin{pmatrix}5 & 25 \\ 36 & 11\end{pmatrix}$         ② $\begin{pmatrix}6 & 25 \\ 34 & 30\end{pmatrix}$

③ $\begin{pmatrix}5 & 25 \\ 36 & 30\end{pmatrix}$         ④ $\begin{pmatrix}6 & 25 \\ 36 & 11\end{pmatrix}$

⑤ $\begin{pmatrix}5 & 25 \\ 49 & 35\end{pmatrix}$

**02**

$$27 \quad 35 \quad 58 \quad 89 \quad 143 \quad (\quad) \quad 367$$

① 220         ② 222
③ 226         ④ 228
⑤ 230

**Hard**

**03**

$$\frac{1}{8} \quad \frac{1}{8} \quad \frac{1}{16} \quad \frac{1}{24} \quad \frac{1}{32} \quad \frac{1}{72} \quad (\quad)$$

① $\dfrac{1}{64}$         ② $\dfrac{1}{128}$

③ $\dfrac{1}{144}$         ④ $\dfrac{1}{224}$

⑤ $\dfrac{1}{256}$

## | 01 | 언어추리력

※ 다음 제시문을 읽고 각 문제가 항상 참이면 ①, 거짓이면 ②, 알 수 없으면 ③을 고르시오. [1~3]

- 기차는 비행기보다 빠르다.
- 버스는 기차보다 빠르다.
- 기차는 비행기보다 무겁다.

**01** 버스가 가장 무겁다.

① 참                    ② 거짓                    ③ 알 수 없음

**Easy**

**02** 버스, 기차, 비행기 순서로 속도가 빠르다.

① 참                    ② 거짓                    ③ 알 수 없음

**03** 비행기가 가장 가볍다.

① 참                    ② 거짓                    ③ 알 수 없음

# |02| 판단력

**01** 다음 글의 요지로 알맞은 것은?

사피어 – 워프 가설은 어떤 언어를 사용하느냐에 따라 사고의 방식이 정해진다는 이론이다. 이에 따르면 언어는 인간의 사고나 사유를 반영함은 물론이고, 그 언어를 쓰는 사람들의 사고방식에까지 영향을 미친다.

공동체의 언어 습관이 특정한 해석을 선택하도록 하기 때문에 우리는 일반적으로 우리가 행한 대로 보고 듣고 경험한다고 한 사피어의 관점에 영향을 받아, 워프는 언어가 경험을 조직한다고 주장했다. 한 문화의 구성원으로서, 특정한 언어를 사용하는 화자로서, 우리는 언어를 통해 암묵적 분류를 배우고 이 분류가 세계의 정확한 표현이라고 간주한다. 그리고 그 분류는 사회마다 다르므로, 각 문화는 서로 다른 의견을 가질 수 있는 개인들로 구성됨에도 불구하고 독특한 합의를 보여 준다.

가령, 에스키모어에는 눈에 관한 낱말이 많은데 영어로는 한 단어인 '눈(snow)'을 네 가지 다른 단어, 즉 땅 위의 눈(aput), 내리는 눈(quana), 바람에 날리는 눈(piqsirpoq), 바람에 날려 쌓이는 눈(quiumqsuq) 등으로 표현한다는 것이다. 북아프리카 사막의 유목민들은 낙타에 관해 10개 이상의 단어를 가지고 있으며, 우리도 마찬가지다. 영어의 'rice'에 해당하는 우리말은 '모', '벼', '쌀', '밥' 등이 있다.

그렇다면 언어와 사고, 언어와 문화의 관계는 어떻게 볼 수 있을까? 일단 우리는 언어와 정신 활동이 상호 의존성을 갖는다고 말할 수 있을 것이다. 하지만 그들 간의 관계 중 어떤 것이 우월한 것인지를 잘 식별할 수 없는 정도로 인식이 되고 나면, 우리의 생각은 언어 우위 쪽으로 기울기 쉽다.

왜냐하면 언어의 사용에 따라 사고가 달라지는 것이라고 규정하는 것이 사고를 통해 언어가 만들어 진다는 것보다 훨씬 더 쉽게 이해되기 때문이다. 이러한 면에서 사피어 – 워프 가설은 언어 우위론적 입장을 보인다고 할 수 있다. 그러나 사피어 – 워프 가설이 언어 우위론의 근거로만 설명되는 것은 아니다. 앞의 에스키모어의 예를 보면, 사람들이 눈을 인지하는 방법이 달라진 것(사고의 변화)으로 인해 언어도 달라지게 되었는지, 반대로 언어 체계가 달라진 것으로 눈을 인지하는 방법이 달라졌는지를 명확하게 설명할 수 없기 때문이다.

① 사피어 – 워프 가설은 언어 우위론으로 입증할 수 있다.
② 사피어 – 워프 가설의 예로 에스키모 어가 있다.
③ 사피어 – 워프 가설은 우리의 언어 생활과 밀접한 이론이다.
④ 언어와 사고의 관계에 대한 사피어 – 워프 가설을 증명하기는 쉽지 않다.
⑤ 언어는 사람들의 사고를 지배한다.

**02** 다음 글의 제목으로 가장 알맞은 것은?

제4차 산업혁명은 인공지능이 기존의 자동화 시스템과 연결되어 효율이 극대화되는 산업 환경의 변화를 의미한다. 2016년 세계경제포럼에서 언급되어, 유행처럼 번지는 용어가 되었다. 학자에 따라 바라보는 견해는 다르지만 대체로 기계학습과 인공지능의 발달이 그 수단으로 꼽힌다.

2010년대 중반부터 드러나기 시작한 제4차 산업혁명은 현재진행형이며, 그 여파는 사회 곳곳에서 드러나고 있다. 현재도 사람을 기계와 인공지능이 대체하고 있으며, 현재 일자리의 $80 \sim 99\%$까지 대체될 것이라고 보는 견해도 있다. 만약 우리가 현재의 경제 구조를 유지한 채로 이와 같은 극단적인 노동 수요 감소를 맞게 된다면, 전후 미국의 대공황 등과는 차원이 다른 끔찍한 대공황이 발생할 것이다. 계속해서 일자리가 줄어들수록 중·하위 계층은 사회에서 밀려날 수밖에 없는데, 반면 자본주의 사회의 특성상 많은 비용을 수반하는 과학기술의 연구는 자본에 종속될 수밖에 없기 때문이다. 물론 지금도 이러한 현상이 없는 것은 아니지만, 아직까지는 단순노동이 필요하기 때문에 노동력을 제공하는 중·하위층들도 불합리한 부분들에 파업과 같은 실력행사를 할 수 있었다. 그러나 앞으로 자동화가 더욱 진행되어 노동의 필요성이 사라진다면 그들을 배려해야 할 당위성은 법과 제도가 아닌 도덕이나 인권과 같은 윤리적인 영역에만 남게 되는 것이다.

반면에, 이를 긍정적으로 생각한다면 이처럼 일자리가 없어졌을 때 극소수에 해당하는 경우를 제외한 나머지 사람들은 노동에서 완전히 해방되어, 인공지능이 제공하는 무제한적인 자원을 마음껏 향유할 수도 있을 것이다. 하지만 이러한 미래는 지금의 자본주의보다는 사회주의 경제 체제에 가깝다. 이 때문에 많은 경제학자와 미래학자들은 제4차 산업혁명 이후의 미래를 장밋빛으로 바꿔나가기 위해, 기본소득제 도입 등의 시도와 같은 고민들을 이어가고 있다.

① 제4차 산업혁명의 의의
② 제4차 산업혁명의 빛과 그늘
③ 제4차 산업혁명의 위험성
④ 제4차 산업혁명에 대한 준비
⑤ 제4차 산업혁명의 시작

## | 03 | 응용수리력

**Hard**

**01** A, B, C 세 명의 친구가 가위바위보를 할 때, 세 번 안에 승자와 패자가 가려질 확률은?

① $\frac{1}{2}$

② $\frac{1}{3}$

③ $\frac{1}{21}$

④ $\frac{26}{27}$

⑤ $\frac{4}{5}$

**02** 형과 동생의 나이를 더하면 22, 곱하면 117이라고 할 때, 동생의 나이는?

① 9세

② 10세

③ 11세

④ 12세

⑤ 13세

**03** K피트니스 센터의 4월 회원 중 5월 요가반에 등록한 회원은 전체의 $\frac{2}{3}$, 필라테스반에 등록한 회원은 전체의 $\frac{7}{10}$ 이다. 요가반과 필라테스반에 모두 등록한 회원은 전체의 $\frac{13}{20}$ 일 때, 모두 등록하지 않은 회원은 얼마인가?

① $\frac{3}{20}$

② $\frac{17}{20}$

③ $\frac{17}{60}$

④ $\frac{23}{60}$

⑤ $\frac{43}{60}$

**04** 놀이기구를 타기 위해 줄을 서 있는 사람들을 놀이기구에 5명씩 탑승시키면 12명이 남고, 6명씩 탑승시키면 놀이기구 하나에는 2명이 타게 되고 놀이기구 1개가 빈다고 한다. 이때 줄을 서 있는 사람의 수와 놀이기구의 개수의 합은?

① 112
② 122
③ 133
④ 144
⑤ 150

**05** 7% 소금물 300g에 4% 소금물 150g을 섞은 후, 물을 넣어 3% 소금물을 만들었다. 이때 넣은 물의 양은?

① 100g
② 150g
③ 250g
④ 300g
⑤ 450g

# | 04 | 수추리력

※ 일정한 규칙으로 수를 나열할 때, 빈칸에 들어갈 알맞은 수를 고르시오. **[1~4]**

**Hard**

**01**

$$\frac{1}{3} \quad \frac{2}{3} \quad \frac{2}{6} \quad \frac{5}{12} \quad \frac{11}{60} \quad (\quad)$$

① $\dfrac{59}{360}$　　　　　　　② $\dfrac{34}{480}$

③ $\dfrac{59}{660}$　　　　　　　④ $\dfrac{62}{720}$

⑤ $\dfrac{59}{840}$

**02**

$$\frac{3}{2} \quad \frac{5}{6} \quad \frac{7}{12} \quad \frac{9}{20} \quad \frac{11}{30} \quad (\quad)$$

① $\dfrac{12}{42}$　　　　　　　② $\dfrac{13}{36}$

③ $\dfrac{12}{36}$　　　　　　　④ $\dfrac{13}{42}$

⑤ $\dfrac{14}{35}$

**03**

$$\frac{1}{2,017} \quad \frac{1}{4,032} \quad \frac{1}{6,045} \quad \frac{1}{8,056} \quad (\quad)$$

① $\dfrac{1}{10,036}$

② $\dfrac{1}{10,048}$

③ $\dfrac{1}{10,050}$

④ $\dfrac{1}{10,058}$

⑤ $\dfrac{1}{10,065}$

**04**

$$\frac{5}{3} \quad \frac{7}{8} \quad \frac{9}{15} \quad (\quad) \quad \frac{13}{35}$$

① $\dfrac{11}{17}$

② $\dfrac{11}{20}$

③ $\dfrac{12}{20}$

④ $\dfrac{10}{24}$

⑤ $\dfrac{11}{24}$

## | 01 | 언어추리력

※ 다음 제시문을 읽고 각 문제가 항상 참이면 ①, 거짓이면 ②, 알 수 없으면 ③을 고르시오. **[1~3]**

- 현정, 경서, 소희가 가지고 있는 동전은 모두 16개이다.
- 어떤 사람도 같은 개수의 동전을 가지고 있지 않다.
- 소희는 가장 많은 개수의 동전을 가지고 있다.
- 경서는 가장 적은 개수의 동전을 가지고 있고, 동전을 모두 모으면 620원이다.
- 모든 동전은 500원짜리, 100원짜리, 50원짜리, 10원짜리 중 하나이다.

**01** 경서는 4개의 동전을 가지고 있다.

① 참                    ② 거짓                    ③ 알 수 없음

**Hard**

**02** 소희가 모든 종류의 동전을 가지고 있다면 소희는 최소 720원을 가지고 있다.

① 참                    ② 거짓                    ③ 알 수 없음

**03** 현정이가 가지고 있는 동전을 모두 모았을 때 700원이 된다면, 현정이는 두 종류의 동전을 가지고 있다.

① 참                    ② 거짓                    ③ 알 수 없음

※ 다음 제시문을 읽고 각 문제가 항상 참이면 ①, 거짓이면 ②, 알 수 없으면 ③을 고르시오. [4~6]

- A, B, C, D 네 친구는 수업이 끝나고 PC방, 도서관, 동아리 모임, 스터디 모임 중 한 곳을 간다.
- 네 명 중 수업이 끝나고 같은 곳을 가는 사람은 없다.
- A는 도서관에 가지 않고, 스터디 모임은 가입하지 않았다.
- C는 가입한 동아리가 없다.
- B는 PC방에 간다.

**04** A는 수업이 끝나면 동아리 모임에 참가한다.

① 참                    ② 거짓                    ③ 알 수 없음

Easy

**05** C는 수업이 끝나면 도서관에 간다.

① 참                    ② 거짓                    ③ 알 수 없음

**06** D는 수업이 끝나면 스터디 모임에 참가한다.

① 참                    ② 거짓                    ③ 알 수 없음

**01** 다음 제시된 문단을 알맞게 배열한 것은?

> (가) 이에 대하여 다른 쪽은 그것은 하나만 알고 둘은 모르는 소리라고 반박한다. 자연에 손을 대 편의 시설을 만들면 지금 당장은 편리하겠지만, 나중에는 인간에게 큰 손해가 될 수 있다는 것이다.
>
> (나) 한쪽에서는 현재 인간이 겪고 있는 상황을 고려해 볼 때 자연에 손을 대는 일은 불가피하며, 그 과정에서 생기는 일부 손실은 감내해야 한다고 주장한다.
>
> (다) 최근 들어 나라 곳곳에서 큰 규모로 이루어지는 여러 가지 '자연 개발'에 대하여 상반된 주장이 맞서고 있다.
>
> (라) 한편으로는 이 두 주장 모두 편향적인 시각이라는 비판도 있다. 두 주장 모두 어디까지나 인간을 모든 것의 중심에 놓고, 막상 그 대상인 자연의 입장은 전혀 고려하지 않았다는 것이다.

① (라) – (가) – (다) – (나)       ② (나) – (라) – (가) – (다)
③ (나) – (가) – (라) – (다)       ④ (다) – (나) – (가) – (라)
⑤ (다) – (가) – (나) – (라)

**Hard**

**02** 다음 글을 통해 추론할 수 있는 것은?

> 만약 어떠한 불쾌한 것을 인식한다고 하자. 우리가 불쾌한 것을 불쾌하게 인식하는 것은 그것이 불쾌해서가 아니라 우리의 형식이 그것을 불쾌하다고 규정짓기 때문이다.
>
> 이렇게 쾌와 불쾌는 대상에 내재하는 성질이 아니라 우리의 형식에 달려 있다. 우리는 대상 그 자체를 감각하는 것이 아니라, 대상의 현상을 우리의 형식에 따라 감각하는 것이다. 대상 그 자체는 감각될 수 없으며, 단지 사유될 수만 있다. 따라서 대상 그 자체가 갖는 성질을 논하는 것은 불가능하고 또한 필요 없는 행위이며, 실제 세계에서 나타나는 대상의 성질은 단지 우리의 형식에 의거하여 감각되므로, 감각 행위에서 중요한 것은 대상이 아니라, 바로 우리 자신이다.

① 감각의 근거는 오로지 대상에 내재한다.
② 불쾌한 것이 불쾌한 것은 그것이 불쾌함을 내재하기 때문이다.
③ 대상 그 자체의 성질을 논하여야 한다.
④ 감각 주체에 따라 감각 행위의 내용이 달라진다.
⑤ 감각 행위에서 중요한 것은 대상 그 자체이다.

## | 03 | 응용수리력

**01**  어느 회사의 작년 직원 수는 올해보다 5% 많았고, 내년에는 올해보다 4% 늘려 28명을 고용할 예정이다. 이 회사의 작년 직원 수와 내년 직원 수의 차이는 몇 명인가?

① 7명

② 8명

③ 9명

④ 10명

⑤ 11명

**02**  주머니에 빨간색 구슬 3개, 초록색 구슬 4개, 파란색 구슬 5개가 있다. 구슬 2개를 꺼낼 때, 꺼낸 구슬이 모두 빨간색이거나 모두 초록색이거나 모두 파란색일 확률은?(단, 꺼낸 구슬은 다시 넣지 않는다)

① $\dfrac{3}{11}$

② $\dfrac{19}{66}$

③ $\dfrac{10}{33}$

④ $\dfrac{7}{22}$

⑤ $\dfrac{20}{33}$

**03**  주머니에 500원짜리 동전 5개, 100원짜리 동전 2개, 50원짜리 동전 3개가 들어 있다. 동시에 3개의 동전을 꺼낼 때, 꺼낸 동전의 종류가 2가지 이상일 확률은?

① $\dfrac{11}{120}$

② $\dfrac{41}{120}$

③ $\dfrac{79}{120}$

④ $\dfrac{109}{120}$

⑤ $\dfrac{118}{120}$

**Easy**

**04** 5%의 소금물 320g에 물 80g을 섞으면 몇 %의 소금물이 되는가?

① 3%　　　　　　　　　　　　　② 3.5%

③ 4%　　　　　　　　　　　　　④ 4.5%

⑤ 5%

**05** 책을 읽는데 첫날은 전체의 $\frac{1}{3}$, 둘째 날은 남은 양의 $\frac{1}{4}$, 셋째 날은 100쪽을 읽었더니 92쪽이 남았다. 책의 전체 쪽수는?

① 356쪽　　　　　　　　　　　　② 372쪽

③ 384쪽　　　　　　　　　　　　④ 394쪽

⑤ 402쪽

※ 일정한 규칙으로 수를 나열할 때, 빈칸에 들어갈 알맞은 수를 고르시오. **[1~3]**

**01**

$$\frac{2}{3} \quad \frac{1}{2} \quad \frac{1}{3} \quad \frac{1}{6} \quad (\quad) \quad \frac{1}{231}$$

① $\dfrac{1}{18}$  　　　　② $\dfrac{2}{3}$

③ $\dfrac{1}{36}$  　　　　④ $\dfrac{1}{21}$

⑤ $\dfrac{1}{4}$

**02**

| 32 | 22 | 16 | 6 | | 66 | 60 | 33 | 27 | | 72 | 67 | 31 | 26 | | 25 | 16 | ( ) | 9 |
|----|----|----|----|--|----|----|----|----|--|----|----|----|----|--|----|----|-----|---|

① 12  　　　　② 14

③ 16  　　　　④ 18

⑤ 20

**Hard**

**03**

| 0.5 | 1.4 | 1.2 | 4.1 | 2.8 | 12.2 | 6.2 | ( ) |
|-----|-----|-----|-----|-----|------|-----|-----|

① 36.5  　　　　② 36.6

③ 37.5  　　　　④ 37.6

⑤ 38.5

## | 01 | 언어추리력

※ 다음 제시문을 읽고 각 문제가 항상 참이면 ①, 거짓이면 ②, 알 수 없으면 ③을 고르시오. [1~3]

- 준열, 정환, 수호, 재하는 '데이터 선택 65.8', '데이터 선택 54.8', '데이터 선택 49.3', '데이터 선택 43.8' 중 하나의 요금 제를 사용한다.
- 4명 중 같은 요금제를 사용하는 사람은 아무도 없다.
- 준열이는 '데이터 선택 54.8'과 '데이터 선택 43.8'을 사용하지 않는다.
- 수호는 '데이터 선택 49.3'을 사용하지 않는다.
- 정환이는 '데이터 선택 65.8'을 사용한다.

**01** 준열이는 '데이터 선택 49.3'을 사용한다.

① 참                 ② 거짓                 ③ 알 수 없음

**02** 수호는 '데이터 선택 54.8'을 사용한다.

① 참                 ② 거짓                 ③ 알 수 없음

**03** 재하는 '데이터 선택 43.8'을 사용한다.

① 참                 ② 거짓                 ③ 알 수 없음

PART 2

2021년
2020년
2019년
2018년
2017년
2016년

- K회사의 직원 A, B, C, D의 휴가 기간은 3일이고 주말은 휴가일수에 포함되지 않는다.
- A는 B보다 하루 일찍 휴가를 떠난다.
- C는 B보다 이틀 늦게 휴가를 떠난다.
- D는 C보다 하루 일찍 휴가를 떠난다.
- B는 화요일에 휴가를 떠난다.

**04** C는 금요일까지 휴가이다.

① 참            ② 거짓            ③ 알 수 없음

**Easy**

**05** D는 금요일까지 휴가이다.

① 참            ② 거짓            ③ 알 수 없음

**06** 수요일에 휴가 중인 사람의 수와 목요일에 휴가 중인 사람의 수는 같다.

① 참            ② 거짓            ③ 알 수 없음

**Hard**

**01** 다음 중 (다)의 법원 판결과 일치하지 않는 것은?

(가) 죄가 언론 보도의 주요 소재가 되고 있다. 그 이유는 언론이 범죄를 취잿감으로 찾아내기가 쉽고 편의에 따라 기사화할 수 있을 뿐만 아니라, 범죄 보도를 통하여 시청자의 관심을 끌 수 있기 때문이다. 이러한 보도는 범죄에 대한 국민의 알권리를 충족시키는 공적 기능을 수행하기 때문에 사회적으로 용인되는 경향이 있다. 그러나 지나친 범죄 보도는 범죄자나 범죄 피의자의 초상권을 침해하여 법적・윤리적 문제를 일으키기도 한다.

(나) 일반적으로 초상권은 얼굴 및 기타 사회 통념상 특정인임을 식별할 수 있는 신체적 특징을 타인이 함부로 촬영하여 공표할 수 없다는 인격권과 이를 광고 등에 영리적으로 이용할 수 없다는 재산권을 포괄한다. 언론에 의한 초상권 침해의 유형으로는 본인의 동의를 구하지 않은 무단 촬영・보도, 승낙의 범위를 벗어난 촬영・보도, 몰래 카메라를 동원한 촬영・보도 등을 들 수 있다.

(다) 법원의 판결로 이어진 대표적인 사례로는 교내에서 불법으로 개인 지도를 하던 대학 교수를 현행범으로 체포하려는 현장을 방송 기자가 경찰과 동행하여 취재하던 중 초상권을 침해한 경우를 들 수 있다. 법원은 '원고의 동의를 구하지 않고, 연습실을 무단으로 출입하여 취재한 것은 원고의 사생활과 초상권을 침해하는 행위'라고 판시했다. 더불어 취재의 자유를 포함하는 언론의 자유는 다른 법익을 침해하지 않는 범위 내에서 인정되며, 비록 취재 당시 원고가 현행범으로 체포 되는 상황이라 하더라도, 원고의 연습실과 같은 사적인 장소는 수사 관계자의 동의 없이는 출입이 금지되고, 이를 무시한 취재는 원칙적으로 불법이라고 판결했다.

(라) 이 사례는 법원이 언론의 자유와 초상권 침해의 갈등을 어떤 기준으로 판단하는지 보여 주고 있다. 또한 이 판결은 사적 공간에서의 취재 활동이 어디까지 허용되는가에 대한 법적 근거를 제시하고 있다.

(마) 언론 보도에 노출된 범죄 피의자는 경제적・직업적・가정적 불이익을 당할 뿐만 아니라, 인격이 심하게 훼손되거나 심지어는 생명을 버리기까지도 한다. 따라서 사회적 공기(公器)인 언론은 개인의 초상권을 존중하고 언론 윤리에 부합하는 범죄 보도가 될 수 있도록 신중을 기해야 한다. 범죄 보도가 초래하는 법적・윤리적 논란은 언론계 전체의 신뢰도에 치명적인 손상을 가져올 수도 있다. 이는 범죄가 언론에는 매혹적인 보도 소재이지만, 자칫 인권 침해가 될 수도 있음을 의미한다.

① 알권리는 절대적 권리가 아니기 때문에 인격권에 항상 우선할 수는 없다.
② 현행범으로 체포되는 경우라 하더라도 그 사람의 초상에 관한 인격권이 침해되어서는 안 된다.
③ 경찰과 동행 취재하는 것은 초상권 침해에 대한 면책 사유에 해당하는 것이기 때문에 용인될 수 있다.
④ 범죄 보도가 공익을 위한 것이라 하더라도 초상권을 침해할 경우에는 사법 판단의 대상이 될 수 있다.
⑤ 범죄 행위가 사적 공간인 연습실에서 이루어졌다고 하여 연습실이 법적 보호 대상의 지위를 상실하는 것은 아니다.

PART 2

2021년
2020년
2019년
2018년
2017년
2016년

딸의 생일 선물을 깜빡 잊은 아빠가 "내일 우리 집보다 더 큰 곰 인형 사 올게."라고 말했을 때, 아빠가 발화한 문장은 상황에 적절한 발화인가 아닌가?

발화의 적절성 판단은 상황에 의존하고 있다. 화행(話行) 이론은 요청, 명령, 질문, 약속, 충고 등의 발화가 상황에 적절한지를 판단하는 기준으로 적절성 조건을 제공한다. 적절성 조건은 상황에 대한 배경적 정보와 관련되는 예비 조건, 그 행위에 대한 진실된 심리적 태도와 관련되는 진지성 조건, 그 행위가 본래의 취지대로 이행되도록 만드는 발화 효과와 관련되는 기본 조건으로 나뉜다. 어떤 발화가 적절한 것으로 판정되기 위해서는 이 세 가지 조건이 전부 충족되어야 한다.

적절성 조건을 요청의 경우에 적용해 보자. 청자가 그 행위를 할 능력이 있음을 화자가 믿는 것이 예비 조건, 청자가 그 행위를 하기를 화자가 원하는 것이 진지성 조건, 화자가 청자로 하여금 그 행위를 하게 하고자 하는 것이 기본 조건이다. "산타 할아버지를 만나게 해 주세요."라는 발화는, 산타클로스의 존재를 믿는 아들의 입장에서는 적절한 발화이지만 수행할 능력이 없는 부모의 입장에서는 예비 조건을 어긴 요청이 된다. "저 좀 미워해 주세요."라는 요청은, 화자가 진심으로 원하는 상황이라면 적절하지만 진심으로 원하지 않는 상황이라면 진지성 조건을 어긴 요청이 된다. "저 달 좀 따다 주세요."라는 요청은, 화자가 청자로 하여금 정말로 달을 따러 가게 하지 않을 것이므로 기본 조건을 어긴 요청이 된다.

둘 이상의 조건을 어긴 발화도 있다. 앞서 예로 들었던 "저 달 좀 따다 주세요."의 경우, 화자는 청자가 달을 따다 줄 능력이 없음을 알고 있고 달을 따다 주기를 진심으로 원하지도 않으며 또 달을 따러 가게 할 생각도 없는 것이 일반적인 상황이므로, 세 조건을 전부 어기고 있다. 그런데도 이 발화가 동서고금을 막론하고 빈번히 사용되고 또 용인되는 이유는 무엇일까? 화자는 이 발화가 세 조건을 전부 어기고 있음을 알고 있지만 오히려 이를 이용해서 모종의 목적을 이루고자 하고 청자 또한 그런 점을 이해하기 때문에, 이 발화는 적절하지는 않지만 유효한 의사소통의 방법으로 용인된다.

화행 이론은 적절성 조건을 이용하여 상황에 따라 달라지는 발화의 적절성에 대해 유용한 설명을 제공한다. 그러나 발화가 이루어지는 상황은 너무나 복잡다단하여 이것만으로 발화와 상황의 상호 관계를 다 설명할 수는 없다. 이러한 한계는 발화 상황과 연관 지어 언어를 이해하고 설명하려는 언어 이론의 공통적 한계이기도 하다.

① 적절성 조건을 어긴 문장은 문법적으로도 잘못이다.
② 예비 조건은 다른 적절성 조건들보다 우선 적용된다.
③ 적절성 조건이 가장 잘 적용되는 발화 행위는 요청이다.
④ 하나의 발화도 상황에 따라 적절성 여부가 달라질 수 있다.
⑤ 적절성 조건을 어긴 발화는 그렇지 않은 발화보다 의사소통에 효과적이다.

## 03 다음 글을 읽고 추론한 내용으로 적절하지 않은 것은?

선거 기간 동안 여론 조사 결과의 공표를 금지하는 것이 사회적 쟁점이 되고 있다. 조사 결과의 공표가 유권자 투표 의사에 영향을 미쳐 선거의 공정성을 훼손한다는 주장과, 공표 금지가 선거 정보에 대한 언론의 접근을 제한하여 알권리를 침해한다는 주장이 맞서고 있기 때문이다.

찬성론자들은 먼저 '밴드왜건 효과'와 '열세자 효과' 등의 이론을 내세워 여론 조사 공표의 부정적인 영향을 부각시킨다. 밴드왜건 효과에 의하면, 선거일 전에 여론 조사 결과가 공표되면 사표(死票) 방지 심리로 인해 표심이 지지도가 높은 후보 쪽으로 이동하게 된다. 이와 반대로 열세자 효과에 따르면, 열세에 있는 후보자에 대한 동정심이 발동하여 표심이 그쪽으로 움직이게 된다.

각각의 이론을 통해 알 수 있듯이, 여론 조사 결과의 공표가 어느 쪽으로든 투표 행위에 영향을 미치게 되고 선거일에 가까워질수록 공표가 갖는 부정적 효과가 극대화되기 때문에 이를 금지해야 한다는 것이다. 이들은 또한 공정한 여론 조사가 진행될 수 있는 제반 여건이 아직은 성숙되지 않았다는 점도 강조한다. 그리고 금권, 관권 부정 선거와 선거 운동의 과열 경쟁으로 인한 폐해가 많았다는 것이 경험적으로도 확인되었다는 사실을 그 이유로 든다.

이와 달리 반대론자들은 무엇보다 표현의 자유를 실현하는 수단으로서 알권리의 중요성을 강조한다. 알권리는 국민이 의사를 형성하는 데 전제가 되는 권리인 동시에 국민 주권 실천 과정에 참여하는 데 필요한 정보와 사상 및 의견을 자유롭게 구할 수 있음을 강조하는 권리이다. 그리고 이 권리는 언론 기관이 '공적 위탁 이론'에 근거해 국민들로부터 위임받아 행사하는 것이므로, 정보에 대한 언론의 접근이 보장되어야 충족된다. 후보자의 지지도나 당선 가능성 등에 관한 여론의 동향 등은 이 알권리의 대상에 포함된다. 따라서 언론이 위임받은 알권리를 국민의 뜻에 따라 대행하는 것이기 때문에, 여론 조사 결과의 공표를 금지하는 것은 결국 표현의 자유를 침해하여 위헌이라는 논리이다. 또 이들은 조사 결과의 공표가 선거의 공정성을 방해한다는 분명한 증거가 제시되지 않고 있기 때문에 조사 결과의 공표가 선거에 부정적인 영향을 미친다는 점이 확실하게 증명되지 않았음도 강조한다.

우리나라 현행 선거법은 선거일 전 6일부터 선거 당일까지 조사 결과의 공표를 금지하고 있다. 선거 기간 내내 공표를 제한했던 과거와 비교해 보면 금지 기간이 대폭 줄었음을 알 수 있다. 이점은 공표 금지에 대한 찬반 논쟁에 시사하는 바가 크다.

① 공표 금지 기간이 길어질수록 알권리는 강화된다.
② 알권리에는 정보 수집의 권리도 포함되어 있다.
③ 알권리가 제한되면 표현의 자유가 약화된다.
④ 알권리는 법률에 의해 제한되기도 한다.
⑤ 언론 기관이 알권리를 대행하기도 한다.

PART 2

2021년
2020년
2019년
2018년
2017년
2016년

다음은 대륙별 인터넷 이용자 수에 관한 자료이다. 자료에 대한 설명으로 적절하지 않은 것은?

〈대륙별 인터넷 이용자 수〉

(단위 : 백만 명)

| 구분 | 2009년 | 2010년 | 2011년 | 2012년 | 2013년 | 2014년 | 2015년 | 2016년 |
|---|---|---|---|---|---|---|---|---|
| 중동 | 66 | 86 | 93 | 105 | 118 | 129 | 141 | 161 |
| 유럽 | 388 | 410 | 419 | 435 | 447 | 466 | 487 | 499 |
| 아프리카 | 58 | 79 | 105 | 124 | 148 | 172 | 193 | 240 |
| 아시아·태평양 | 726 | 872 | 988 | 1,124 | 1,229 | 1,366 | 1,506 | 1,724 |
| 아메리카 | 428 | 456 | 483 | 539 | 584 | 616 | 651 | 647 |
| 독립국가연합 | 67 | 95 | 114 | 143 | 154 | 162 | 170 | 188 |

① 2016년 중동의 인터넷 이용자 수는 2009년에 비해 9천5백만 명이 늘었다.

② 2015년에 비해 2016년의 인터넷 이용자 수가 감소한 대륙은 한 곳이다.

③ 2016년 아프리카의 인터넷 이용자 수는 2012년에 비해 약 1.9배 증가했다.

④ 조사 기간 중 전년 대비 아시아·태평양의 인터넷 이용자 수의 증가량이 가장 큰 해는 2010년이다.

⑤ 대륙별 인터넷 이용자 수의 1·2·3순위는 2009년부터 2016년까지 계속 유지되고 있다.

## | 03 | 응용수리력

**01** 스마트폰을 판매하는 A대리점의 3월 전체 개통 건수는 400건이었다. 4월의 남성 고객의 개통 건수는 3월보다 10% 감소했고, 여성 고객의 개통 건수는 3월보다 15% 증가하여 4월 전체 개통 건수는 3월보다 5% 증가했다. 4월의 여성 고객의 개통 건수를 구하면?

① 276건                             ② 279건

③ 282건                             ④ 285건

⑤ 288건

`Easy`

**02** 야구공과 야구공을 담을 수 있는 상자가 있다. 한 상자에 야구공을 6개씩 담으면 4개의 야구공이 남고, 한 상자에 야구공을 7개씩 담으면 야구공 한 개가 담긴 상자 하나와 빈 상자 두 개가 남는다. 상자의 개수와 야구공의 개수를 더하면?

① 160개                             ② 166개

③ 172개                             ④ 178개

⑤ 184개

**03** 한 상자 안에 A회사에서 만든 A4용지 7묶음과 B회사에서 만든 A4용지 5묶음이 있다. 상자에서 A4용지를 한 묶음씩 두 번 꺼낼 때, 꺼낸 A4용지 묶음이 모두 A회사에서 만든 A4용지일 확률은?(단, 꺼낸 A4용지 묶음은 상자에 다시 넣지 않는다)

① $\dfrac{3}{22}$                           ② $\dfrac{2}{11}$

③ $\dfrac{5}{22}$                           ④ $\dfrac{3}{11}$

⑤ $\dfrac{7}{22}$

**04**  12%의 소금물과 5%의 소금물을 섞어서 10%의 소금물 300g을 만들려고 한다. 5%의 소금물의 양을 구하면?

① $\dfrac{550}{7}$g

② $\dfrac{600}{7}$g

③ $\dfrac{650}{7}$g

④ 100g

⑤ $\dfrac{750}{7}$g

Easy

**05**  라온이는 부산으로 며칠간 출장을 다녀왔다. 출장 기간의 $\dfrac{1}{4}$ 시간은 잠을 잤고, $\dfrac{1}{6}$ 시간은 식사를 했다. 그리고 출장 기간의 $\dfrac{3}{8}$ 시간을 업무를 보는 데 사용했으며, $\dfrac{1}{8}$ 시간을 이동하는 데 사용했다. 마지막으로 부산에 있는 친구들이랑 시간을 보내는 데 8시간을 사용했을 때, 라온이는 며칠 동안 출장을 다녀왔는가?

① 3일

② 4일

③ 5일

④ 6일

⑤ 7일

## | 04 | 수추리력

※ 일정한 규칙으로 수를 나열할 때, 빈칸에 들어갈 알맞은 수를 고르시오. **[1~3]**

**01**

| | | | | | |
|---|---|---|---|---|---|
| 14 | 16 | 35 | 109 | ( ) | 2,211 |

① 338            ② 368

③ 424            ④ 441

⑤ 450

**Hard**

**02**

| | | | | | |
|---|---|---|---|---|---|
| 3 | 1 | −1 | ( ) | −33 | −171 |

① −9            ② −7

③ −5            ④ 3

⑤ 5

**03**

| | | | | | | | |
|---|---|---|---|---|---|---|---|
| 3 | 8 | 16 | 17 | 42 | ( ) | 94 | 71 |

① 35            ② 38

③ 40            ④ 42

⑤ 44

## | 01 | 언어추리력

※ 다음 제시문을 읽고 각 문제가 항상 참이면 ①, 거짓이면 ②, 알 수 없으면 ③을 고르시오. [1~3]

- 원탁에 A와 E는 한 칸 떨어져서 앉아 있다.
- F는 C와 인접해서 앉아 있다.
- D는 A와 마주보고 앉아 있다.
- B와 C는 두 칸 떨어져서 앉아 있다.

**01** B와 E는 마주보고 앉아 있다.

① 참                  ② 거짓                  ③ 알 수 없음

**02** A와 F는 나란히 앉아 있다.

① 참                  ② 거짓                  ③ 알 수 없음

`Hard`
**03** B의 오른쪽에는 A가 앉아 있다.

① 참                  ② 거짓                  ③ 알 수 없음

※ 다음 제시문을 읽고 각 문제가 항상 참이면 ①, 거짓이면 ②, 알 수 없으면 ③을 고르시오. **[4~6]**

- 학교 앞 카페에서는 커피, 주스, 샌드위치, 와플을 판매한다.
- 가장 많이 팔리는 것은 커피이다.
- 총 매출액이 가장 높은 것은 샌드위치인데, 팔리는 개수는 제일 적다.
- 커피와 주스의 가격은 같다.
- 와플은 가격이 가장 낮고, 팔리는 개수는 두 번째로 적다.

**04** 주스는 네 가지 품목 중 매출액이 세 번째로 많을 것이다.

① 참          ② 거짓          ③ 알 수 없음

**Easy**

**05** 커피와 와플은 매출액이 같다.

① 참          ② 거짓          ③ 알 수 없음

**06** 커피 가격이 두 배로 오르면 커피의 카페 총 매출액이 가장 높아질 수 있다.

① 참          ② 거짓          ③ 알 수 없음

## | 02 | 판단력

**Hard**

**01** 다음 글의 내용과 일치하는 것은?

포화지방산에서 나타나는 탄소 결합 형태는 연결된 탄소끼리 모두 단일 결합하는 모습을 띤다. 이때 각각의 탄소에는 수소가 두 개씩 결합한다. 이 결합 형태는 지방산 분자의 모양을 일자형으로 만들어 이웃하는 지방산 분자들이 조밀하게 연결될 수 있으므로, 분자 간 인력이 높아 지방산 분자들이 단단하게 뭉치게 된다. 이 인력을 느슨하게 만들려면 많은 열에너지가 필요하다. 따라서 이 지방산을 함유한 지방은 녹는점이 높아 상온에서 고체로 존재하게 된다. 그리고 이 지방산 분자에는 탄소 사슬에 수소가 충분히 결합되어, 수소가 분자 내에 포화되어 있으므로 포화지방산이라 부르며, 이것이 들어있는 지방을 포화지방이라고 한다. 포화지방은 체내의 장기 주변에 쌓여 장기를 보호하고 체내에 저장되어 있다가 에너지로 전환되어 몸에 열량을 내는 데 이용된다. 그러나 이 지방이 저밀도 단백질과 결합하면, 콜레스테롤이 혈관 내부에 쌓여 혈액의 흐름을 방해하고 혈관 내부의 압력을 높여 심혈관계 질병을 유발하는 것으로 알려져 있다.

① 포화지방산에서 나타나는 탄소 결합은 각각의 탄소에 수소가 두 개씩 결합하므로 다중 결합한다고 할 수 있다.
② 탄소에 수소가 두 개씩 결합하는 형태는 열에너지가 많아서 지방산 분자들이 단단하게 뭉치게 된다.
③ 분자 간 인력을 느슨하게 하면 지방산 분자들의 연결이 조밀해진다.
④ 포화지방은 포화지방산이 들어있는 지방을 가리킨다.
⑤ 포화지방이 체내에 저장되면 콜레스테롤이 혈관 내부에 쌓여 흐름을 방해하고 혈관 내부의 압력을 높여 질병을 유발하므로 몸에 좋지 않다.

**02** 다음 빈칸에 들어갈 말로 가장 적절한 것은?

> 어느 시대든 사람들은 원인이 무엇인지 알고 있다고 믿었다. 사람들은 그런 앎을 어디서 얻는가? 원인을 안다고 믿는 사람들의 믿음은 어디서 생기는 것일까?
>
> 새로운 것, 체험되지 않은 것, 낯선 것은 원인이 될 수 없다. 알려지지 않은 것에서는 위험, 불안정, 걱정, 공포감이 뒤따르기 때문이다. 우리 마음의 불안한 상태를 없애고자 한다면, 우리는 알려지지 않은 것을 알려진 것으로 환원해야 한다. 이러한 환원은 우리 마음을 편하게 해주고 안심시키며 만족을 느끼게 한다. 이 때문에 우리는 이미 알려진 것, 체험된 것, 기억에 각인된 것을 원인으로 설정하게 된다. '왜?'라는 물음의 답으로 나온 것은 그것이 진짜 원인이기 때문에 우리에게 떠오른 것이 아니다. 그것이 우리에게 떠오른 것은 그것이 우리를 안정시켜주고 성가신 것을 없애주며 무겁고 불편한 마음을 가볍게 해주기 때문이다. 따라서 원인을 찾으려는 우리의 본능은 위험, 불안정, 걱정, 공포감 등에 의해 촉발되고 자극받는다.
>
> 우리는 '설명이 없는 것보다 설명이 있는 것이 언제나 더 낫다.'고 믿는다. 우리는 특별한 유형의 원인만을 써서 설명을 만들어 낸다. _____ 그래서 특정 유형의 설명만이 점점 더 우세해지고, 그러한 설명들이 하나의 체계로 모아져 결국 그런 설명이 우리의 사고방식을 지배하게 된다. 기업인은 즉시 이윤을 생각하고, 기독교인은 즉시 원죄를 생각하며 소녀는 즉시 사랑을 생각한다.

① 이것은 우리의 호기심과 모험심을 자극한다.

② 이것은 인과관계에 대한 우리의 지식을 확장시킨다.

③ 이것은 우리가 왜 불안한 심리 상태에 있는지를 설명해 준다.

④ 이것은 낯설고 체험하지 않았다는 느낌을 가장 빠르고 가장 쉽게 제거해 버린다.

⑤ 이것은 새롭고 낯선 것에서 원인을 발견하려는 우리의 본래 태도를 점차 약화시키고 오히려 그 반대의 태도를 우리의 습관으로 굳어지게 한다.

**03**  다음 제시된 문단을 알맞게 배열한 것은?

> (가) 위기가 있는 만큼 기회도 주어진다. 다만, 그 기회를 잡기 위해 우리에게 가장 필요한 것은 지혜이다. 그리고 그 지혜를 행동으로 옮길 때, 우리는 성공이라는 결과를 얻을 수 있는 것이다.
>
> (나) 세계적 금융위기는 끝나지 않았고, 동중국해를 둘러싼 중국과 일본의 영토분쟁은 세계 경제에 새로운 위협 요인이 되고 있다. 국가경제도 부동산가격 하락으로 가계부채 문제가 경제에 부담이 될 것이라는 예측이 나온다. 휴일 영업을 둘러싼 대형마트와 재래시장 간의 갈등도 심화되고 있다. 기업의 입장에서나, 개인의 입장에서나 온통 풀기 어려운 문제에 둘러싸인 형국이다.
>
> (다) 이 위기를 이겨낸 사람이 성공하고, 위기를 이겨낸 기업이 경쟁에서 승리한다. 어려움을 이겨낸 나라가 자신에게 주어진 무대에서 주역이 되었다는 것을 우리는 지난 역사 속에서 배울 수 있다.
>
> (라) 한마디로 위기(危機)의 시대이다. 위기는 '위험'을 의미하는 위(危) 자와 '기회'를 의미하는 기(機) 자가 합쳐진 말이다. 위기라는 말에는 위험과 기회라는 이중의 의미가 함께 들어 있다. 위험을 이겨낸 사람이 기회를 잡을 수 있다는 말이다. 위기는 기회의 또 다른 얼굴이다.

① (나) – (라) – (다) – (가)  
② (가) – (라) – (나) – (다)  
③ (나) – (가) – (다) – (라)  
④ (라) – (가) – (다) – (나)  
⑤ (라) – (다) – (가) – (나)

**04**  다음 기사에 나타난 통계를 통해 추론할 수 없는 것은?

> 일본에서 나이가 들어서도 부모 곁을 떠나지 않고 붙어사는 '캥거루족'이 증가하고 있는 것으로 나타났다. 일본 국립 사회보장인구문제 연구소가 2004년 전국 1만 711가구를 대상으로 조사해 21일 발표한 가구 동태 조사를 보면, 가구당 인구수는 평균 2.8명으로 최저치를 기록했다. 2인 가구는 28.7%로 5년 전 조사 때보다 조금 증가한 반면, 4인 가구는 18.1%로 조금 줄었다.
>
> 부모와 함께 사는 자녀의 비율은 크게 증가했다. 30 ~ 34살 남성의 45.4%가 부모와 동거하는 것으로 나타났다. 같은 연령층 여성의 부모 동거 비율은 33.1%였다. 5년 전에 비해 남성은 6.4%, 여성은 10.2% 증가한 수치다. 25 ~ 29살 남성의 부모 동거 비율은 64%, 여성은 56.1%로 조사됐다. 부모를 모시고 사는 기혼자들도 있지만, 상당수는 독신으로 부모로부터 주거와 가사 지원을 받는 캥거루족으로 추정된다.

① 25 ~ 34살의 남성 중 대략 반 정도가 부모와 동거한다.  
② 현대사회에서 남녀를 막론하고 독신의 비율이 증가하고 있다.  
③ 30 ~ 34살의 경우 부모 동거 비율은 5년 전에도 여성이 남성보다 높지 않았다.  
④ '캥거루족'이 늘어난 것은 젊은이들이 직장을 구하기가 점점 어려워지고 있기 때문이다.  
⑤ 평균 가구당 인구수는 점점 줄고 있다.

# | 03 | 응용수리력

**01** 종욱이는 25,000원짜리 피자 두 판과 8,000원짜리 샐러드 세 개를 주문했다. 통신사 멤버십 혜택으로 피자는 15%, 샐러드는 25% 할인을 받을 수 있고, 깜짝 할인으로 나머지 금액의 10%를 추가 할인받았다고 한다. 총 할인된 금액은 얼마인가?

① 12,150원

② 13,500원

③ 18,600원

④ 19,550원

⑤ 20,850원

**02** 어느 고등학교에서 열린 수학경시대회에서 1학년의 평균은 20점, 2학년의 평균은 13점, 3학년의 평균은 20점이었다. 대회에 참가한 1학년 학생 수는 2학년 학생 수의 2배이고, 3학년 학생 수의 4배이다. 참가 학생 전체의 평균은?

① 15점

② 16점

③ 17점

④ 18점

⑤ 19점

## | 04 | 수추리력

※ 일정한 규칙으로 수를 나열할 때, 빈칸에 들어갈 알맞은 수를 고르시오. [1~3]

**01**

7    18    13    16    (    )    14    25

① 7                              ② 9
③ 15                             ④ 17
⑤ 19

**02**

41    (    )    49    56    65    76    89

① 40                             ② 42
③ 43                             ④ 44
⑤ 45

**03**

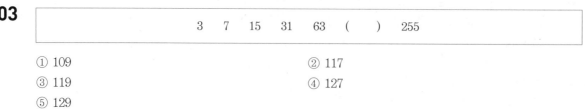

3    7    15    31    63    (    )    255

① 109                            ② 117
③ 119                            ④ 127
⑤ 129

KT ●———————————————————————————————————————————

PART

III

주요기업 최신기출문제

| 언어 |

※ 다음 중 글을 통해 알 수 있는 내용으로 올바르지 않은 것을 고르시오. [1~2]

| 2021년 상반기 삼성그룹

**01**

별도로 제작된 디자인 설계 도면을 바탕으로 소재를 얇게 적층하여 3차원의 입체 형상을 만들어내는 3D프린터는 오바마 대통령의 국정 연설에서도 언급되며 화제를 일으키기도 했다. 단순한 형태의 부품부터 가구, 치아, 심지어 크기만 맞으면 자동차까지 인쇄할 수 있는 3D프린터는 의학 분야에서도 역시 활용되고 있다.

인간의 신체 일부를 찍어낼 수 있는 의료용 3D바이오프린팅 시장은 이미 어느 정도 주류로 자리 잡고 있다. 뼈나 장기가 소실된 환자에게 유기물로 3D프린팅 된 신체를 대체시키는 기술은 연구개발과 동시에 상용화에도 박차를 가하고 있는 상황이다. 그리고 이러한 의료용 3D프린팅 기술 중에는 사람의 피부를 3D프린터로 인쇄하는 것도 있다. 화상이나 찰과상, 자상 등에 의해 피부 세포가 죽거나 소실되었을 때 인공 피부를 직접 사람에게 인쇄하는 방식이다.

이 인공 피부를 직접 사람에게 인쇄하기 위해서는 마찬가지로 살아 있는 잉크, 즉 '바이오 잉크'가 필요한데, 피부 세포와 콜라겐, 섬유소 등으로 구성된 바이오 잉크는 거부 반응으로 인한 괴사 등의 위험을 해결하기 위해 자기유래 세포를 사용한다. 이처럼 환자의 피부 조직을 배양해 만든 배양 피부를 바이오 잉크로 쓰면 본인의 세포에서 유래된 만큼 거부 반응을 최소화할 수 있다는 장점이 있다.

물론 의료용 3D프린팅 기술에도 해결해야 할 문제는 존재한다. 3D프린팅 기술을 통한 피부이식에 대한 안전성 검증에는 많은 비용과 시간, 인내가 필요함에 따라 결과 도출에 오랜 시간이 걸릴 것으로 예상되며, 이 과정에서 장기 이식 및 전체적 동식물 유전자 조작에 대한 부정적 견해를 유발할 수 있을 것으로 우려되기 때문이다.

① 3D프린터는 재료와 그 크기에 따라 다양한 사물을 인쇄할 수 있다.
② 3D프린터 기술이 발전한다면 장기기증자를 기다리지 않아도 될 것이다.
③ 피부를 직접 환자에게 인쇄하기 위해서는 별도의 잉크가 필요하다.
④ 같은 바이오 잉크라 해도 환자에 따라 거부 반응이 발생할 여지가 있다.
⑤ 자칫 장기 이식 및 선택적 동식물 유전자 조작에 대한 부정적 견해를 유발할 수 있다.

생태학에서 생물량, 또는 생체량으로 번역되어 오던 단어인 바이오매스(Biomass)는, 태양 에너지를 받은 식물과 미생물의 광합성에 의해 생성되는 식물체, 균체, 그리고 이를 자원으로 삼는 동물체 등을 모두 포함한 생물 유기체를 일컫는다. 그리고 이러한 바이오매스를 생화학적, 또는 물리적 변환과정을 통해 액체, 가스, 고체연료, 또는 전기나 열에너지 형태로 이용하는 기술을 화이트 바이오테크놀로지(White Biotechnology), 줄여서 '화이트 바이오'라고 부른다.

옥수수나 콩, 사탕수수와 같은 식물자원을 이용해 화학제품이나 연료를 생산하는 기술인 화이트 바이오는 재생이 가능한데다 기존 화석원료를 통한 제조방식에서 벗어나 이산화탄소 배출을 줄일 수 있는 탄소중립적인 기술로 주목받고 있다. 한편 산업계에서는 미생물을 활용한 화이트 바이오를 통해 산업용 폐자재나 가축의 분뇨, 생활폐기물과 같이 죽은 유기물이라 할 수 있는 유기성 폐자원을 바이오매스 자원으로 활용하여 에너지를 생산하고자 연구하고 있어, 온실가스 배출, 악취 발생, 수질오염 등 환경적 문제는 물론 그 처리비용 문제도 해결할 수 있을 것으로 기대를 모으고 있다.

비록 보건 및 의료 분야의 바이오산업인 레드 바이오나, 농업 및 식량 분야의 그린 바이오보다 늦게 발전을 시작했지만, 한국과학기술기획평가원이 발간한 보고서에 따르면 화이트 바이오 관련 산업은 연평균 18%의 빠른 속도로 성장하며 기존의 화학 산업을 대체할 것으로 전망하고 있다.

① 생태학에서 정의하는 바이오매스와 산업계에서 정의하는 바이오매스는 다르다.
② 산업계는 화이트 바이오를 통해 환경오염 문제를 해결할 수 있을 것으로 기대를 모으고 있다.
③ 가정에서 나온 폐기물은 바이오매스 자원으로 고려되지 않는다.
④ 화이트 바이오 산업은 아직 다른 두 바이오산업에 비해 규모가 작을 것이다.
⑤ 기존 화학 산업의 경우 탄소배출이 문제가 되고 있었다.

**03** 다음 글을 근거로 판단할 때 옳은 것은?

> 한복(韓服)은 한민족 고유의 옷이다. 삼국시대의 사람들은 저고리, 바지, 치마, 두루마기를 기본적으로 입었다. 저고리와 바지는 남녀 공용이었으며, 상하 귀천에 관계없이 모두 저고리 위에 두루마기를 덧입었다. 삼국시대 이후인 남북국시대에는 서민과 귀족이 모두 우리 고유의 두루마기인 직령포(直領袍)를 입었다. 그런데 귀족은 직령포를 평상복으로만 입었고, 서민과 달리 의례와 같은 공식적인 행사에는 입지 않았다. 고려시대에는 복식 구조가 크게 변했다. 특히 귀족층은 중국옷을 그대로 받아들여 입었지만, 서민층은 우리 고유의 복식을 유지하여, 복식의 이중 구조가 나타났다. 조선시대에도 한복의 기본 구성은 지속되었다. 중기나 후기에 들어서면서 한복 디자인은 한층 단순해졌고, 띠 대신 고름을 매기 시작했다. 조선 후기에는 마고자와 조끼를 입기 시작했는데, 조끼는 서양 문물의 영향을 받은 것이었다.
>
> 한편 조선시대 관복에는 여러 종류가 있었다. 곤룡포(袞龍袍)는 임금이 일반 집무를 볼 때 입었던 집무복[상복 : 常服]으로, 그 흉배(胸背)에는 금색 실로 용을 수놓았다. 문무백관의 상복도 곤룡포와 모양은 비슷했다. 그러나 무관 상복의 흉배에는 호랑이를, 문관 상복의 흉배에는 학을 수놓았다. 무관들이 주로 대례복으로 입었던 구군복(具軍服)은 무관 최고의 복식이었다. 임금도 전쟁 시에는 구군복을 입었는데, 임금이 입었던 구군복에만 흉배를 붙였다.
>
> ※ 흉배 : 왕을 비롯한 문무백관이 입던 관복의 가슴과 등에 덧붙였던 사각형의 장식품

① 남북국시대의 서민들은 직령포를 공식적인 행사에도 입었다.

② 고려시대에는 복식 구조가 크게 변하여 모든 계층에서 중국옷을 그대로 받아들여 입는 현상이 나타났다.

③ 조선시대 중기에 들어서면서 고름을 매기 시작했고, 후기에는 서양 문물의 영향으로 인해 마고자를 입기 시작했다.

④ 조선시대 무관이 입던 구군복의 흉배에는 호랑이가 수놓아져 있었다.

⑤ 조선시대 문관의 경우 곤룡포와 비슷한 모양의 상복에 호랑이가 수놓아진 흉배를 붙였다.

**04** 다음 글에서 추론할 수 있는 것만을 〈보기〉에서 모두 고르면?

---

대선후보 경선 여론조사에서 후보에 대한 지지 정도에 따라 피조사자들은 세 종류로 분류된다. 특정 후보를 적극적으로 지지하는 사람들과 소극적으로 지지하는 사람들, 그리고 기타에 해당하는 사람들이다.

후보가 두 명인 경우로 한정해서 생각해 보자. 여론조사 방식은 설문 문항에 따라 두 가지로 분류된다. 하나는 선호도 방식으로 "차기 대통령 후보로 누구를 더 선호하느냐?"라고 묻는다. 선호도 방식은 적극적으로 지지하는 사람들과 소극적으로 지지하는 사람들을 모두 지지자로 계산하는 방식이다. 이 여론조사 방식에서 적극적 지지자들과 소극적 지지자들은 모두 지지 의사를 답한다.

다른 한 방식은 지지도 방식으로 "내일(혹은 오늘) 투표를 한다면 누구를 지지하겠느냐?"라고 묻는다. 특정 후보를 적극적으로 지지하는 지지자들은 두 경쟁 후보를 놓고 두 물음에서 동일한 반응을 보일 것이다. 문제는 어느 한 후보를 적극적으로 지지하지 않는 소극적 지지자들이다. 이들은 특정 후보가 더 낫다고 생각하기 때문에 선호도를 질문할 경우에는 특정 후보를 선호한다고 대답하지만, 지지 여부를 질문할 경우에는 지지하는 후보가 없다는 '무응답'을 선택한다. 따라서 지지도 방식은 적극적 지지자만 지지자로 분류하고 나머지는 기타로 분류하는 방식에 해당한다.

---

보기

ㄱ. A후보가 B후보보다 적극적 지지자의 수는 많고 소극적 지지자의 수는 적을 경우, 지지도 방식을 사용할 때 A후보가 B후보보다 더 많은 지지를 받을 것이다.

ㄴ. A후보가 B후보보다 적극적 지지자의 수는 적고 소극적 지지자의 수가 많을 경우, 선호도 방식을 사용할 때 A후보가 B후보보다 더 많은 지지를 받을 것이다.

ㄷ. A후보가 B후보보다 적극적 지지자와 소극적 지지자의 수가 각각 더 많다면, 선호도 방식에 비해 지지도 방식에서 A후보와 B후보 사이의 지지자 수의 격차가 더 클 것이다.

① ㄱ
② ㄷ
③ ㄱ, ㄴ
④ ㄴ, ㄷ
⑤ ㄱ, ㄷ

**05** 다음 글에서 추론할 수 없는 것은?

> '장가간다'와 '시집간다' 두 용어를 시간 순서대로 살펴보면, 후자가 나중에 생겼다. 이것은 문화 변동의 문제로 볼 수 있다. 두 용어 다 '결혼한다'의 의미이다. 전자는 남자가 여자의 집으로, 후자는 여자가 남자의 집으로 가는 것을 말한다.
>
> 우리나라는 역사적으로 거주율(居住律)에 있어서 처거제를 오랫동안 유지하였다. 즉 신혼부부가 부인의 본가에 거주지를 정하고 살림을 하면서 자녀를 키웠다. 이와 같은 거주율의 영향을 받아 고려시대까지 혈통률(血統律)에 있어서 모계제를 유지하는 삶의 방식을 취하였다.
>
> 조선시대 들어 유교적 혈통률의 영향을 받아 삶의 모습은 처거제 – 부계제로 변화하였다. 이러한 체제는 조선 전기까지 대부분 유지되었다. 친척관계 자료들을 수집하기 위해 마을을 방문할 경우, '처가로 장가를 든 선조가 이 마을의 입향조가 되었다.'는 얘기를 듣곤 하는데, 이것이 바로 처거제 – 부계제의 원리가 작동한 결과라고 말할 수 있다. 거주율과 혈통률을 결합할 경우, 혼인에 있어서는 남자의 뿌리를 뽑아서 여자의 거주지로 이전하고, 집안 계승의 측면에서는 남자 쪽을 선택하도록 한 것이다. 거주율에서는 여자의 입장을 유리하게 하고, 혈통률에서는 남자의 입장이 유리하도록 하는 균형적인 모습을 보여주고 있다.
>
> 삶의 진화선상에서 생각한다면, 어떤 시점에 처거제 – 모계제를 유지하는 가족제에서 '남자의 반란'이 있었다는 가설을 제기할 수 있다. 처거제에서 부거제로 전환된 시점을 정확하게 지목하기는 힘들지만, 조선 후기에 부거제가 시행된 점에 대해서는 이론의 여지가 없다. 거주율이 바뀌었다는 것은 대단한 사회변동이다. 혁명 이상의 것이라고도 할 수 있다.

① 조선 전기와 후기 사이에 커다란 사회변동이 있었다.
② 우리나라에서 부계제가 부거제보다 먼저 등장하였다.
③ 고려시대의 남성은 외가에서 어린 시절을 보냈을 것이다.
④ 조선 전기에 이르러 가족관계에서 남녀 간 힘의 균형이 무너졌다.
⑤ 우리나라의 거주율과 혈통률은 모두 여자 위주에서 남자 위주로 변화하였다.

## 06  다음 글에서 알 수 있는 것은?

어떤 사람이 러시아 여행을 가려고 하는데 러시아어를 전혀 모른다. 그래서 그는 러시아 여행 시 의사소통을 하기 위해 특별한 그림책을 이용할 계획을 세웠다. 그 책에는 어떠한 언어적 표현도 없고 오직 그림만 들어 있다. 그는 그 책에 있는 사물의 그림을 보여줌으로써 의사소통을 하려고 한다. 예를 들어 빵이 필요하면 상점에 가서 빵 그림을 보여주는 것이다. 그 책에는 다양한 종류의 빵 그림뿐 아니라 여행할 때 필요한 것들의 그림이 빠짐없이 담겨 있다. 과연 이 여행자는 러시아 여행을 하면서 의사소통을 성공적으로 할 수 있을까? 유감스럽게도 그럴 수 없을 것이다. 예를 들어 그가 자전거 상점에 가서 자전거 그림을 보여준다고 해보자. 자전거 그림을 보여주는 게 자전거를 사겠다는 의미로 받아들여질 것인가, 아니면 자전거를 팔겠다는 의미로 받아들여질 것인가? 결국 그는 자신이 뭘 원하는지 분명하게 전달할 수 없는 곤란한 상황에 처하게 될 것이다.

구매자를 위한 그림과 판매자를 위한 그림을 간단한 기호로 구별하여 이런 곤란을 극복하려고 해볼 수도 있다. 예컨대 자전거 그림 옆에 화살표 기호를 추가로 그려서, 오른쪽을 향한 화살표는 구매자를 위한 그림을, 왼쪽을 향한 화살표는 판매자를 위한 그림임을 나타내는 것이다. 하지만 이런 방법은 의사소통에 여전히 도움이 되지 않는다. 왜냐하면 기호가 무엇을 의미하는지는 약속에 의해 결정되기 때문이다. 상대방은 어떤 것이 판매를 의미하는 화살표이고, 어떤 것이 구매를 의미하는 화살표인지 전혀 알 수 없을 것이다. 설령 상대방에게 화살표가 의미하는 것을 전달했다 하더라도, 자전거를 사려는 사람이 책을 들고 있는 여행자의 바로 옆에 있는 사람이 아니라 바로 여행자 자신이라는 것은 또 무엇을 통해 전달할 수 있을까? 여행자가 사고 싶어 하는 물건이 자전거를 그린 그림이 아니라 진짜 자전거라는 것은 또 어떻게 전달할 수 있을까?

① 언어적 표현의 의미는 확정될 수 없다.
② 약속에 의해서도 기호의 의미는 결정될 수 없다.
③ 한 사물에 대한 그림은 여러 의미로 이해될 수 있다.
④ 의미가 확정된 표현이 없어도 성공적인 의사소통은 가능하다.
⑤ 상이한 사물에 대한 그림들은 동일한 의미로 이해될 수 없다.

**07** 다음 글의 ㉠의 사례로 보기 어려운 것은?

---

디지털 이미지는 사용자가 가장 손쉽게 정보를 전달할 수 있는 멀티미디어 객체이다. 일반적으로 디지털 이미지는 화소에 의해 정보가 표현되는데, M×N개의 화소로 이루어져 있다. 여기서 M과 N은 가로와 세로의 화소 수를 의미하며, M 곱하기 N을 한 값을 해상도라 한다.

무선 네트워크와 모바일 기기의 사용이 보편화되면서 다양한 스마트 기기의 보급이 진행되고 있다. 스마트 기기는 그 사용 목적이나 제조 방식, 가격 등의 요인에 의해 각각의 화면 표시 장치들이 서로 다른 해상도와 화면 비율을 가진다. 이에 대응하여 동일한 이미지를 다양한 화면 표시 장치 환경에 맞출 필요성이 발생했다. 하나의 멀티미디어의 객체를 텔레비전용, 영화용, 모바일 기기용 등 표준적인 화면 표시 장치에 맞추어 각기 독립적인 이미지 소스로 따로 제공하는 것이 아니라, 하나의 이미지 소스를 다양한 화면 표시 장치에 맞도록 적절히 변환하는 기술을 요구하고 있다.

이러한 변환 기술을 '이미지 리타겟팅'이라고 한다. 이는 A×B의 이미지를 C×D 화면에 맞추기 위해 해상도와 화면 비율을 조절하거나 이미지의 일부를 잘라 내는 방법 등으로 이미지를 수정하는 것이다. 이러한 수정에서 입력 이미지에 있는 콘텐츠 중 주요 콘텐츠는 그대로 유지되어야 한다. 즉, 리타겟팅 처리 후에도 원래 이미지의 중요한 부분을 그대로 유지하면서 동시에 왜곡을 최소화하는 형태로 주어진 화면에 맞게 이미지를 변형하여야 한다. 이러한 조건을 만족하기 위해 ㉠ <u>다양한 접근</u>이 일어나고 있는데, 이미지의 주요한 콘텐츠 및 구조를 분석하는 방법과 분석된 주요 사항을 바탕으로 어떤 식으로 이미지 해상도를 조절하느냐가 주요 연구 방향이다.

---

① 광고 사진에서 화면 전반에 걸쳐 흩어져 있는 콘텐츠를 무작위로 추출하여 화면을 재구성하는 방법
② 풍경 사진에서 전체 풍경에 대한 구도를 추출하고 구도가 그대로 유지될 수 있도록 해상도를 조절하는 방법
③ 인물 사진에서 얼굴 추출 기법을 사용하여 인물의 주요 부분을 왜곡하지 않고 필요 없는 부분을 잘라 내는 방법
④ 정물 사진에서 대상물의 영역은 그대로 두고 배경 영역에 대해서는 왜곡을 최소로 하며 이미지를 축소하는 방법
⑤ 상품 사진에서 상품을 충분히 인지할 수 있을 정도의 범위 내에서 가로와 세로의 비율을 화면에 맞게 조절하는 방법

**08** 다음 글의 내용이 참일 때 항상 거짓인 것을 고르면?

---

일반적으로 최초의 망원경은 네덜란드의 안경 제작자인 한스 리퍼쉬(Hans Lippershey)에 의해 만들어졌다고 알려져 있다. 이 최초의 망원경 발명에는 출처가 분명하지는 않지만 재미있는 일화가 전해진다.

1608년 리퍼쉬의 아들이 리퍼쉬의 작업실에서 렌즈를 가지고 놀다가 두 개의 렌즈를 어떻게 조합을 하였더니 멀리 있는 교회의 뾰족한 첨탑이 매우 가깝게 보였다. 리퍼쉬의 아들은 이러한 사실을 아버지에게 알렸고 이것을 본 리퍼쉬가 망원경을 발명하였다. 리퍼쉬가 만들었던 망원경은 당시 그 지역을 다스리던 영주에게 상납되었다. 유감스럽게도 리퍼쉬가 망원경 제작에 사용한 렌즈의 조합은 현재 정확하게 알려져 있지는 않지만, 아마도 두 개의 볼록렌즈를 사용했을 것으로 추측된다. 이렇게 망원경이 발명되었다는 소식은 유럽 전역으로 빠르게 전파되어, 약 1년 후에는 이탈리아의 갈릴레오에게까지 전해졌다.

1610년, 갈릴레오는 초점거리가 긴 볼록렌즈를 망원경의 대물렌즈로 사용하고 초점 거리가 짧은 오목렌즈를 초점면 앞에 놓아 접안렌즈로 사용하였다. 이 같은 설계는 물체와 상의 상하좌우가 같은 정립상을 제공하므로 지상 관측에 적당하다. 이러한 광학적 설계 방식을 갈릴레이식 굴절 망원경이라고 한다.

갈릴레오가 자신이 만든 망원경으로 천체를 관측하여 발견한 천문학적 사실 중 가장 중요한 것은 바로 금성의 상변화이다. 금성의 각크기가 변한다는 것을 관측함으로써 금성이 지구를 중심으로 공전하는 것이 아니라 태양을 중심으로 공전하고 있다는 것을 증명하였으며, 따라서 코페르니쿠스의 지동설을 지지하는 강력한 증거를 제공하였다. 그러나 갈릴레이식 굴절 망원경은 초점 거리가 짧은 오목렌즈 제작의 어려움으로 배율에 한계가 있었으며, 시야도 좁고 색수차가 심하여 17세기 초반까지만 사용되었다. 오늘날에는 갈릴레이식 굴절 망원경은 오페라 글라스와 같은 작은 쌍안경에나 쓰일 뿐 거의 사용되지 않고 있다.

이후 케플러가 설계했다는 천체 관측용 망원경이 만들어졌는데, 이 망원경은 갈릴레이식보다 진일보한 형태로 오늘날 천체 관측용 굴절 망원경의 원형이 되고 있다. 케플러식 굴절 망원경은 장초점의 볼록렌즈를 대물렌즈로 하고 단초점의 볼록렌즈를 초점면 뒤에 놓아 접안렌즈로 사용한 구조이다. 이러한 설계 방식은 상의 상하좌우가 뒤집힌 도립상을 보여주기 때문에 지상용으로는 부적절하지만 천체를 관측할 때는 별다른 문제가 없다.

---

① 네덜란드의 안경 제작자인 한스 리퍼쉬는 아들의 렌즈 조합 발견을 계기로 망원경을 제작할 수 있었다.

② 갈릴레오의 망원경은 볼록렌즈를 대물렌즈로, 오목렌즈를 접안렌즈로 사용하였다.

③ 갈릴레오는 자신이 발명한 망원경으로 금성의 상변화를 관측하여 금성이 태양을 중심으로 공전한다는 것을 증명하였다.

④ 케플러식 망원경은 볼록렌즈만 사용하여 만들어졌다.

⑤ 케플러식 망원경은 갈릴레오식 망원경과 다르게 상의 상하좌우가 같은 정립상을 보여준다.

PART 3

**09** 다음 글을 읽고 올바르게 이해하지 못한 것은?

우리는 어떻게 장소에 익숙해지는 것일까? 뇌과학운영단 세바스쳔 로열 박사팀은 뇌의 해마 속 과립세포(Granule Cell)가 이끼세포(Mossy Cell) 등 다양한 신경 네트워크를 통해 장소를 학습하며 장소세포(Space Cell)로 변하는 과정을 규명했다.

과거 오키프 박사와 모세르 부부는 뇌에서 위치와 방향, 장소와 공간 등을 파악할 수 있게 해주는 장소세포와 뇌 해마 옆 내후각피질에서 위치정보처리시스템을 구성하는 격자세포(Grid Cell)을 발견했다. 하지만 그들은 장소세포가 어떻게 생성되고 변화하는지는 밝혀내지 못했는데, 세바스쳔 로열 박사팀은 공간훈련 장치인 트레드밀에서 실험용 생쥐를 훈련시키면서 뇌 해마에서 장소 정보 입력이 시작되는 부위로 알려진 치아이랑(Dentate Gyrus)의 뇌세포를 관찰해 새 환경을 학습할 때 뇌에 장소세포가 생성되는 과정을 규명했다.

생쥐는 새로운 장소에 놓였을 때 격자세포가 활성화되었고, 과립세포에서는 사물의 위치 정보나 거리 정보를 나타내는 세포가 작동했다. 하지만 공간에 익숙해져 학습이 된 이후에는 위치와 거리 정보를 나타내는 세포들이 소멸하고 특정 장소를 나타내는 장소세포가 점차 늘어났다.

① 해마 속 과립세포는 신경 네트워크를 통한 학습을 거쳐 장소세포로 변화한다.
② 오키프 박사와 모세르 부부는 뇌의 해마 속 과립세포와 이끼세포가 장소를 학습하며 장소세포로 변하는 과정을 규명했다.
③ 세바스쳔 로열 박사팀은 실험용 생쥐의 치아이랑 뇌세포 변화를 관찰하여 장소세포가 생성되는 과정을 규명했다.
④ 생쥐가 새로운 공간에 익숙해진다면 격자세포와 과립세포는 소멸할 것이다.

**10** 다음 주장에 대한 반박으로 가장 적절한 것은?

비타민D 결핍은 우리 몸에 심각한 건강 문제를 일으킬 수 있다. 비타민D는 칼슘이 체내에 흡수되어 뼈와 치아에 축적되는 것을 돕고 가슴뼈 뒤쪽에 위치한 흉선에서 면역세포를 생산하는 작용에 관여하는데, 비타민D가 부족할 경우 칼슘과 인의 흡수량이 줄어들고 면역력이 약해져 뼈가 약해지거나 신체 불균형이 일어날 수 있다.

비타민D는 주로 피부가 중파장 자외선에 노출될 때 형성된다. 중파장 자외선은 피부와 혈류에 포함된 7-디하이드로 콜레스테롤을 비타민D로 전환시키는데, 이렇게 전환된 비타민D는 간과 신장을 통해 칼시트리올(Calcitriol)이라는 호르몬으로 활성화된다. 바로 이 칼시트리올을 통해 우리는 혈액과 뼈에 흡수될 칼슘과 인의 흡수를 조절하는 것이다. 이러한 기능을 담당하는 비타민D를 함유하고 있는 식품은 자연에서 매우 적기 때문에, 우리의 몸은 충분한 비타민D를 생성하기 위해 주기적으로 태양빛에 노출될 필요가 있다.

① 태양빛에 노출될 경우 피부암 등의 질환이 발생하여 도리어 건강이 더 악화될 수 있다.
② 비타민D 결핍으로 인해 생기는 부작용은 주기적인 칼슘과 인의 섭취를 통해 해결할 수 있다.
③ 비타민D 보충제만으로는 체내에 필요한 비타민D를 얻을 수 없다.
④ 태양빛에 직접 노출되지 않거나 자외선 차단제를 사용했음에도 체내 비타민D 수치가 정상을 유지한다는 연구결과가 있다.
⑤ 선크림 등 자외선 차단제를 사용하더라도 비타민D 생성에 충분한 중파장 자외선에 노출될 수 있다.

**11** 다음 지문을 토대로 〈보기〉를 바르게 해석한 것은?

> 요즘 대세로 불리는 폴더블 스마트폰이나 커브드 모니터를 직접 보거나 사용해 본 적이 있는가? 혁신적인 디자인과 더불어 사용자에게 뛰어난 몰입감을 제공하며 시장에서 큰 인기를 끌고 있는 이 제품들의 사양을 자세히 보면 'R'에 대한 값이 표시되어 있음을 알 수 있다. 이 R은 반지름(Radius)을 뜻하며 제품의 굽혀진 곡률을 나타내는데, 이 R의 값이 작을수록 접히는 부분의 비는 공간이 없어 완벽하게 접힌다.
> 일반적으로 여러 층의 레이어로 구성된 패널은 접었을 때 앞면에는 줄어드는 힘인 압축응력이, 뒷면에는 늘어나는 힘인 인장응력이 동시에 발생한다. 이처럼 서로 반대되는 힘인 압축응력과 인장응력이 충돌하면서 패널의 구조에 영향을 주는 것을 '폴딩 스트레스'라고 하는데, 곡률이 작을수록 즉, 더 접힐수록 패널이 받는 폴딩 스트레스가 높아진다. 따라서 곡률이 상대적으로 작은 인폴딩 패널이 곡률이 큰 아웃폴딩 패널보다 개발 난이도가 높은 셈이다.

> **보기**
>
> S전자는 이번 행사에서 1.4R의 인폴딩 패널을 사용한 폴더블 스마트폰을 개발하는 데 성공했다고 발표했다. 이는 아웃폴딩 패널을 사용한 H기업이나 동일한 인폴딩 패널을 사용한 A기업의 폴더블 스마트폰보다 현저히 낮은 곡률이다.

① 이번에 H기업에서 새로 개발한 1.6R의 작은 곡률이 적용된 패널을 사용한 폴더블 스마트폰은 S전자에서 개발한 폴더블 스마트폰과 동일한 방식의 패널을 사용했을 것이다.

② 아웃폴딩 패널을 사용한 H기업의 폴더블 스마트폰은 이번에 S전자에서 개발한 폴더블 스마트폰보다 폴딩 스트레스가 낮을 것이다.

③ 인폴딩 패널을 사용한 A기업의 폴더블 스마트폰은 S전자에서 개발한 폴더블 스마트폰과 개발난이도가 비슷했을 것이다.

④ 아웃폴딩 패널을 사용한 H기업의 폴더블 스마트폰의 R값이 인폴딩 패널을 사용한 A기업의 폴더블 스마트폰의 R값보다 작을 것이다.

⑤ S전자의 폴더블 스마트폰의 R값이 경쟁 기업보다 작은 것은 여러 층으로 구성된 패널의 층수를 타 기업의 패널보다 줄여 압축응력과 인장응력으로 인한 스트레스를 줄였기 때문일 것이다.

**12** 다음 글을 근거로 판단할 때 옳지 않은 것은?

개발도상국으로 흘러드는 외국자본은 크게 원조, 부채, 투자가 있다. 원조는 다른 나라로부터 지원받는 돈으로, 흔히 해외 원조 혹은 공적개발원조라고 한다. 부채는 은행 융자와 정부 혹은 기업이 발행한 채권으로, 투자는 포트폴리오 투자와 외국인 직접투자로 이루어진다. 포트폴리오 투자는 경영에 대한 영향력보다는 경제적 수익을 추구하기 위한 투자이고, 외국인 직접투자는 회사 경영에 일상적으로 영향력을 행사하기 위한 투자이다.

개발도상국에 유입되는 이러한 외국자본은 여러 가지 문제점을 보이고 있다. 해외 원조는 개발도상국에 대한 경제적 효과가 있다고 여겨져 왔으나 최근 경제학자들 사이에서는 그러한 경제적 효과가 없다는 주장이 점차 힘을 얻고 있다.

부채는 변동성이 크다는 단점이 지적되고 있다. 특히 은행 융자는 변동성이 큰 것으로 유명하다. 예컨대 1998년 개발도상국에 대하여 이루어진 은행 융자 총액은 500억 달러였다. 하지만 1998년 러시아와 브라질, 2002년 아르헨티나에서 일어난 일련의 금융 위기가 개발도상국을 강타하여 1999 ~ 2002의 4개년 동안에는 은행 융자 총액이 연평균 −65억 달러가 되었다가, 2005년에는 670억 달러가 되었다. 은행 융자만큼 변동성이 큰 것은 아니지만, 채권을 통한 자본 유입 역시 변동성이 크다. 외국인은 1997년에 380억 달러의 개발도상국 채권을 매수했다. 그러나 1998 ~ 2002년에는 연평균 230억 달러로 떨어졌고, 2003 ~ 2005년에는 연평균 440억 달러로 증가했다.

한편 포트폴리오 투자는 은행 융자만큼 변동성이 크지는 않지만 채권에 비하면 변동성이 크다. 개발도상국에 대한 포트폴리오 투자는 1997년의 310억 달러에서 1998 ~ 2002년에는 연평균 90억 달러로 떨어졌고, 2003 ~ 2005년에는 연평균 410억 달러에 달했다.

① 개발도상국에 대한 투자는 경제적 수익뿐만 아니라 회사 경영에 영향력을 행사하기 위해서도 이루어질 수 있다.
② 해외 원조는 개발도상국에 대한 경제적 효과가 없다고 주장하는 경제학자들이 있다.
③ 개발도상국에 유입되는 외국자본에는 해외 원조, 은행 융자, 채권, 포트폴리오 투자, 외국인 직접투자가 있다.
④ 개발도상국에 대한 2005년의 은행 융자 총액은 1998년의 수준을 회복하지 못하였다.
⑤ 1998 ~ 2002년과 2003 ~ 2005년의 연평균 금액을 비교할 때, 개발도상국에 대한 포트폴리오 투자가 채권보다 증감액이 크다.

**13** 다음 글에서 추론할 수 있는 것은?

두뇌 연구는 지금까지 뉴런을 중심으로 진행되어 왔다. 뉴런 연구로 노벨상을 받은 카알은 뉴런이 '생각의 전화선'이라는 이론을 확립하여 사고와 기억 등 두뇌에서 일어나는 모든 현상을 뉴런의 연결망과 뉴런 간의 전기 신호로 설명했다. 그러나 두뇌에는 뉴런 외에도 신경교 세포가 존재한다. 신경교 세포는 뉴런처럼 그 수가 많지만 전기 신호를 전달하지 못한다. 이 때문에 과학자들은 신경교 세포가 단지 두뇌 유지에 필요한 영양 공급과 두뇌 보호를 위한 전기 절연의 역할만을 가진다고 여겼다.

최근 과학자들은 신경교 세포에서 그 이상의 기능을 발견했다. 신경교 세포 중에도 '성상세포'라 불리는 별 모양의 세포는 자신만의 화학적 신호를 가진다는 것이 밝혀졌다. 성상세포는 뉴런처럼 전기를 이용하지는 않지만, '뉴런송신기'라고 불리는 화학물질을 방출하고 감지한다. 과학자들은 이러한 화학적 신호의 연쇄반응을 통해 신경교 세포가 전체 뉴런을 조정한다고 추론했다.

A연구팀은 신경교 세포가 전체 뉴런을 조정하면서 기억력과 사고력을 향상시킨다고 예상하고서, 이를 확인하기 위해 인간의 신경교 세포를 갓 태어난 생쥐의 두뇌에 주입했다. 쥐가 자라면서 주입된 인간의 신경교 세포도 성장했다. 이 세포들은 쥐의 뉴런들과 완벽하게 결합되어 쥐의 두뇌 전체에 걸쳐 퍼지게 되었다. 심지어 어느 두뇌 영역에서는 쥐의 뉴런의 숫자를 능가하기도 했다. 뉴런과 달리 쥐와 인간의 신경교 세포는 비교적 쉽게 구별된다. 인간의 신경교 세포는 매우 길고 무성한 섬유질을 가지기 때문이다. 쥐에 주입된 인간의 신경교 세포는 그 기능을 그대로 간직한다. 그렇게 성장한 쥐들은 다른 쥐들과 잘 어울렸고, 다른 쥐들의 관심을 끄는 것에 흥미를 보였다. 이 쥐들은 미로를 통과해 치즈를 찾는 테스트에서 더 뛰어났다. 보통의 쥐들은 네다섯 번의 시도 끝에 올바른 길을 배웠지만, 인간의 신경교 세포를 주입받은 쥐들은 두 번 만에 학습했다.

① 인간의 신경교 세포를 쥐에게 주입하면, 쥐의 뉴런은 전기 신호를 전달하지 못할 것이다.
② 인간의 뉴런 세포를 쥐에게 주입하면, 쥐의 두뇌에는 화학적 신호의 연쇄 반응이 더 활발해질 것이다.
③ 인간의 뉴런 세포를 쥐에게 주입하면, 그 뉴런 세포는 쥐의 두뇌 유지에 필요한 영양을 공급할 것이다.
④ 인간의 신경교 세포를 쥐에게 주입하면, 그 신경교 세포는 쥐의 뉴런을 보다 효과적으로 조정할 것이다.
⑤ 인간의 신경교 세포를 쥐에게 주입하면, 그 신경교 세포는 쥐의 신경교 세포의 기능을 갖도록 변화할 것이다.

**14** 다음 글을 통해 추론할 수 있는 내용으로 적절하지 않은 것은?

> 오골계(烏骨鷄)라는 단어를 들었을 때 머릿속에 떠오르는 이미지는 어떤가? 아마 대부분의 사람들은 볏부터 발끝까지 새까만 닭의 모습을 떠올릴지도 모르겠다. 하지만 사실 이것은 토착종인 오계로, 오골계와는 엄밀히 구분되는 종이다. 그렇다면 오골계와 오계는 정확히 어떠한 차이가 있을까?
>
> 흔히 시장에 유통되고 있는 오골계는 정확히는 일제강점기에 유입된 '실키'라는 품종에서 비롯된 혼합종이라고 할 수 있다. 살과 가죽, 뼈 등이 검정에 가까운 자색을 띠지만 흰색이나 붉은 갈색의 털을 지니기도 한다. 병아리 또한 흰 솜털로 덮여 있으며 발가락 수가 5개인 것이 특징이다.
>
> 연산오계라고도 불리는 오계는 대한민국 천연기념물 제265호로 지정되어 충남 논산시에 위치한 국내 유일의 오계 사육 농장에서만 사육되고 있다. 살과 가죽, 뼈는 물론 털까지 검으며 야생성이 강하고 사육기간이 길어 기르는 것이 쉽지 않은 것으로 알려져 있다. 병아리 또한 검은색을 띠고 발가락 수가 일반 닭과 같은 4개이기에 구분이 어렵지는 않다.
>
> 오계라는 명칭은 동의보감에서 그 이름과 함께 약효와 쓰임새가 기록되어 있는 것을 토대로 최소 선조 이전부터 사육되었던 것으로 추정하고 있다. 하지만 현재는 그 수가 적어 천연기념물로 보호하기 위한 종계 개체 수 1,000마리를 유지하고 있으며, 그 외의 종계로써의 가치가 끝난 퇴역종계와 비 선발 종계후보들만이 식용으로 쓰이고 있다.

① 털의 색을 통해 오골계와 오계를 구분할 수 있을 것이다.

② 손질된 오골계와 오계 고기를 구분하기는 어려울 것이다.

③ 살이 검은 것을 제외하면 오골계와 일반 닭은 큰 차이가 없다고 볼 수 있다.

④ 오계는 병아리 때부터 다른 닭과 구분하기 쉽다고 할 수 있다.

⑤ 오계는 식재보다는 약용으로 더 많이 쓰였을 것으로 짐작할 수 있다.

**15** 다음 기사의 (가) ~ (마) 문단의 소제목으로 적절하지 않은 것은?

> (가) 우리 경제는 1997년을 기준으로 지난 30년간 압축성장을 이룩하는 과정에서 많은 문제점을 안게 되었다. 개발을 위한 물자 동원을 극대화하는 과정에서 가명·무기명 금융거래 등 잘못된 금융 관행이 묵인되어 음성·불로 소득이 널리 퍼진 소위 지하경제가 번창한 것이다.
>
> (나) 이에 따라 계층 간 소득과 조세 부담의 불균형이 심화되었으며, 재산의 형성 및 축적에 대한 불신이 팽배해져 우리 사회의 화합과 지속적인 경제성장의 장애 요인이 되고 있었다. 또한 비실명거래를 통해 부정한 자금이 불법 정치자금·뇌물·부동산투기 등에 쓰이면서 각종 비리와 부정부패의 온상이 되기도 하였다. 이로 인하여 일반 국민들 사이에 위화감이 조성되었으며, 대다수 국민들의 근로의욕을 약화시키는 요인이 되었다.
>
> (다) 이와 같이 비실명 금융거래의 오랜 관행에서 발생되는 폐해가 널리 번짐에 따라 우리 경제가 더 나은 경제로 진입하기 위해서는 금융실명제를 도입하여 금융거래를 정상화할 필요가 절실했으며, 그러한 요구가 사회단체를 중심으로 격렬하게 제기되었다.
>
> (라) 이에 문민정부는 과거 정권에서 부작용을 우려하여 실시를 유보하였던 금융실명제를 과감하게 도입했다. 금융실명제는 모든 금융거래를 실제의 명의(實名)로 하도록 함으로써 금융거래와 부정부패·부조리를 연결하는 고리를 차단하여 깨끗하고 정의로운 사회를 구현하고자 하는 데 의미가 있었다.
>
> (마) 이러한 금융실명제가 도입되면서 금융 거래의 투명성은 진전되었으나 여전히 차명 거래와 같은 문제점은 존재했다. 이전까지는 탈세 목적을 가진 차명 거래가 적발되어도 법률로 계좌를 빌려준 사람과 실소유주를 처벌할 수 없었던 것이다.

① (가) : 잘못된 금융 관행으로 나타난 지하경제
② (나) : 비실명 금융거래의 폐해
③ (다) : 금융실명제의 경제적 효과
④ (라) : 금융실명제의 도입과 의미
⑤ (마) : 금융실명제 도입에서 나타난 허점

**16** 다음 글을 읽고 올바르게 이해한 것은?

> 세계 식품 시장의 20%를 차지하는 할랄식품(Halal Food)은 '신이 허용한 음식'이라는 뜻으로 이슬람 율법에 따라 생산, 처리, 가공되어 무슬림들이 먹거나 사용할 수 있는 식품을 말한다. 이런 기준이 적용된 할랄식품은 엄격하게 생산되고 유통과정이 투명하기 때문에 일반 소비자들에게도 좋은 평을 얻고 있다.
> 할랄식품 시장은 최근들어 급격히 성장하고 있는데 이의 가장 큰 원인은 무슬림 인구의 증가이다. 무슬림은 최근 20년 동안 5억 명 이상의 인구증가를 보이고 있어서 많은 유통업계들이 할랄식품을 위한 생산라인을 설치하는 등의 노력을 하고 있다.
> 그러나 할랄식품을 수출하는 것은 쉬운 일이 아니다. 신이 '부정한 것'이라고 하는 모든 것으로부터 분리돼야 하기 때문이다. 또한, 국제적으로 표준화된 기준이 없다는 것도 할랄식품 시장의 성장을 방해하는 요인이다. 세계 할랄 인증 기준만 200종에 달하고 수출업체는 각 무슬림 국가마다 별도의 인증을 받아야 한다. 전문가들은 이대로라면 할랄 인증이 무슬림 국가들의 수입장벽이 될 수 있다고 지적한다.

① 할랄식품은 무슬림만 먹어야 하는 식품이다.
② 할랄식품의 이미지 덕분에 소비자들에게 인기가 좋다.
③ 할랄식품 시장의 급격한 성장으로 유통업계에서 할랄식품을 위한 생산라인을 설치 중이다.
④ 표준화된 할랄 인증 기준을 통과하면 모든 무슬림 국가에 수출이 가능하다.

**17** 다음 제시문으로부터 추론할 수 있는 것은?

> 미국 사회에서 동양계 미국인 학생들은 '모범적 소수 인종(Model Minority)'으로, 즉 미국의 교육체계 속에서 뚜렷하게 성공한 소수 인종의 전형으로 간주되어 왔다. 그리고 그들은 성공적인 학교생활을 통해 주류 사회에 동화되고 이것에 의해 사회적 삶에서 인종주의의 영향을 약화시킨다는 주장으로 이어졌다. 하지만 동양계 미국인 학생들이 이렇게 정형화된 이미지처럼 인종주의의 장벽을 넘어 미국 사회의 구성원으로 참여하고 있는가는 의문이다. 미국 사회에서 동양계 미국인 학생들의 인종적 정체성은 다수자인 '백인'의 특성이 장점이라고 생각하는 것과 소수자인 동양인의 특성이 단점이라고 생각 하는 것의 사이에서 구성된다. 그리고 이것은 그들에게 두 가지 보이지 않는 결과를 제공한다. 하나는 대부분의 동양계 미국인 학생들이 인종적인 차이에 대한 그들의 불만을 해소하고 인종 차이에서 발생하는 차별을 피하고자 백인이 되기를 원하는 것이다. 다른 하나는 다른 사람들이 자신을 동양인으로 연상하지 않도록 자신 스스로 동양인들의 전형적인 모습에서 벗어나려고 하는 것이다. 그러므로 모범적 소수 인종으로서의 동양계 미국인 학생은 백인에 가까운 또는 동양인에서 먼 '미국인'으로 성장할 위험 속에 있다.

① '모범적 소수 인종'은 특유의 인종적 정체성을 내면화하고 있다.
② '동양계 미국인 학생들'의 성공은 일시적이고 허구적인 것이다.
③ 모든 소수 인종 집단은 인종 차이가 초래할 부정적인 효과에 대해 의식하고 있다.
④ 여러 집단의 인종은 사회에서 한정된 자원의 배분을 놓고 갈등하고 있다.

**18** 다음 글의 내용을 가장 잘 설명하는 사자성어는?

> 금융그룹이 발표한 자료에 따르면 최근 수년간 자영업 창업은 감소 추세에 있고, 폐업은 증가 추세에 있다. 즉, 창업보다 폐업이 많아지고 있는데 가장 큰 이유는 영업비용이 지속적으로 느는 데 비해 영업이익은 감소하고 있기 때문이다. 특히 코로나19 상황에서 더욱 어려워지고 있다. 우리나라 자영업자 중 70%가 저부가가치 사업에 몰려 있어 산업 구조 자체를 바꾸지 않으면 이런 현상은 점점 커질 것이다. 하지만 정부는 종합 대책이라고 하면서 대출, 카드 수수료 인하, 전용 상품권 발행 등의 대책만 마련하였다. 이것은 일시적인 효과일 뿐 지나친 경쟁으로 인한 경쟁력 하락이라는 근본적 문제를 해결하지 못한다. 오히려 대출 등의 정책은 개인의 빚만 늘린 채 폐업을 하게 되는 상황을 초래할 수 있다. 저출산 고령화가 가속되고 있는 현재 근본적인 대책이 필요하다.

① 유비무환
② 근주자적
③ 동족방뇨
④ 세불십년

**19** 다음 (가) ~ (마) 문장을 논리적 순서대로 알맞게 배열한 것은?

> (가) 한 연구팀은 1979년부터 2017년 사이 덴먼 빙하의 누적 얼음 손실량이 총 2,680억 톤에 달한다는 것을 밝혀냈고, 이탈리아우주국(ISA) 위성 시스템의 간섭계* 자료를 이용해 빙하가 지반과 분리되어 바닷물에 뜨는 지점인 '지반선(Grounding Line)'을 정확히 측정했다.
> (나) 남극대륙에서 얼음의 양이 압도적으로 많은 동남극은 최근 들어 빠르게 녹고 있는 서남극에 비해 지구 온난화의 위협을 덜 받는 것으로 생각되어 왔다.
> (다) 그러나 동남극의 덴먼(Denman) 빙하 등에 대한 정밀조사가 이뤄지면서 동남극 역시 지구 온난화의 위협을 받고 있다는 증거가 속속 드러나고 있다.
> (라) 이것은 덴먼 빙하의 동쪽 측면에서는 빙하 밑의 융기부가 빙하의 후퇴를 저지하는 역할을 한 반면, 서쪽 측면은 깊고 가파른 골이 경사져 있어 빙하 후퇴를 가속하는 역할을 하는 데 따른 것으로 분석됐다.
> (마) 그 결과 1996년부터 2018년 사이 덴먼 빙하의 육지를 덮은 얼음인 빙상(Ice Sheet)의 육지 – 바다 접점 지반선 후퇴가 비대칭성을 보인 것으로 나타났다.
> *간섭계 : 동일한 광원에서 나오는 빛을 두 갈래 이상으로 나눈 후 다시 만났을 때 일어나는 간섭현상을 관찰하는 기구

① (가) – (나) – (다) – (라) – (마)
② (가) – (마) – (라) – (다) – (나)
③ (나) – (다) – (가) – (마) – (라)
④ (나) – (라) – (가) – (다) – (마)

**20** 다음 중 (가)와 (나)에 대한 추론으로 옳은 것은?

---

최근 경제신문에는 기업의 사회적 책임을 반영한 마케팅 용어들이 등장하고 있다. 그중 하나인 코즈 마케팅(Cause Marketing)은 기업이 환경, 보건, 빈곤 등과 같은 사회적인 이슈, 즉 코즈(Cause)를 기업의 이익 추구를 위해 활용하는 마케팅 기법으로, 기업이 추구하는 사익과 사회가 추구하는 공익을 동시에 얻는 것을 목표로 한다. 소비자는 사회적인 문제들을 해결하려는 기업의 노력에 호의적인 반응을 보이게 되고, 결국 기업의 선한 이미지가 제품 구매에 영향을 미치는 것이다.

미국의 카드 회사인 (가) <u>아메리칸 익스프레스</u>는 1850년 설립 이후 전 세계에 걸쳐 개인 및 기업에 대한 여행이나 금융 서비스를 제공하고 있다. 1983년 아메리칸 익스프레스사는 기존 고객이 자사의 신용카드로 소비할 때마다 1센트씩, 신규 고객이 가입할 때마다 1달러씩 '자유의 여신상' 보수 공사를 위해 기부하기로 하였다. 해당 기간 동안 기존 고객의 카드 사용률은 전년 동기 대비 28% 증가하였고, 신규 카드의 발급 규모는 45% 증가하였다.

현재 코즈 마케팅을 활발하게 펼치고 있는 대표적인 사회적 기업으로는 미국의 신발 회사인 (나) <u>탐스(TOMS)</u>가 있다. 탐스의 창업자는 여행을 하던 중 가난한 아이들이 신발을 신지도 못한 채로 거친 땅을 밟으면서 각종 감염에 노출되는 것을 보고 그들을 돕기 위해 신발을 만들었고, 신발 하나를 구매하면 아프리카 아이들에게도 신발 하나를 선물한다는 'One for One' 마케팅을 시도했다. 이를 통해 백만 켤레가 넘는 신발이 기부되었고, 소비자는 만족감을 얻는 동시에 어려운 아이들을 도왔다는 충족감을 얻게 되었다. 전 세계의 많은 소비자들이 동참하면서 탐스는 3년 만에 4,000%의 매출을 올렸다.

---

① (가)는 기업의 사익보다 공익을 우위에 둔 마케팅을 펼침으로써 신규 고객을 확보할 수 있었다.

② (가)가 큰 이익을 얻을 수 있었던 이유는 소비자의 니즈(Needs)를 정확히 파악했기 때문이다.

③ (나)는 기업의 설립 목적과 어울리는 코즈(Cause)를 연계시킴으로써 높은 매출을 올릴 수 있었다.

④ (나)는 높은 매출을 올렸으나, 기업의 일방적인 기부 활동으로 인해 소비자의 공감을 이끌어 내는 데 실패하였다.

⑤ (나)는 기업의 사회적 책임을 강조하기 위해 기업의 실익을 포기하였지만, 오히려 반대의 효과를 얻을 수 있었다.

※ 다음 글을 읽고, 이어지는 질문에 답하시오. [21~22]

4차 산업혁명은 인공지능(AI) 등의 정보통신기술(ICT)이 기존의 산업에 융합되어 일어나는 혁신을 가리킨다. 따라서 산업의 기술적 변화를 가리키는 '4차 산업혁명'은 산업 분류에서의 '4차 산업'과 다른 개념을 의미한다.

4차 산업혁명은 생산능력과 효율성에 큰 향상을 불러올 것으로 예상된다. 4차 산업혁명의 키워드라 불리는 인공지능, 빅데이터, 3D프린팅, 드론, VR, 사물인터넷 등 기술의 융·복합은 단순한 노동구조의 변화를 넘어 기획과 창조의 영역까지 인간을 대체할 것으로 보이며, 생산이라는 패러다임의 변화를 가져올 것으로 예상된다.

특히 제조업에서는 '아이디어를 구체화하는 인공지능 시스템', '즉각적인 고객 맞춤형 생산', '자원효율성과 제품 수명주기를 ㉠ 관장하는 가상생산 시스템' 등이 현실화될 것으로 보인다. 이를 제조업의 디지털화·서비스화·스마트화라 한다.

이러한 4차 산업혁명의 변화는 우리의 삶을 더욱 풍족하게 하겠지만, 한편으로는 사람들의 일자리가 줄어 대량실업 사태가 발생할 수 있다는 우려도 꾸준히 제기된다.

| 2021년 하반기 포스코그룹

**21** 윗글 다음에 이어질 내용으로 가장 적절한 것은?

① 4차 산업혁명의 긍정적 영향
② 4차 산업혁명의 부정적 영향
③ 4차 산업혁명의 정의 및 유형
④ 4차 산업혁명과 4차 산업의 차이점

| 2021년 하반기 포스코그룹

**22** 다음 중 밑줄 친 ㉠과 의미가 유사한 것은?

① 처리하다  ② 방관하다
③ 장관하다  ④ 권장하다

※ 다음은 매슬로우의 인간 욕구 5단계 이론을 설명한 자료이다. 다음 자료를 읽고 이어지는 질문에 답하시오.
   **[23~25]**

(가) 이러한 인간 욕구 5단계는 경영학에서 두 가지 의미로 널리 사용된다. 하나는 인사 분야에서 인간의 심리를 다루는 의미로 쓰인다. 그 예로는 승진이나 보너스, 주택 전세금 대출 등 사원들에게 동기부여를 위한 다양한 보상의 방법을 만드는 데 사용한다. 사원들이 회사 생활을 좀 더 잘할 수 있도록 동기를 부여할 때 주로 사용한다 하여 '매슬로우의 동기부여론'이라고도 부른다.

(나) 인간의 욕구는 치열한 경쟁 속에서 살아남으려는 생존 욕구부터 시작해 자아실현 욕구에 이르기까지 끝이 없다. 그런데 이런 인간의 욕구는 얼마나 다양하고 또 욕구 간에는 어떤 순차적인 단계가 있는 걸까? 이런 본질적인 질문에 대해 에이브러햄 매슬로우(Abraham Maslow)는 1943년 인간 욕구에 관한 학설을 제안했다. 이른바 '매슬로우의 인간 욕구 5단계 이론(Maslow's Hierarchy of Needs)'이다. 이 이론에 의하면 사람은 누구나 다섯 가지 욕구를 가지고 태어나며, 이들 다섯 가지 욕구에는 우선순위가 있어서 단계가 구분된다.

(다) 좀 더 자세히 보자. 첫 번째 단계는 생리적 욕구이다. 숨 쉬고, 먹고, 자고, 입는 등 우리 생활에 있어서 가장 기본적인 요소들이 포함된 단계이다. 사람이 하루 세 끼 밥을 먹는 것, 때마다 화장실에 가는 것, 그리고 종족 번식 본능 등이 이 단계에 해당한다. 두 번째 단계는 <u>(A) 안전 욕구</u>이다. 우리는 흔히 놀이동산에서 롤러코스터를 탈 때 '혹시 이 기구가 고장이 나서 내가 다치지는 않을까?' 하는 염려를 한다. 이처럼 안전 욕구는 신체적, 감정적, 경제적 위험으로부터 보호받고 싶은 욕구이다. 세 번째 단계는 소속과 애정의 욕구이다. 누군가를 사랑하고 싶은 욕구, 어느 한 곳에 소속되고 싶은 욕구, 친구들과 교제하고 싶은 욕구, 가족을 이루고 싶은 욕구 등이 여기에 해당한다. 네 번째 단계는 존경 욕구이다. 우리가 흔히들 말하는 명예욕, 권력욕 등이 이 단계에 해당한다. 즉, 누군가로부터 높임을 받고 싶고, 주목과 인정을 받으려 하는 욕구이다. 마지막으로 다섯 번째 단계는 자아실현 욕구이다. 존경 욕구보다 더 높은 욕구로 역량, 통달, 자신감, 독립심, 자유 등이 있다. 매슬로우는 최고 수준의 욕구로 이 자아실현 욕구를 강조했다. 모든 단계가 기본적으로 충족돼야만 이뤄질 수 있는 마지막 단계로 자기 발전을 이루고 자신의 잠재력을 끌어내어 극대화할 수 있는 단계라 주장한 것이다.

(라) 사람은 가장 기초적인 욕구인 생리적 욕구(Physiological Needs)를 맨 먼저 채우려 하며, 이 욕구가 어느 정도 채워지면 안전해지려는 욕구(Safety Needs)를, 안전 욕구가 어느 정도 채워지면 사랑과 소속 욕구(Love & Belonging)를, 그리고 더 나아가 존경 욕구(Esteem)와 마지막 욕구인 자아실현 욕구(Self-Actualization)를 차례대로 채우려 한다. 즉, 사람은 5가지 욕구를 채우려 하되 우선순위에 있어서 가장 기초적인 욕구부터 차례로 채우려 한다는 것이다.

(마) 다른 하나는 마케팅 분야에서 소비자의 욕구를 채우기 위해 단계별로 다른 마케팅 전략을 적용하는 데 사용한다. 예를 들면, 채소를 구매하려는 소비자가 안전의 욕구를 갖고 있다고 가정하자. 마케팅 전략을 짜는 사람이라면 '건강'에 기초한 마케팅 전략을 구상해야 할 것이다. 마케팅 담당자가 고객의 욕구보다 더 높은 수준의 가치를 제공한다면, 고객 만족을 실현할 수 있는 지름길이자 기회인 것이다.

❘ 2020년 하반기 포스코그룹

**23** 다음 (가) ~ (마) 문단을 순서대로 나열한 것은?

① (나) – (라) – (다) – (가) – (마)

② (라) – (다) – (가) – (마) – (나)

③ (나) – (다) – (가) – (마) – (라)

④ (라) – (다) – (나) – (마) – (가)

**24** 제시문을 읽고 이해한 내용으로 적절하지 않은 것은?

① 배고플 때 맛있는 음식이 생각나는 것은 인간 욕구 5단계 중 첫 번째 단계에 해당한다.

② 사람은 가장 기초적인 욕구부터 차례로 채우려 한다.

③ 우수한 사원을 위한 성과급은 매슬로우의 동기부여론 사례로 볼 수 있다.

④ 행복한 가정을 이루고 싶어 하는 것은 존경 욕구에 해당한다.

**25** 제시문의 밑줄 친 (A)에 대한 사례로 적절한 것은?

① 돈을 벌어 부모에게서 독립하고 싶은 A씨

② 야근에 지쳐 하루 푹 쉬고 싶어 하는 B씨

③ 노후 대비를 위해 연금보험에 가입한 C씨

④ 동호회 활동을 통해 다양한 사람들을 만나고 싶은 D씨

## | 수리 |

**01** S학원에 초급반 A, B, C와 고급반 가, 나, 다 수업이 있다. 6개 수업을 순차적으로 개설하려고 할 때, 고급반 수업은 이어서 개설되고, 초급반 수업은 이어서 개설되지 않는 경우의 수는?

① 12가지          ② 24가지

③ 36가지          ④ 72가지

⑤ 144가지

**Easy**

**02** A가 속한 동아리에는 총 6명이 활동 중이며, 올해부터 조장을 뽑기로 하였다. 조장은 매년 1명이며, 1년마다 새로 뽑는다. 연임은 불가능할 때 올해부터 3년 동안 A가 조장을 두 번 할 확률은?(단, 3년 동안 해당 동아리에서 인원 변동은 없었다)

① $\dfrac{1}{3}$          ② $\dfrac{1}{10}$

③ $\dfrac{1}{15}$          ④ $\dfrac{1}{30}$

⑤ $\dfrac{1}{40}$

**03** B대리는 집에서 거리가 14km 떨어진 회사에 출근할 때 자전거를 이용해 1시간 30분 동안 이동하고, 퇴근할 때는 회사에서 6.8km 떨어진 가죽공방을 들렸다가 취미활동 후 10km 거리를 이동하여 집에 도착한다. 퇴근할 때 회사에서 가죽공방까지 18분, 가죽공방에서 집까지 1시간이 걸린다면 B대리가 출·퇴근할 때 평균속력은 몇 km/h인가?

① 10km/h          ② 11km/h

③ 12km/h          ④ 13km/h

⑤ 14km/h

**04** 초콜릿을 3명이 나눠 먹었을 때 2개가 남고, 4명이 나눠 먹었을 때도 2개가 남는다. 초콜릿은 25개 이하일 때 이 초콜릿을 7명이 나눠 먹을 경우 남는 초콜릿은 몇 개인가?

① 0개                                    ② 1개

③ 2개                                    ④ 3개

⑤ 4개

**05** 농도가 25%인 소금물 200g에 농도가 10%인 소금물을 섞었다. 섞은 후 소금물에 함유된 소금의 양이 55g일 때 섞은 후의 소금물의 농도는 얼마인가?

① 20%                                    ② 21%

③ 22%                                    ④ 23%

⑤ 24%

**Hard**

**06** S사에서는 A상품을 생산하는 데 모두 10억 원의 생산비용이 발생하며, A상품의 개당 원가는 200원, 정가는 300원이다. 생산한 A상품을 정가에서 25% 할인하여 판매했을 때 손해를 보지 않으려면 몇 개 이상 생산해야 하는가? (단, 이외의 비용은 생각하지 않고 생산한 A상품은 모두 판매된다. 또한 원가에는 생산비용이 포함되어 있지 않다)

① 3천만 개                                ② 4천만 개

③ 5천만 개                                ④ 6천만 개

⑤ 7천만 개

**07** 20억 원을 투자하여 10% 수익이 날 확률은 50%이고, 원가 그대로일 확률은 30%, 10% 손해를 볼 확률은 20%일 때 기대수익은?

① 4,500만 원

② 5,000만 원

③ 5,500만 원

④ 6,000만 원

⑤ 6,500만 원

**Hard**

**08** A, B, C가 함께 작업하였을 때에는 6일이 걸리는 일이 있다. 이 일을 A와 B가 같이 작업하였을 때에는 12일이 걸리고, B와 C가 같이 작업하였을 때에는 10일이 걸린다. B가 혼자 일을 다 했을 때에는 며칠이 걸리겠는가?(단, A, B, C 모두 혼자 일했을 때의 능률과 함께 일했을 때의 능률은 같다)

① 56일

② 58일

③ 60일

④ 62일

⑤ 64일

**09** 은경이는 태국 여행에서 A, B, C, D 네 종류의 손수건을 총 9장 구매했으며, 그 중 B손수건은 3장, 나머지는 각각 같은 개수를 구매했다. 기념품으로 친구 3명에게 종류가 다른 손수건 3장씩 나눠줬을 때, 가능한 경우의 수는?

① 5가지

② 6가지

③ 7가지

④ 8가지

⑤ 9가지

**Hard**

**10** S사는 A, B사로부터 동일한 양의 부품을 공급받는다. A사가 공급하는 부품의 0.1%는 하자가 있는 제품이고, B사가 공급하는 부품은 0.2%가 하자가 있는 제품이다. S사는 공급받은 부품 중 A사로부터 공급받은 부품 50%와 B사로부터 공급받은 부품 80%를 선별하였다. 이 중 한 부품을 검수하였는데 하자가 있는 제품일 때, 그 제품이 B사 부품일 확률은?(단, 선별 후에도 제품의 불량률은 변하지 않는다)

① $\dfrac{15}{21}$　　　　　　　　　　　② $\dfrac{16}{21}$

③ $\dfrac{17}{21}$　　　　　　　　　　　④ $\dfrac{18}{21}$

⑤ $\dfrac{19}{21}$

**Easy**

**11** 며칠 전 Q씨는 온라인 쇼핑몰 S마켓에서 한 개당 7,500원인 A상품을 6개, 한 개당 8,000원인 B상품을 5개를 구매하였고 배송비는 무료였다. 오늘 두 물건을 받아본 Q씨는 마음에 들지 않아 두 물건을 모두 반품하고 회수되는 금액으로 한 개당 5,500원인 C상품을 사려고 한다. A상품과 B상품을 반품할 때 반품 배송비는 총 5,000원이며, C상품을 구매할 때에는 3,000원의 배송비가 발생한다. C상품을 몇 개 구매할 수 있는가?

① 14개　　　　　　　　　　　② 15개
③ 16개　　　　　　　　　　　④ 17개
⑤ 18개

**12** S사의 회의실 기존 비밀번호는 862#이다. T부장은 기존 비밀번호에서 첫 번째에서 세 번째 자리까지는 0 ~ 9의 숫자를 사용하고, 마지막 네 번째 자리는 특수기호 #, *을 사용하여 비밀번호를 변경하였다. 이때 S사 회의실의 변경된 비밀번호가 기존 비밀번호 네 자리 중 한 자리와 그 문자가 같을 확률(예 726#)은?(단, 0 ~ 9의 숫자는 중복하여 사용할 수 있다)

① $\dfrac{972}{1,000}$　　　　　　　　　　② $\dfrac{486}{1,000}$

③ $\dfrac{376}{1,000}$　　　　　　　　　　④ $\dfrac{243}{1,000}$

⑤ $\dfrac{154}{1,000}$

**13** 다음은 A씨가 1월부터 4월까지 지출한 외식비이다. 1월부터 5월까지의 평균 외식비가 120,000원 이상 130,000원 이하가 되게 하려고 할 때, A씨가 5월에 최대로 사용할 수 있는 외식비는?

**〈월별 외식비〉**

(단위 : 원)

| 1월 | 2월 | 3월 | 4월 | 5월 |
|---|---|---|---|---|
| 110,000 | 180,000 | 50,000 | 120,000 | ? |

① 14만 원
② 15만 원
③ 18만 원
④ 19만 원

**14** △△사는 프린터를 새로 구입하거나 대여하려 한다. 프린터를 구입하는 경우에는 프린터 가격 200,000원과 매달 15,000원의 유지비를 내고, 대여하는 경우에는 매달 22,000원의 대여료만 낸다. 이때 프린터를 구입하여 최소 몇 개월 이상 사용하면 대여하는 경우보다 이득인가?

① 29개월
② 27개월
③ 25개월
④ 23개월

**15** 철도 길이가 720m인 터널이 있다. A기차는 터널을 완전히 빠져나갈 때까지 56초가 걸리고, 기차 길이가 A기차보다 40m 짧은 B기차는 160초가 걸렸다. 두 기차가 터널 양 끝에서 동시에 출발하면 $\frac{1}{4}$ 지점에서 만난다고 할 때, B기차의 길이는 얼마인가?(단, 기차 속력은 일정하다)

① 50m
② 60m
③ 70m
④ 80m

**16** 한 도로에 신호등이 연속으로 2개가 있다. 첫 번째 신호등은 6초 동안 불이 켜져 있다가 10초 동안 꺼진다. 두 번째 신호등은 8초 동안 불이 켜져 있다가 4초 동안 꺼져 있다. 두 신호등이 동시에 불이 들어왔을 때, 다시 동시에 불이 켜지는 순간은 몇 초 후인가?

① 50초 후　　　　　　　　　　　② 48초 후

③ 46초 후　　　　　　　　　　　④ 44초 후

**Easy**

**17** 고객 만족도 센터에서 고객이 만족하면 +3, 불만족하면 −4점이 적용된다. 100명의 고객에게 만족도를 조사했을 때, 고객관리 점수를 80점 이상 받으려면 최대 몇 명의 고객에게 불만족을 받아도 되는가?

① 17명　　　　　　　　　　　② 31명

③ 32명　　　　　　　　　　　④ 52명

**18** 5% 소금물에 소금 40g을 넣었더니 25%의 소금물이 됐다. 이때 처음 5% 소금물의 양은?

① 130g　　　　　　　　　　　② 140g

③ 150g　　　　　　　　　　　④ 160g

⑤ 170g

**19** 욕조에 A탱크로 물을 채웠을 때 18분에 75%를 채울 수 있다. 욕조의 물을 전부 뺀 후, 15분간 A탱크로 물을 채우다 B탱크로 채울 때 B탱크로만 물을 채우는 데 걸리는 시간은?(B탱크는 A보다 1.5배 빠르게 채운다)

① 2분 ② 3분
③ 4분 ④ 5분
⑤ 6분

**20** S사 직원은 각자 하나의 프로젝트를 선택하여 진행해야 하며 X, Y, Z프로젝트 중 선택되지 않은 프로젝트는 진행하지 않아도 상관없다. X, Y, Z프로젝트 중 X프로젝트는 대리만, Y프로젝트는 사원만, Z프로젝트는 누구나 진행할 수 있다. 대리 2명, 사원 3명이 프로젝트를 선택하여 진행하는 경우의 수는?

① 16가지 ② 32가지
③ 36가지 ④ 48가지
⑤ 72가지

**21** A는 0.8km의 거리를 12분 만에 걸어간 후 36km/h의 속력의 버스에 탑승해 8분 동안 이동하여 목적지에 도착했다. 다음날 A가 자전거를 이용해 같은 시간 동안 같은 경로로 이동할 때 평균 속력은?

① 1.80km/분 ② 1.00km/분
③ 0.50km/분 ④ 0.28km/분
⑤ 0.15km/분

**22** 서울 지사에 근무하는 A와 B는 X와 Y경로를 이용하여 부산 지사로 외근을 갈 예정이다. X경로를 이용하여 이동을 하면 A가 B보다 1시간 늦게 도착한다. A는 X경로로 이동하고 B는 X경로보다 160km 긴 Y경로로 이동하면 A가 B보다 1시간 빨리 도착한다. 이때 B의 속력은?

① 40km/h

② 50km/h

③ 60km/h

④ 70km/h

⑤ 80km/h

**23** 1 ~ 9까지의 수가 적힌 카드를 철수와 영희가 한 장씩 뽑았을 때 영희가 철수보다 큰 수가 적힌 카드를 뽑는 경우의 수는?

① 16가지

② 32가지

③ 36가지

④ 38가지

⑤ 64가지

**24** S사는 주사위를 굴려 1이 나오면 당첨, 2, 3, 4가 나오면 꽝이고, 5 이상인 경우는 가위바위보를 통해 이겼을 때 당첨이 되는 이벤트를 하였다. 가위바위보에 비겼을 때에는 가위바위보를 한 번 더 할 수 있는 재도전의 기회를 얻으며 재도전은 한 번만 할 수 있다. 이때 당첨될 확률은?

① $\dfrac{1}{54}$

② $\dfrac{13}{54}$

③ $\dfrac{17}{54}$

④ $\dfrac{7}{14}$

⑤ $\dfrac{9}{14}$

**Easy**

**25** S사는 작년에 직원이 총 45명이었다. 올해는 작년보다 안경을 쓴 사람은 20%, 안경을 쓰지 않은 사람은 40% 증가하여 총 58명이 되었다. 퇴사한 직원은 없다고 할 때 올해 입사한 사람 중 안경을 쓴 사람의 수는?

① 5명                          ② 10명
③ 15명                         ④ 20명
⑤ 25명

**26** 6개의 문자 A, B, C, 1, 2, 3로 여섯 자리 조합을 만들려고 한다. 다음 〈조건〉에 따라 여섯 자리의 문자조합을 만든다고 할 때, 가능한 여섯 자리 조합의 경우의 수는?

> **조건**
> • 1 ~ 3번째 자리에는 알파벳, 4 ~ 6번째 자리에는 숫자가 와야 한다.
> • 각 문자는 중복 사용이 가능하지만 동일한 알파벳은 연속으로 배치할 수 없다.
>   예 11A(○), 1AA(×), ABA(○)

① 225가지                      ② 256가지
③ 300가지                      ④ 324가지
⑤ 365가지

**27** 다음은 마트 유형별 비닐봉투·종량제봉투·종이봉투·에코백·개인장바구니 사용률을 조사한 자료이다. 이에 대한 설명으로 〈보기〉에서 옳은 것을 모두 고른 것은?

〈마트 유형별 비닐봉투·종량제봉투·종이봉투·에코백·개인장바구니 사용률〉

| 구분 | 대형마트<br>(2,000명 대상) | 중형마트<br>(800명 대상) | 개인마트<br>(300명 대상) | 편의점<br>(200명 대상) |
|---|---|---|---|---|
| 비닐봉투 | 7% | 18% | 21% | 78% |
| 종량제봉투 | 28% | 37% | 43% | 13% |
| 종이봉투 | 5% | 2% | 1% | 0% |
| 에코백 | 16% | 7% | 6% | 0% |
| 개인장바구니 | 44% | 36% | 29% | 9% |

※ 마트 유형별 전체 조사자 수는 상이하다.

**보기**

ㄱ. 대형마트의 종이봉투 사용자 수는 중형마트의 6배 이상이다.

ㄴ. 대형마트의 종량제봉투 사용자 수는 전체 종량제봉투 사용자 수의 절반 이하이다.

ㄷ. 비닐봉투 사용률이 가장 높은 곳과 비닐봉투 사용자 수가 가장 많은 곳은 동일하다.

ㄹ. 편의점을 제외한 마트의 규모가 커질수록 개인장바구니의 사용률은 증가한다.

① ㄱ, ㄹ  ② ㄱ, ㄴ, ㄷ

③ ㄱ, ㄷ, ㄹ  ④ ㄴ, ㄷ, ㄹ

**28** S사는 매년 A기계와 B기계를 생산한다. 다음과 같은 규칙으로 생산할 때, 2025년에 두 기계의 총 생산량은?

〈A, B기계 생산대수〉

(단위 : 대)

| 구분 | 2015년 | 2016년 | 2017년 | 2018년 | 2019년 | 2020년 |
|---|---|---|---|---|---|---|
| A기계 | 20 | 23 | 26 | 29 | 32 | 35 |
| B기계 | 10 | 11 | 14 | 19 | 26 | 35 |

① 130대

② 140대

③ 150대

④ 160대

⑤ 170대

**29** S사에서 생산하는 A제품과 B제품의 매출액은 다음과 같다. 매출액 추이가 동일하게 유지될 때, 두 제품의 매출액을 합쳐서 300억 원을 초과하는 연도는 언제인가?

〈A, B제품 매출액〉

(단위 : 억 원)

| 구분 | 2016년 | 2017년 | 2018년 | 2019년 | 2020년 |
|---|---|---|---|---|---|
| A제품 | 100 | 101 | 103 | 107 | 115 |
| B제품 | 80 | 78 | 76 | 74 | 72 |

① 2021년

② 2022년

③ 2023년

④ 2024년

⑤ 2025년

**30** 다음은 지역별 7급 공무원 현황을 나타낸 자료이다. 자료에 대한 설명으로 옳은 것은?

〈지역별 7급 공무원 현황〉

(단위 : 명)

| 구분 | 남성 | 여성 | 합계 |
|------|------|------|------|
| 서울 | 14,000 | 11,000 | 25,000 |
| 경기 | 9,000 | 6,000 | 15,000 |
| 인천 | 9,500 | 10,500 | 20,000 |
| 부산 | 7,500 | 5,000 | 12,500 |
| 대구 | 6,400 | 9,600 | 16,000 |
| 광주 | 4,500 | 3,000 | 7,500 |
| 대전 | 3,000 | 1,800 | 4,800 |
| 울산 | 2,100 | 1,900 | 4,000 |
| 세종 | 1,800 | 2,200 | 4,000 |
| 강원 | 2,200 | 1,800 | 4,000 |
| 충청 | 8,000 | 12,000 | 20,000 |
| 전라 | 9,000 | 11,000 | 20,000 |
| 경상 | 5,500 | 4,500 | 10,000 |
| 제주 | 2,800 | 2,200 | 5,000 |
| 합계 | 85,300 | 82,500 | 167,800 |

※ 수도권 : 서울, 경기, 인천

① 남성 공무원 수가 여성 공무원 수보다 많은 지역은 5곳이다.
② 광역시 중 남성 공무원 수와 여성 공무원 수 차이가 가장 큰 지역은 울산이다.
③ 인천 여성 공무원 비율과 세종 여성 공무원 비율의 차이는 2.5%p이다.
④ 수도권 전체 공무원 수와 광역시 전체 공무원 수의 차이는 5,000명 이상이다.
⑤ 제주지역 전체 공무원 중 남성 공무원의 비율은 55%이다.

**31** 다음은 주요업종별 영업이익을 비교한 자료이다. 자료에 대한 설명으로 옳지 않은 것은?

〈주요업종별 영업이익 비교〉

(단위 : 억 원)

| 구분 | 2019년 1분기 영업이익 | 2019년 4분기 영업이익 | 2020년 1분기 영업이익 |
|---|---|---|---|
| 반도체 | 40,020 | 40,540 | 60,420 |
| 통신 | 5,880 | 6,080 | 8,880 |
| 해운 | 1,340 | 1,450 | 1,660 |
| 석유화학 | 9,800 | 9,880 | 10,560 |
| 건설 | 18,220 | 19,450 | 16,410 |
| 자동차 | 15,550 | 16,200 | 5,240 |
| 철강 | 10,740 | 10,460 | 820 |
| 디스플레이 | 4,200 | 4,620 | -1,890 |
| 자동차부품 | 3,350 | 3,550 | -2,110 |
| 조선 | 1,880 | 2,110 | -5,520 |
| 호텔 | 980 | 1,020 | -3,240 |
| 항공 | -2,880 | -2,520 | 120 |

① 2019년 1분기보다 2019년 4분기의 영업이익은 모든 업종에서 높다.

② 2020년 1분기 영업이익이 전년 동기 대비 영업이익보다 높은 업종은 5개이다.

③ 2020년 1분기 영업이익이 적자가 아닌 업종 중 영업이익이 직전 분기 대비 감소한 업종은 3개이다.

④ 2019년 1, 4분기에 흑자였다가 2020년 1분기에 적자로 전환된 업종은 4개이다.

⑤ 항공업은 2019년 1, 4분기에 적자였다가 2020년 1분기에 흑자로 전환되었다.

**32** 다음은 연령대별 삶의 만족도에 대해 조사한 자료이다. 자료에 대한 〈보기〉의 설명 중 옳은 것을 모두 고른 것은?

<연령대별 삶의 만족도>

(단위 : %)

| 구분 | 매우 만족 | 만족 | 보통 | 불만족 | 매우 불만족 |
|------|-----------|------|------|--------|-------------|
| 10대 | 8 | 11 | 34 | 28 | 19 |
| 20대 | 3 | 13 | 39 | 28 | 17 |
| 30대 | 5 | 10 | 36 | 39 | 10 |
| 40대 | 11 | 17 | 48 | 16 | 8 |
| 50대 | 14 | 18 | 42 | 23 | 3 |

※ 긍정적인 답변 : 매우 만족, 만족, 보통
※ 부정적인 답변 : 불만족, 매우 불만족

**보기**

㉠ 연령대가 높아질수록 '매우 불만족'이라고 응답한 비율은 낮아진다.
㉡ 모든 연령대에서 '매우 만족'과 '만족'이라고 응답한 비율이 가장 낮은 연령대는 20대이다.
㉢ 모든 연령대에서 긍정적인 답변을 한 비율은 50% 이상이다.
㉣ 50대에서 '불만족' 또는 '매우 불만족'이라고 응답한 비율은 '만족' 또는 '매우 만족'이라고 응답한 비율의 80% 이하이다.

① ㉠, ㉢    ② ㉠, ㉣
③ ㉡, ㉢    ④ ㉡, ㉣

**33** 다음은 연령별 3월 및 4월 코로나 신규 확진자 수 현황을 지역별로 조사한 자료이다. 자료에 대한 설명으로 옳은 것은?(단, 비율은 소수점 둘째 자리에서 반올림한다)

〈연령별 코로나 신규 확진자 수 현황〉

(단위 : 명)

| 지역 | 기간 | 10대 미만 | 10대 | 20대 | 30대 | 40대 | 50대 | 60대 | 70대 이상 | 전체 |
|---|---|---|---|---|---|---|---|---|---|---|
| A | 3월 | 7 | 29 | 34 | 41 | 33 | 19 | 28 | 35 | 226 |
| A | 4월 | 5 | 18 | 16 | 23 | 21 | 2 | 22 | 14 | 121 |
| B | 3월 | 6 | 20 | 22 | 33 | 22 | 35 | 12 | 27 | 177 |
| B | 4월 | 1 | 5 | 10 | 12 | 18 | 14 | 5 | 13 | 78 |
| C | 3월 | 2 | 26 | 28 | 25 | 17 | 55 | 46 | 29 | 228 |
| C | 4월 | 2 | 14 | 22 | 19 | 2 | 15 | 26 | 22 | 122 |
| D | 3월 | 3 | 11 | 22 | 20 | 9 | 21 | 54 | 19 | 159 |
| D | 4월 | 1 | 2 | 21 | 11 | 5 | 2 | 41 | 12 | 95 |
| E | 3월 | 4 | 58 | 30 | 37 | 27 | 41 | 22 | 57 | 276 |
| E | 4월 | 2 | 14 | 15 | 21 | 13 | 22 | 11 | 44 | 142 |
| F | 3월 | 9 | 39 | 38 | 59 | 44 | 45 | 54 | 32 | 320 |
| F | 4월 | 2 | 29 | 33 | 31 | 22 | 31 | 36 | 12 | 196 |
| G | 3월 | 0 | 8 | 10 | 29 | 48 | 22 | 29 | 39 | 185 |
| G | 4월 | 0 | 3 | 2 | 22 | 11 | 8 | 2 | 13 | 61 |
| H | 3월 | 4 | 15 | 11 | 52 | 21 | 31 | 34 | 48 | 216 |
| H | 4월 | 3 | 9 | 4 | 14 | 9 | 20 | 12 | 22 | 93 |
| I | 3월 | 2 | 11 | 18 | 35 | 4 | 33 | 21 | 19 | 143 |
| I | 4월 | 0 | 4 | 4 | 12 | 4 | 21 | 7 | 2 | 54 |

① 각 지역의 10대 미만 4월 신규 확진자 수는 전월 대비 감소하였다.

② 20대 신규 확진자 수가 10대 신규 확진자 수보다 적은 지역 수는 3월과 4월이 동일하다.

③ 3월 신규 확진자 수가 세 번째로 많은 지역의 4월 신규 확진자 수가 가장 많은 연령대는 20대이다.

④ H지역의 4월 신규 확진자 수가 4월 전체 지역의 신규 확진자 수에서 차지하는 비율은 10% 이상이다.

⑤ 3월 대비 4월 신규 확진자 수의 비율은 F지역이 G지역의 2배 이상이다.

**34** 다음은 2019년도 주택보급률에 대한 표이다. 표에 대한 해석으로 옳은 것은?

〈2019년 주택보급률 현황〉

| 구분 | 2019년 | | |
|---|---|---|---|
| | 가구 수(만 가구) | 주택 수(만 호) | 주택보급률(약 %) |
| 전국 | 1,989 | 2,072 | 104 |
| 수도권 | 967 | 957 | 99 |
| 지방 | 1,022 | 1,115 | 109 |
| 서울 | 383 | 368 | 96 |
| 부산 | 136 | 141 | 103 |
| 대구 | 95 | 99 | 104 |
| 인천 | 109 | 110 | 101 |
| 광주 | 57 | 61 | 107 |
| 대전 | 60 | 61 | 102 |
| 울산 | 43 | 47 | 110 |
| 세종 | 11 | 12 | 109 |
| 경기 | 475 | 479 | 100 |
| 강원 | 62 | 68 | 110 |
| 충북 | 64 | 72 | 113 |
| 충남 | 85 | 95 | 112 |
| 전북 | 73 | 80 | 110 |
| 전남 | 73 | 82 | 112 |
| 경북 | 109 | 127 | 116 |
| 경남 | 130 | 143 | 110 |
| 제주 | 24 | 26 | 108 |

※ (주택보급률)$= \dfrac{(주택 수)}{(가구 수)} \times 100$

※ 수도권은 서울, 인천, 경기 지역이며, 지방은 수도권 외에 모든 지역이다.

① 전국 주택보급률보다 낮은 지역은 모두 수도권 지역이다.

② 수도권 외 지역 중 주택 수가 가장 적은 지역의 주택보급률보다 높은 지역은 다섯 곳이다.

③ 가구 수가 주택 수보다 많은 지역은 전국에서 가구 수가 세 번째로 많다.

④ 지방 전체 주택 수의 10% 이상을 차지하는 수도권 외 지역 중 지방 주택보급률보다 낮은 지역의 주택보급률과 전국 주택보급률의 차이는 약 1%p이다.

⑤ 주택 수가 가구 수의 1.1배 이상인 지역에서 가구 수가 세 번째로 적은 지역의 주택보급률은 지방 주택보급률보다 약 2%p 높다.

**35** 다음은 산업통상자원부의 최근 3년간 기업규모별 지원액을 나타낸 자료이다. 이에 대한 설명으로 적절하지 않은 것은?

〈연간 기업규모별 산업통상자원부 지원액〉

(단위 : 개)

| 구분 | 지원액 | 5억 미만 | 5억 이상 10억 미만 | 10억 이상 20억 미만 | 20억 이상 50억 미만 | 50억 이상 100억 미만 |
|---|---|---|---|---|---|---|
| 2019년 | 대기업 | 4 | 11 | 58 | 38 | 22 |
|  | 중견기업 | 11 | 88 | 124 | 32 | 2 |
|  | 중소기업 | 244 | 1,138 | 787 | 252 | 4 |
| 2018년 | 대기업 | 8 | 12 | 62 | 42 | 25 |
|  | 중견기업 | 22 | 99 | 184 | 28 | 1 |
|  | 중소기업 | 223 | 982 | 669 | 227 | 3 |
| 2017년 | 대기업 | 9 | 25 | 66 | 54 | 28 |
|  | 중견기업 | 18 | 111 | 155 | 29 | 2 |
|  | 중소기업 | 188 | 774 | 552 | 201 | 1 |

① 매년 산업통상자원부 지원금을 지급받는 대기업 수는 감소하는 반면, 중소기업의 수는 증가하고 있다.

② 2019년 중소기업 총지원액은 대기업 총지원액보다 많다.

③ 대기업과 중견기업은 지원액 규모가 10억 이상 20억 미만에서, 중소기업은 5억 이상 10억 미만에서 가장 많은 기업이 산업통상자원부 지원금을 지급받는다.

④ 2019년 산업통상자원부 지원금을 지급받는 총 기업 수가 2,815개라면 그 중 중소기업이 차지하는 비율은 85% 미만이다.

**36** 다음은 최근 3년간 한국 출발 항공노선의 이용객 수를 나타낸 자료이다. 이에 대해 〈보기〉에서 옳은 것을 모두 고른 것은?(단, 소수점 둘째 자리에서 반올림한다)

〈연간 한국 출발 항공노선의 이용객 수〉

(단위 : 천 명)

| 구분 | 2017년 | 2018년 | 2019년 | 전체 |
|---|---|---|---|---|
| 한국 → 제주 | 128 | 134 | 154 | 416 |
| 한국 → 중국 | 252 | 235 | 256 | 743 |
| 한국 → 일본 | 118 | 122 | 102 | 342 |
| 한국 → 싱가폴 | 88 | 102 | 133 | 323 |
| 한국 → 독일 | 75 | 81 | 88 | 244 |
| 한국 → 영국 | 123 | 111 | 108 | 342 |
| 한국 → 스페인 | 288 | 270 | 302 | 860 |
| 한국 → 미국 | 102 | 145 | 153 | 400 |
| 한국 → 캐나다 | 210 | 198 | 222 | 630 |
| 한국 → 브라질 | 23 | 21 | 17 | 61 |
| 전체 | 1,407 | 1,419 | 1,535 | 4,361 |

**보기**

ⓐ 2017년 대비 2018년 이용객 수가 증가한 항공노선 개수와 감소한 항공노선 개수는 동일하다.
ⓒ 2017년부터 2019년까지의 총 이용객 수는 아시아행 – 유럽행 – 아메리카행 순으로 많다.
ⓒ 전체 이용객 중 제주행노선 이용객 비율의 전년 대비 차이는 2018년이 2019년보다 높다.
ⓔ 2017년부터 2019년 동안 이용객 수가 적은 하위 2개의 항공노선은 동일하다.

① ㉠, ㉡
② ㉡, ㉣
③ ㉠, ㉡, ㉢
④ ㉠, ㉡, ㉣

다음은 엔화 대비 원화 환율과 달러화 대비 환율 추이 자료이다. 〈보기〉 중 다음 자료에 대한 설명으로 옳은 것을 모두 고른 것은?

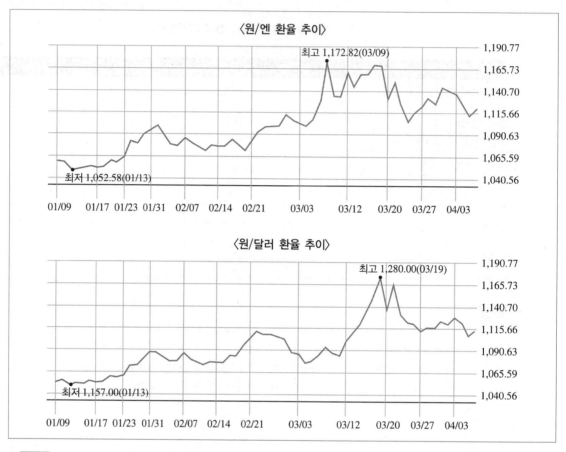

〈보기〉

ㄱ. 원/엔 환율은 3월 한 달 동안 1,200원을 상회하는 수준에서 등락을 반복했다.

ㄴ. 2월 21일의 원/달러 환율은 지난주보다 상승하였다.

ㄷ. 3월 12일부터 3월 19일까지 달러화의 강세가 심화되는 추세를 보였다.

ㄹ. 3월 27일의 달러/엔 환율은 3월 12일보다 상승하였다.

① ㄱ, ㄴ          ② ㄱ, ㄷ

③ ㄴ, ㄷ          ④ ㄴ, ㄹ

**38** 다음은 국민연금 자산별 수익률과 연말에 계획하는 다음 연도 자산별 투자 비중에 관한 그래프이다. 그래프에 대한 해석으로 옳지 않은 것은?

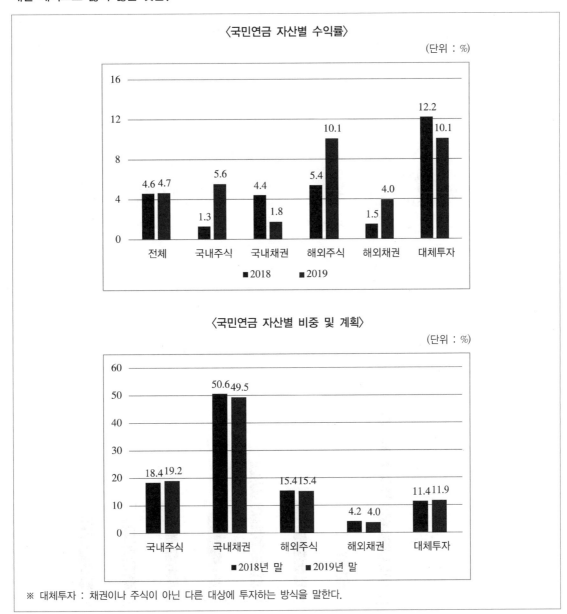

〈국민연금 자산별 수익률〉

(단위 : %)

〈국민연금 자산별 비중 및 계획〉

(단위 : %)

※ 대체투자 : 채권이나 주식이 아닌 다른 대상에 투자하는 방식을 말한다.

① 2018 ~ 2019년 동안 주식 및 채권 수익률의 합은 국내보다 해외가 항상 높다.

② 자산별 수익률 결과에 비례하여 다음 연도 자산별 투자 비중을 계획하지 않았다.

③ 2019년과 2020년을 대비하여 계획한 자산별 투자 비중이 높은 순서는 동일하다.

④ 2018년도에 해외주식 수익률보다 낮은 자산들의 2019년 말 비중의 합은 68.9%이다.

다음은 해외국가별 3월에 1주간 발생한 코로나19 확진자 수와 4월 15일을 기준으로 100만 명당 확진자 수를 정리한 그래프이다. 그래프에 대한 해석으로 옳은 것은?(단, 비율은 소수점 둘째 자리에서 반올림한다)

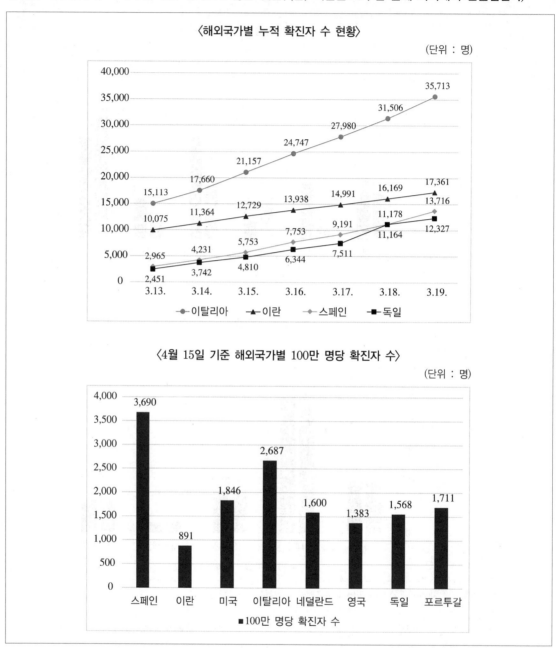

〈해외국가별 누적 확진자 수 현황〉

(단위 : 명)

〈4월 15일 기준 해외국가별 100만 명당 확진자 수〉

(단위 : 명)

① 3월 14일부터 18일까지 새로 양성판정을 받은 확진자 수의 평균은 이탈리아가 독일의 2배 이상이다.
② 4월 15일 기준 스페인의 100만 명당 확진자 수의 40%보다 적은 국가는 이란, 영국, 독일이다.
③ 이란에서 3월 16일부터 19일까지 발생한 확진자 수가 두 번째로 많은 날은 19일이다.
④ 4월 15일 기준 100만 명당 확진자 수가 세 번째로 적은 국가의 3월 17일에 발생한 확진자 수는 1,534명이다.

**40** 다음 그래프를 보고 이해한 것으로 옳지 <u>않은</u> 것은?

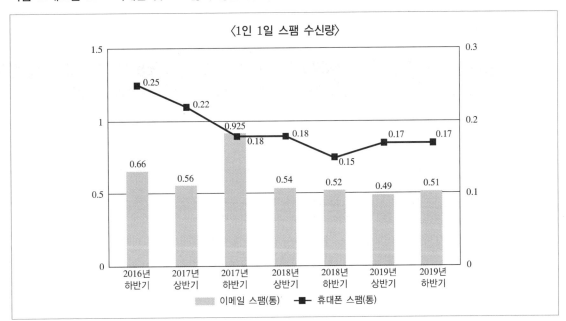

① 이메일과 휴대폰 모두 스팸 수신량이 가장 높은 시기는 2017년 하반기이다.

② 이메일 스팸 수신량이 휴대폰 스팸 수신량보다 항상 많다.

③ 이메일과 휴대폰 스팸 수신량 사이에 밀접한 관련이 있다고 보기 어렵다.

④ 이메일 스팸 총수신량의 평균은 휴대폰 스팸 총수신량 평균의 3배 이상이다.

**41** 다음은 우편매출액에 관한 자료이다. 자료에 대한 해석으로 올바르지 않은 것은?

〈우편매출액〉

(단위 : 만 원)

| 구분 | 2015년 | 2016년 | 2017년 | 2018년 | 2019년 | | | | |
|------|--------|--------|--------|--------|--------|------|------|------|------|
| | | | | | 소계 | 1분기 | 2분기 | 3분기 | 4분기 |
| 일반통상 | 11,373 | 11,152 | 10,793 | 11,107 | 10,899 | 2,665 | 2,581 | 2,641 | 3,012 |
| 특수통상 | 5,418 | 5,766 | 6,081 | 6,023 | 5,946 | 1,406 | 1,556 | 1,461 | 1,523 |
| 소포우편 | 3,390 | 3,869 | 4,254 | 4,592 | 5,017 | 1,283 | 1,070 | 1,292 | 1,372 |
| 합계 | 20,181 | 20,787 | 21,128 | 21,722 | 21,862 | 5,354 | 5,207 | 5,394 | 5,907 |

① 매년 매출액이 가장 높은 분야는 일반통상 분야이다.

② 1년 집계를 기준으로 매년 매출액이 꾸준히 증가하고 있는 분야는 소포우편 분야뿐이다.

③ 2019년 1분기 우편매출액에서 특수통상 분야의 매출액이 차지하고 있는 비율은 20% 이상이다.

④ 2019년 소포우편 분야의 2015년 대비 매출액 증가율은 70% 이상이다.

**Hard**

**42** 다음은 중성세제 브랜드별 용량 및 가격을 정리한 표이다. 각 브랜드마다 용량에 대한 가격을 조정했을 때, 각 브랜드별 판매 가격 및 용량의 변경 전과 변경 후에 대한 판매 금액 차이가 올바르게 연결된 것은?

〈브랜드별 중성세제 판매 가격 및 용량〉

(단위 : 원, L)

| 구분 | 변경 전 | 1L 당 가격 | 용량 | 변경 후 | 1L 당 가격 | 용량 |
|------|--------|-----------|------|--------|-----------|------|
| A브랜드 | | 8,000 | 1.3 | | 8,200 | 1.2 |
| B브랜드 | | 7,000 | 1.4 | | 6,900 | 1.6 |
| C브랜드 | | 3,960 | 2.5 | | 4,000 | 2.0 |
| D브랜드 | | 4,300 | 2.4 | | 4,500 | 2.5 |

| | A브랜드 | B브랜드 | C브랜드 | D브랜드 |
|---|--------|--------|--------|--------|
| ① | 550원 증가 | 1,220원 감소 | 2,000원 증가 | 930원 증가 |
| ② | 550원 감소 | 1,240원 증가 | 1,900원 증가 | 930원 증가 |
| ③ | 560원 감소 | 1,240원 증가 | 1,900원 감소 | 930원 증가 |
| ④ | 560원 증가 | 1,240원 감소 | 2,000원 감소 | 900원 감소 |
| ⑤ | 560원 감소 | 1,220원 증가 | 1,900원 감소 | 900원 감소 |

※ 다음은 2021년 지역별 상수도 민원건수에 대한 자료이다. 이를 보고 이어지는 물음에 답하시오. **[43~44]**

〈지역별 상수도 민원건수〉

(단위 : 건)

| 구분 | 민원내용 | | | | |
|---|---|---|---|---|---|
| | 낮은 수압 | 녹물 | 누수 | 냄새 | 유충 |
| 서울 | 554 | 682 | 102 | 244 | 118 |
| 경기 | 120 | 203 | 84 | 152 | 21 |
| 대구 | 228 | 327 | 87 | 414 | 64 |
| 인천 | 243 | 469 | 183 | 382 | 72 |
| 부산 | 248 | 345 | 125 | 274 | 68 |
| 강원 | 65 | 81 | 28 | 36 | 7 |
| 대전 | 133 | 108 | 56 | 88 | 18 |
| 광주 | 107 | 122 | 87 | 98 | 11 |
| 울산 | 128 | 204 | 88 | 107 | 16 |
| 제주 | 12 | 76 | 21 | 23 | 3 |
| 세종 | 47 | 62 | 41 | 31 | 9 |

❙ 2021년 하반기 포스코그룹

**43** 다음 〈보기〉 중 자료에 대한 설명으로 옳은 것을 모두 고른 것은?

> 보기
>
> ㄱ. 경기 지역의 민원 중 40%는 녹물에 대한 것이다.
> ㄴ. 대구의 냄새에 대한 민원건수는 강원의 11.5배이고, 제주의 18배이다.
> ㄷ. 세종과 대전의 각 민원내용별 민원건수의 합계는 부산보다 작다.
> ㄹ. 수도권에서 가장 많은 민원은 녹물에 대한 것이고, 가장 낮은 민원은 유충에 대한 것이다.

① ㄱ, ㄴ        ② ㄱ, ㄷ
③ ㄱ, ㄹ        ④ ㄴ, ㄷ

❙ 2021년 하반기 포스코그룹

**44** 다음 중 자료를 보고 나타낼 수 없는 그래프는 무엇인가?

① 수도권과 수도권 외 지역 상수도 민원건수 발생 현황
② 광역시의 녹물 민원건수 발생 현황
③ 수도권 전체 민원건수 중 녹물에 대한 민원 비율
④ 지역별 유충발생건수 현황

※ 다음은 20,000명을 대상으로 연도별 운전면허 보유현황을 나타낸 자료이다. 이어지는 질문에 답하시오. [45~46]

<연령대별 운전면허 소지현황>

| 구분 | | 20대 | 30대 | 40대 | 50대 | 60대 | 70대 |
|---|---|---|---|---|---|---|---|
| 남성 | 소지비율 | 38% | 55% | 75% | 68% | 42% | 25% |
| | 조사인원 | 1,800명 | 2,500명 | 2,000명 | 1,500명 | 1,500명 | 1,200명 |
| 여성 | 소지비율 | 22% | 35% | 54% | 42% | 24% | 12% |
| | 조사인원 | 2,000명 | 1,400명 | 1,600명 | 1,500명 | 2,000명 | 1,000명 |

| 2021년 상반기 포스코그룹

**45** 다음 중 자료에 대한 설명으로 옳지 않은 것은?

① 운전면허 소지현황 비율이 가장 높은 연령대는 남성과 여성이 동일하다.
② 70대 여성의 운전면허 소지비율은 남성의 절반 이하이다.
③ 전체 조사자 중 20·30대가 차지하는 비율은 40% 이상이다.
④ 50대 운전면허 소지자는 1,500명 이상이다.

Easy

| 2021년 상반기 포스코그룹

**46** 다음 중 자료에 대한 설명으로 옳은 것은?

① 조사에 참여한 60·70대는 남성이 여성보다 많다.
② 40대 여성의 운전면허소지자는 40대 남성의 운전면허소지자의 55% 이하이다.
③ 20대 남성의 운전면허소지자는 70대 남성의 2.5배 이상이다.
④ 20·30대 여성의 운전면허소지자는 전체 조사자의 5% 미만이다.

※ 다음은 A국가의 인구동향에 관한 자료이다. 이어지는 질문에 답하시오. [47~48]

〈인구동향〉

(단위 : 만 명, %)

| 구분 | 2014년 | 2015년 | 2016년 | 2017년 | 2018년 |
|---|---|---|---|---|---|
| 전체 인구수 | 12,381 | 12,388 | 12,477 | 12,633 | 12,808 |
| 남녀성비 | 101.4 | 101.8 | 102.4 | 101.9 | 101.7 |
| 가임기 여성비율 | 58.2 | 57.4 | 57.2 | 58.1 | 59.4 |
| 출산율 | 26.5 | 28.2 | 29.7 | 31.2 | 29.2 |
| 남성 사망률 | 8.3 | 7.4 | 7.2 | 7.5 | 7.7 |
| 여성 사망률 | 6.9 | 7.2 | 7.1 | 7.8 | 7.3 |

※ 남녀성비 : 여자 100명당 남자 수

┃ 2020년 하반기 삼성그룹

**47** 다음 〈보기〉에서 제시된 자료에 대한 설명으로 옳은 것을 모두 고른 것은?(단, 인구수는 버림하여 만 명까지만 나타낸다)

보기

ㄱ. 전체 인구수는 2014년 대비 2018년에 5% 이상이 증가하였다.
ㄴ. 제시된 기간 동안 가임기 여성의 비율과 출산율의 증감 추이는 동일하다.
ㄷ. 출산율은 2014년부터 2017년까지 전년 대비 계속 증가하였다.
ㄹ. 출산율과 남성 사망률의 차이는 2017년에 가장 크다.

① ㄱ, ㄴ
② ㄱ, ㄷ
③ ㄴ, ㄷ
④ ㄴ, ㄹ
⑤ ㄷ, ㄹ

Easy

┃ 2020년 하반기 삼성그룹

**48** 다음 보고서에 밑줄 친 내용 중 옳지 않은 것은 모두 몇 개인가?

〈보고서〉

자료에 의하면 ㉠ 남녀성비는 2016년까지 증가하는 추이를 보이다가 2017년부터 감소했고, ㉡ 전체 인구수는 계속하여 감소하였다. ㉢ 2014년에는 남성 사망률이 최고치를 기록했다.
그 밖에도 ㉣ 2014년부터 2018년 중 여성 사망률은 2018년이 가장 높았으며, 이와 반대로 ㉤ 2018년은 출산율이 계속 감소하다가 증가한 해이다.

① 1개
② 2개
③ 3개
④ 4개
⑤ 5개

※ 다음은 2019년 발화요인에 따른 월별 화재발생현황이다. 자료를 읽고 이어지는 질문에 답하시오. **[49~50]**

<2019년 발화요인에 따른 월별 화재발생현황>

(단위 : 건)

| 항목 | 합계 | 전기적 요인 | 기계적 요인 | 화학적 요인 | 가스누출 | 교통사고 | 부주의 | 기타 |
|---|---|---|---|---|---|---|---|---|
| 합계 | 42,338 | 10,471 | 4,619 | 604 | 211 | 505 | 20,352 | 5,576 |
| 1월 | 4,083 | 1,065 | 504 | 36 | 32 | 53 | 1,838 | 555 |
| 2월 | 4,632 | 896 | 392 | 30 | 15 | 42 | 2,707 | 550 |
| 3월 | 3,875 | 892 | 406 | 53 | 11 | 37 | 2,033 | 443 |
| 4월 | 3,714 | 783 | 346 | 44 | 19 | 37 | 2,012 | 473 |
| 5월 | 3,038 | 819 | 340 | 32 | 22 | 46 | 1,374 | 405 |
| 6월 | 3,441 | 721 | 310 | 53 | 8 | 38 | 1,865 | 446 |
| 7월 | 3,409 | 1,104 | 424 | 84 | 10 | 41 | 1,292 | 454 |
| 8월 | 3,690 | 1,160 | 373 | 95 | 12 | 32 | 1,513 | 505 |
| 9월 | 2,517 | 677 | 265 | 52 | 12 | 44 | 1,088 | 379 |
| 10월 | 3,048 | 759 | 405 | 45 | 18 | 41 | 1,386 | 394 |
| 11월 | 2,954 | 688 | 377 | 33 | 25 | 45 | 1,366 | 420 |
| 12월 | 3,937 | 907 | 477 | 47 | 27 | 49 | 1,878 | 552 |

**Easy**

**49** 2019년 5월 화재발생 건수가 많은 순서로 발회요인을 나열한 것으로 옳은 것은?

① 기타 – 부주의 – 기계적 요인 – 전기적 요인 – 화학적 요인 – 가스누출 – 교통사고
② 부주의 – 전기적 요인 – 기타 – 기계적 요인 – 화학적 요인 – 교통사고 – 가스누출
③ 부주의 – 전기적 요인 – 기타 – 기계적 요인 – 교통사고 – 가스누출 – 화학적 요인
④ 부주의 – 전기적 요인 – 기타 – 기계적 요인 – 교통사고 – 화학적 요인 – 가스누출

**50** 다음 <보기>의 설명 중 자료에 대한 설명으로 옳지 않은 것을 모두 고른 것은?

보기

ㄱ. 가스누출로 인한 화재발생 건수는 10월 대비 11월에 증가하였다.
ㄴ. 2월에 부주의로 인한 화재발생 건수는 기타 요인으로 인한 화재발생 건수의 3배 이상이다.
ㄷ. 매월 기계적 요인으로 인한 화재발생 건수는 기타 요인으로 인한 화재발생 건수보다 적다.
ㄹ. 2019년에 두 번째로 많은 화재발생 건수를 차지하는 발화요인은 기계적 요인이다.

① ㄱ, ㄴ                    ② ㄱ, ㄷ
③ ㄴ, ㄷ                    ④ ㄷ, ㄹ

## | 추리 |

※ 제시된 명제가 모두 참일 때, 빈칸에 들어갈 명제로 가장 적절한 것을 고르시오. **[1~2]**

| 2021년 상반기 삼성그룹

**01**

- 전제1. 대한민국에 사는 사람은 국내 여행을 간다.
- 전제2. 김치찌개를 먹지 않는 사람은 국내 여행을 가지 않는다.
- 결론. _____

① 국내 여행을 가는 사람은 김치찌개를 먹지 않는다.
② 김치찌개를 먹는 사람은 대한민국에 사는 사람이다.
③ 대한민국에 사는 사람은 김치찌개를 먹는다.
④ 김치찌개를 먹지 않는 사람은 국내 여행을 간다.
⑤ 대한민국에 살지 않는 사람은 김치찌개를 먹는다.

Easy

| 2021년 상반기 삼성그룹

**02**

- 전제1. 작곡가를 꿈꾸는 사람은 TV 시청을 한다.
- 전제2. _____
- 결론. 안경을 쓰지 않은 사람은 작곡가를 꿈꾸지 않는다.

① 작곡가를 꿈꾸는 사람은 안경을 쓰지 않았다.
② TV 시청을 하는 사람은 안경을 쓰지 않았다.
③ 작곡가를 꿈꾸지 않은 사람은 안경을 쓰지 않았다.
④ 안경을 쓰지 않은 사람은 TV 시청을 하지 않는다.
⑤ 안경을 쓴 사람은 TV 시청을 한다.

**03** 제시문 A를 읽고, 제시문 B를 판단한 것으로 가장 옳은 것은?

[제시문 A]
- 오이보다 토마토가 더 비싸다.
- 토마토보다 참외가 더 비싸다.
- 파프리카가 가장 비싸다.

[제시문 B]
- 참외가 두 번째로 비싸다.

① 항상 참이다.
② 항상 거짓이다.
③ 알 수 없다.

**04** 운송관리팀 T주임은 다음 보에 따라 운송해야 한다. 다음 중 통행료가 가장 적게 소요되는 경로는?

- T주임은 새로 출시된 제품들을 A창고에서 S창고로 운송하는 경로를 계획 중이다.
- A창고에서 S창고로 이동 가능한 경로는 다음과 같다.

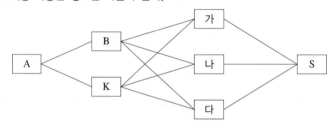

- 각 게이트에서 지불하는 통행료는 다음과 같다.

| 게이트 | 통행료 | 비고 |
|---|---|---|
| B | 46,100 | – |
| K | 37,900 | – |
| 가 | 38,400 | – |
| 나 | 51,500 | B게이트를 거쳐 온 경우 10% 할인 |
| 다 | 40,500 | K게이트를 거쳐 온 경우 5% 할인 |

① A – B – 가 – S
② A – B – 나 – S
③ A – K – 가 – S
④ A – K – 나 – S
⑤ A – K – 다 – S

※ 다음 제시문을 읽고 각 문장이 항상 참이면 ①, 거짓이면 ②, 알 수 없으면 ③을 고르시오. [5~6]

- 6명의 친구가 달리기를 했다.
- A는 3등으로 들어왔다.
- B는 꼴찌로 들어왔다.
- C는 E 바로 앞에 들어왔다.
- D는 F 바로 앞에 들어왔다.

| 2021년 상반기 SK그룹

**Easy**

**05** D가 4등이라면 E는 2등일 것이다.

① 참            ② 거짓            ③ 알 수 없음

| 2021년 상반기 SK그룹

**06** C는 1등으로 들어왔다.

① 참            ② 거짓            ③ 알 수 없음

| 2021년 하반기 CJ그룹

**07** A, B, C, D는 M아파트 10층에 살고 있다. 다음 〈조건〉을 고려하였을 때 다음 중 항상 거짓인 것을 고르면?

**조건**
- 아파트 10층의 구조는 다음과 같다.

| 계단 | 1001호 | 1002호 | 1003호 | 1004호 | 엘리베이터 |
|------|--------|--------|--------|--------|------------|

- A는 엘리베이터보다 계단이 더 가까운 곳에 살고 있다.
- C와 D는 계단보다 엘리베이터에 더 가까운 곳에 살고 있다.
- D는 A 바로 옆에 살고 있다.

① A보다 계단이 가까운 곳에 살고 있는 사람은 B이다.
② D는 1003호에 살고 있다.
③ 본인이 살고 있는 곳과 가장 가까운 이동 수단을 이용한다면 C는 엘리베이터를 이용할 것이다.
④ B가 살고 있는 곳에서 엘리베이터 쪽으로는 2명이 살고 있다.
⑤ C옆에는 D가 살고 있다.

**08** 다음 〈조건〉을 통해 추론할 때, 다음 중 항상 거짓이 되는 것은?

조건
- 6대를 주차할 수 있는 2행3열로 구성된 G주차장이 있다.
- G주차장에는 자동차 a, b, c, d가 주차되어 있다.
- 1행과 2행에 빈자리가 한 곳씩 있다.
- a자동차는 대각선을 제외하고 주변에 주차된 차가 없다.
- b자동차와 c자동차는 같은 행 바로 옆에 주차되어 있다.
- d자동차는 1행에 주차되어 있다.

① b자동차의 앞 주차공간은 비어있다.
② c자동차의 옆 주차공간은 빈자리가 없다.
③ a자동차는 2열에 주차되어 있다.
④ a자동차와 d자동차는 같은 행에 주차되어 있다.
⑤ d자동차와 c자동차는 같은 열에 주차되어 있다.

**09** 다음 〈조건〉을 통해 추론할 때, 다음 중 항상 거짓이 되는 것은?

조건
- A, B, C, D, E 다섯 명의 이름을 입사한 지 오래된 순서로 이름을 적었다.
- A와 B의 이름은 바로 연달아서 적혔다.
- C와 D의 이름은 연달아서 적히지 않았다.
- E는 C보다 먼저 입사하였다.
- 가장 최근에 입사한 사람은 입사한지 2년된 D이다.

① C의 이름은 A의 이름보다 먼저 적혔다.
② B는 E보다 먼저 입사하였다.
③ E의 이름 바로 다음에 C의 이름이 적혔다.
④ A의 이름은 B의 이름보다 나중에 적혔다.
⑤ B는 C보다 나중에 입사하였다.

**10** 다음 〈조건〉을 통해 추론할 때, 다음 중 항상 참인 것은?

> **조건**
> • 사원번호는 0부터 9까지 정수로 이루어졌다.
> • S사에 입사한 사원에게 부여되는 사원번호는 여섯 자리이다.
> • 2020년 상반기에 입사한 S사 신입사원의 사원번호 앞의 두 자리는 20이다.
> • 사원번호 앞의 두 자리를 제외한 나머지 자리에는 0이 올 수 없다.
> • 2020년 상반기 S사에 입사한 K씨의 사원번호는 앞의 두 자리를 제외하면 세 번째, 여섯 번째 자리의 수만 같다.
> • 사원번호 여섯 자리의 합은 9이다.

① K씨 사원번호의 세 번째 자리 수는 '1'이다.
② K씨의 사원번호는 '201321'이다.
③ K씨의 사원번호는 '201231'이 될 수 없다.
④ K씨의 사원번호 앞의 두 자리가 '20'이 아닌 '21'이 부여된다면 K씨의 사원번호는 '211231'이다.
⑤ K씨의 사원번호 네 번째 자리의 수가 다섯 번째 자리의 수보다 작다면 K씨의 사원번호는 '202032'이다.

**Hard**

**11** L사의 영업팀 팀장은 팀원들의 근태를 평가하기 위하여 영업팀 직원 A ~ F의 출근 시각을 확인하였다. 확인한 결과가 다음과 같을 때, 다음 중 항상 옳은 것은?(단, A ~ F의 출근 시각은 모두 다르며, 먼저 출근한 사람만 늦게 출근한 사람의 시간을 알 수 있다)

> • C는 E보다 먼저 출근하였다.
> • D는 A와 B보다 먼저 출근하였다.
> • E는 A가 도착하기 직전 또는 직후에 출근하였다.
> • E는 F보다 늦게 출근하였지만, 꼴찌는 아니다.
> • F는 B가 도착하기 바로 직전에 출근하였다.

① A는 B의 출근 시각을 알 수 있다.
② B는 C의 출근 시각을 알 수 있다.
③ C는 A ~ F의 출근 순서를 알 수 있다.
④ D가 C보다 먼저 출근했다면, A ~ F의 출근 순서를 알 수 있다.

**12** A, B, C, D, E는 서로 다른 숫자가 적힌 카드를 한 장씩 가지고 있다. 카드에는 1부터 5까지의 자연수가 하나씩 적혀 있고, 본인이 가지고 있는 카드에 대해 다음과 같이 진술하였다. 한 명이 거짓을 말하고 있을 때 가장 큰 숫자가 적힌 카드를 가지고 있는 사람은?

---

• A : 나는 제일 작은 숫자가 적힌 카드를 가지고 있어.
• B : 나는 C보다는 큰 수가, 5보다는 작은 수가 적힌 카드를 가지고 있어.
• C : 나는 A가 가지고 있는 카드에 적힌 숫자에 2를 곱한 수가 적힌 카드를 가지고 있어.
• D : 나는 E가 가지고 있는 카드에 적힌 숫자에서 1을 뺀 수가 적힌 카드를 가지고 있어.
• E : A가 가지고 있는 카드의 숫자보다 작은 수가 적힌 카드를 가지고 있어.

---

① A

② B

③ C

④ D

⑤ E

**13** L사에서 근무하고 있는 직원 갑, 을, 병, 정은 서로의 세미나 참석 여부에 관하여 다음과 같이 진술하였고, 이들 중 단 1명만이 진실을 말하였다. 이들 가운데 반드시 세미나에 참석하는 사람은 누구인가?(단, 진술한 사람은 거짓만 말하거나 진실만 말한다)

---

• 갑 : 나는 세미나에 참석하고, 을은 세미나에 참석하지 않는다.
• 을 : 갑과 병 중 적어도 한 명은 세미나에 참석한다.
• 병 : 나와 을 중 적어도 한 명은 세미나에 참석하지 않는다.
• 정 : 을과 병 중 한 명이라도 세미나에 참석한다면, 나도 세미나에 참석한다.

---

① 갑

② 을

③ 병

④ 정

**14** A, B, C, D, E 다섯 사람은 마스크를 사기 위해 차례대로 줄을 서고 있다. 네 사람이 진실을 말한다고 할 때, 다음 중 거짓말을 하는 사람은?

> • A : B 다음에 E가 바로 도착해서 줄을 섰어.
> • B : D는 내 바로 뒤에 줄을 섰지만 마지막은 아니었어.
> • C : 내 앞에 줄을 선 사람은 한 명뿐이야.
> • D : 내 뒤에는 두 명이 줄을 서고 있어.
> • E : A는 가장 먼저 마스크를 구입할 거야.

① A                        ② B
③ C                        ④ D
⑤ E

**15** A~E 5명은 아이스크림 가게에서 바닐라, 딸기, 초코맛 중에 한 개씩 주문하였다. 〈조건〉과 같을 때 다음 중 옳지 않은 것은?

> **조건**
> • C 혼자 딸기맛을 선택했다.
> • A와 D는 서로 같은 맛을 선택했다.
> • B와 E는 다른 맛을 선택했다.
> • 바닐라, 딸기, 초코맛 아이스크림은 각각 2개씩 있다.
> • 마지막에 주문한 E는 인원 초과로 선택한 아이스크림을 먹지 못했다.

① A가 바닐라맛을 선택했다면, E는 바닐라맛을 선택했다.
② C가 딸기맛이 아닌 초코맛을 선택하고 딸기맛은 아무도 선택하지 않았다면 C는 아이스크림을 먹지 못했을 것이다.
③ D보다 E가 먼저 주문했다면, E는 아이스크림을 먹었을 것이다.
④ A와 E가 같은 맛을 주문했다면, B와 D는 서로 다른 맛을 주문했다.
⑤ E가 딸기맛을 주문했다면, 모두 각자 선택한 맛의 아이스크림을 먹을 수 있었다.

**16** 하경이는 A, B, C 3종류의 과자를 총 15개 구매하였다. 3종류의 과자를 다음 주어진 〈정보〉에 맞게 구입했을 때, 〈보기〉에서 항상 옳은 것을 모두 고른 것은?

---

〈정보〉

• A, B, C과자는 각각 2개 이상 구매하였다.
• B과자는 A과자 개수의 2배 이상 구입하였다.
• C과자는 B과자 개수보다 같거나 많았다.
• A과자와 B과자 개수 합은 6개를 넘었다.

---

**보기**

ㄱ. 하경이가 B과자를 7개 이상 사지 않았다.
ㄴ. C과자는 7개 이상 구입하였다.
ㄷ. 하경이는 A과자를 2개 샀다.

---

① ㄱ                          ② ㄴ
③ ㄱ, ㄴ                      ④ ㄷ
⑤ ㄴ, ㄷ

**17** 세계의 여러 나라가 참가하는 축구 경기가 개최되었다. 조별로 예선전이 진행되었으며 K조인 A, B, C, D국의 예선 결과가 발표되었다. 전산 오류로 D국의 정보가 누락되었을 때 다음 중 K조 예선 결과에 대한 설명으로 옳지 않은 것은?

〈K조 예선 결과〉

| 국가 | 경기 | 승 | 무 | 패 | 득점 | 실점 | 승점 |
|------|------|-----|-----|-----|------|------|------|
| A | 3 | 2 | 0 | 1 | 8 | 7 | 6 |
| B | 3 | 0 | 1 | 2 | 5 | 7 | 1 |
| C | 3 | 1 | 0 | 2 | 4 | 6 | 3 |

※ 득점 : 경기에서 얻은 점수
※ 실점 : 경기에서 잃은 점수
※ 승점 : 경기에서 승리 시 3점, 무승부 시 1점, 패배 시 0점을 부여하여 합산한 점수
※ 각 조에서 승점이 가장 높은 국가가 본선에 진출할 수 있다.

① D국은 예선전에서 2번 승리하였다.
② B국과 D국의 경기는 무승부로 끝났다.
③ A국은 예선전에서 한 번 패하였지만 본선에 진출하였다.
④ D국은 A국과의 경기에서 승리하였다.
⑤ D국의 득점은 실점보다 3점이 높다.

**18** 필라테스 센터에서 평일에는 바렐, 체어, 리포머의 세 가지 수업이 동시에 진행되며, 토요일에는 리포머 수업만 진행된다. 센터 회원은 전용 어플을 통해 자신이 원하는 수업을 선택하여 1주일간의 운동 스케줄을 등록할 수 있다. 센터 회원인 L씨가 월요일부터 토요일까지 다음과 같이 운동 스케줄을 등록할 때, 다음 중 옳지 않은 것은?

> • 바렐 수업은 일주일에 1회 참여한다.
> • 체어 수업은 일주일에 2회 참여하되, 금요일에 1회 참여한다.
> • 리포머 수업은 일주일에 3회 참여한다.
> • 동일한 수업은 연달아 참여하지 않는다.
> • 월요일부터 토요일까지 하루에 1개의 수업을 듣는다.
> • 하루에 1개의 수업만 들을 수 있다.

① 월요일에 리포머 수업을 선택한다면, 화요일에는 체어 수업을 선택할 수 있다.
② 월요일에 체어 수업을 선택한다면, 수요일에는 바렐 수업을 선택할 수 있다.
③ 화요일에 체어 수업을 선택한다면, 수요일에는 바렐 수업을 선택할 수 있다.
④ 화요일에 바렐 수업을 선택한다면, 수요일에는 리포머 수업을 선택할 수 있다.

**19** 고등학교 동창인 A, B, C, D, E, F는 중국음식점에서 식사를 하기 위해 원형 테이블에 앉았다. 〈조건〉이 다음과 같을 때, 항상 옳은 것은?

> **조건**
> • E와 F는 서로 마주보고 앉아 있다.
> • C와 B는 붙어있다.
> • A는 F와 한 칸 떨어져 앉아 있다.
> • D는 F의 바로 오른쪽에 앉아 있다.

① A와 B는 마주보고 있다.
② A와 D는 붙어있다.
③ B는 F와 붙어있다.
④ C는 F와 붙어있다.
⑤ D는 C와 마주보고 있다.

**20** 친구 갑, 을, 병, 정은 휴일을 맞아 백화점에서 옷을 고르기로 했다. 〈조건〉이 다음과 같을 때 갑, 을, 병, 정이 고른 옷으로 옳은 것은?

> **조건**
> • 네 사람은 각각 셔츠, 바지, 원피스, 치마를 구입했다.
> • 병은 원피스와 치마 중 하나를 구입했다.
> • 갑은 셔츠와 치마를 입지 않는다.
> • 정은 셔츠를 구입하기로 했다.
> • 을은 치마와 원피스를 입지 않는다.

|   | 갑 | 을 | 병 | 정 |
|---|------|------|------|------|
| ① | 치마 | 바지 | 원피스 | 셔츠 |
| ② | 바지 | 치마 | 원피스 | 셔츠 |
| ③ | 치마 | 셔츠 | 원피스 | 바지 |
| ④ | 원피스 | 바지 | 치마 | 셔츠 |
| ⑤ | 바지 | 원피스 | 치마 | 셔츠 |

# 앞선 정보 제공! 도서 업데이트

## 언제, 왜 업데이트될까?

도서의 학습 효율을 높이기 위해 자료를 추가로 제공할 때!
기업체 인적성검사의 변동사항 발생 시 정보 공유를 위해!
기업체 채용 및 시험 관련 중요 이슈가 생겼을 때!

**01** 시대에듀 도서
www.sdedu.co.kr/book
홈페이지 접속

**02** 상단 카테고리
「도서업데이트」
클릭

**03** 해당
기업명으로
검색

참고자료, 시험 개정사항 등 정보 제공으로 학습효율을 높여 드립니다.

2022 상반기
All NEW 100% 전면개정

# KT그룹

## KT 종합인적성검사

### 6개년 기출문제 + 무료KT특강

## 기출이 답이다

판매량
**1위**
YES24 KT그룹
인적성검사
부문

# 정답 및 해설

**SD에듀**
(주)시대고시기획

[합격시대]
온라인 모의고사
무료쿠폰

[WiN시대로]
AI면접 무료쿠폰

영역별
**공략비법**
강의

10대기업
**면접 기출**
질문 자료집

잠깐!

도서 관련 최신 정보 및 정오사항이 있는지
우측 QR을 통해 확인해 보세요!

# 2021년 하반기 정답 및 해설

## |01| 언어

| 01 | 02 | 03 | 04 | 05 | | | | | |
|---|---|---|---|---|---|---|---|---|---|
| ③ | ④ | ④ | ① | ② | | | | | |

### 01 정답 ③

제시문은 또 다른 물의 재해인 '지진'의 피해에 대해 설명하는 글로, 두 번째 문단과 세 번째 문단은 '지진'의 피해에 대한 구체적인 사례를 제시하고 있다. 따라서 제목으로 가장 적절한 것은 ③이다.

### 02 정답 ④

제시문은 초상 사진이라는 상업가능성이 발견된 다게레오타입의 사진과, 초상 사진으로 쓰일 수는 없었지만 판화와의 유사함으로 화가들에게 활용된 칼로 타입 사진에 관한 글이다. 따라서 (바) 사진이 산업으로서의 가능성을 최초로 보여 준 분야인 초상 사진 → (라) 초상 사진에 사용되는 다게레오타입 → (가) 많은 돈을 벎 → (마) 초상 사진보다는 풍경 · 정물 사진에 제한적으로 이용되던 칼로 타입 → (나) 칼로 타입이 그나마 퍼진 프랑스 → (다) 판화와 유사함을 발견하고 이 기법을 활용 순으로 연결되어야 한다.

### 03 정답 ④

제시문은 청소년들의 과도한 불안이 집중을 방해하여 학업 수행에 부정적으로 작용한다고 주장한다. 따라서 이러한 주장에 대한 반박으로는 오히려 불안이 긍정적으로 작용할 수 있다는 내용의 ④가 가장 적절하다.

### 04 정답 ①

첫 번째 문단에서 주시경이 늣씨 개념을 도입한 것은 서양의 블룸필드보다 훨씬 이전이라고 하였으므로 적절하지 않다.

**오답분석**
② 첫 번째 문단의 '과학적 연구 방법이 전무하다시피 했던 국어학 연구에서, 그는 단어의 원형을 밝혀 적는 형태주의적 입장을 가지고 독자적으로 문법 현상을 분석하고 이론으로 체계화하는 데 힘을 쏟았다.'는 내용으로 알 수 있다.
③ 세 번째 문단의 '그는 맞춤법을 확립하는 정책에도 자신의 학문적 성과를 반영하고자 했다.'는 내용으로 알 수 있다.
④ 두 번째 문단의 '그는 언어를 민족의 정체성을 나타내는 징표로 보았으며, 국가와 민족의 발전이 말과 글에 달려 있다고 생각하여 국어 교육에 온 힘을 다하였다.'는 내용으로 알 수 있다.
⑤ 세 번째 문단의 '1907년에 설치된 국문 연구소의 위원으로 국어 정책을 수립하는 일에도 적극 참여하였다.'는 내용으로 알 수 있다.

### 05 정답 ②

밑줄 친 부분에서 전달하고자 하는 바는 우리가 의도하는 바와 그 결과가 반드시 일치(동일)하지는 않는다는 것이다.

# | 02 | 언어 · 수추리

| 01 | 02 | 03 | 04 | 05 | 06 | 07 | | | |
|---|---|---|---|---|---|---|---|---|---|
| ③ | ④ | ④ | ③ | ③ | ① | ③ | | | |

## 01 　정답 　③

민수가 철수보다, 영희가 철수보다, 영희가 민수보다 숨은 그림을 더 많이 찾았다. 따라서 영희 – 민수 – 철수 순서로 숨은 그림을 더 많이 찾았다.

## 02 　정답 　④

진실을 말하는 사람이 1명뿐인데, 만약 E의 말이 거짓이라면 5명 중에 먹은 사과의 개수가 겹치는 사람은 없어야 한다. 그런데 먹은 사과의 개수가 겹치지 않고 5명에서 12개의 사과를 나누어 먹는 것은 불가능하다. 따라서 E의 말은 참이고, A, B, C, D의 말은 거짓이므로 이를 정리하면 다음과 같다.
- A보다 사과를 적게 먹은 사람이 있다.
- B는 사과를 3개 이상 먹었다.
- C는 D보다 사과를 많이 먹었고, B보다 사과를 적게 먹었다.
- 사과를 가장 많이 먹은 사람은 A가 아니다.
- E는 사과를 4개 먹었고, 먹은 사과의 개수가 같은 사람이 있다.

E가 먹은 개수를 제외한 나머지 사과의 개수는 모두 8개이고, D<C<B(3개 이상)이며, 이 중에서 A보다 사과를 적게 먹은 사람이 있어야 한다. 이를 모두 충족시키는 먹은 사과 개수는 B 3개, C 2개, D 1개, A 2개이다.

따라서 사과를 가장 많이 먹은 사람은 E, 가장 적게 먹은 사람은 D이다.

## 03 　정답 　④

A와 C의 진술은 서로 모순되므로 동시에 거짓이거나 참일 경우 성립하지 않는다. 또한 A가 거짓인 경우 불참한 스터디원이 2명 이상이 되므로 A는 반드시 참이어야 한다. 따라서 성립 가능한 경우는 다음과 같다.
1) B와 C가 거짓인 경우
　　A와 C, E는 스터디에 참석했으며 B와 D가 불참하였으므로 B와 D가 벌금을 내야 한다.
2) C와 D가 거짓인 경우
　　A와 D, E는 스터디에 참석했으며 B와 C가 불참하였으므로 B와 C가 벌금을 내야 한다.
3) C와 E가 거짓인 경우
　　불참한 스터디원이 C, D, E 3명이 되므로 성립하지 않는다.

따라서 B와 D 또는 B와 C가 함께 벌금을 내야하므로 보기 중 옳은 것은 ④이다.

## 04 　정답 　③

홀수 항은 $1^2$, $2^2$, $3^2$, …씩 더해지는 수열이고, 짝수 항은 $-1$, $-2$, $-3$, …씩 더해지는 수열이다.
따라서 (　)=68+1=69이다.

## 05 　정답 　③

+1과 $-3$이 반복되는 수열이다.
따라서 (　)=3+1=4이다.

## 06 [정답] ①

각 항을 세 개씩 묶고 각각을 $A$, $B$, $C$라고 하면

$\underline{A\ \ B\ \ C} \rightarrow A \times B \times C = 1$

따라서 $(\ \ ) = \dfrac{7}{9} \times 3 \times (\ \ ) = 1 \rightarrow 1 \div \dfrac{7}{9} \div 3 = \dfrac{3}{7}$ 이다.

## 07 [정답] ③

홀수 항은 ÷2, 짝수 항은 ÷4인 수열이다.
따라서 $(\ \ ) = 20 \div 4 = 5$이다.

# |03| 수리

| 01 | 02 | 03 | 04 | 05 | 06 | | | | |
|----|----|----|----|----|----|---|---|---|---|
| ① | ② | ③ | ④ | ③ | ③ | | | | |

## 01 [정답] ①

막내의 나이를 $x$살, 나이가 같은 3명의 멤버 중 한 명의 나이를 $y$살이라 하면
$y = 105 \div 5 = 21 (\because y = 5$명의 평균 나이$)$
$24 + 3y + x = 105$
$\rightarrow x + 3 \times 21 = 81$
$\therefore x = 18$
따라서 막내의 나이는 18살이다.

## 02 [정답] ②

나누는 수보다 남는 수가 2씩 적으므로 3, 4, 5, 6의 공배수보다 2 적은 수가 〈조건〉을 만족하는 자연수이다. 3, 4, 5, 6의 최소공배수는 60이므로 100보다 작은 자연수는 $60 - 2 = 58$이다.
따라서 $58 = 7 \times 8 + 2$이므로 58을 7로 나눴을 때 나머지는 2이다.

## 03 [정답] ③

두 사이트 전체 참여자의 평균 평점은 전체 평점의 합을 전체 인원으로 나눈 것이다.
따라서 전체 참여자의 평균 평점은 $\dfrac{(1,000 \times 5.0) + (500 \times 8.0)}{1,000 + 500} = 6.0$점이다.

## 04 정답 ④

과일 종류별 무게를 가중치로 적용한 네 과일의 가중평균은 42만 원이다. 라 과일의 가격을 $a$만 원이라 가정하고 가중평균에 대한 방정식을 구하면

$25 \times 0.4 + 40 \times 0.15 + 60 \times 0.25 + a \times 0.2 = 42$

$\rightarrow 10 + 6 + 15 + 0.2a = 42$

$\rightarrow 0.2a = 42 - 31 = 11$

$\therefore a = \dfrac{11}{0.2} = 55$

따라서 라 과일의 가격은 55만 원이다.


## 05 정답 ③

전년 대비 업체 수가 가장 많이 증가한 해는 103개소가 증가한 2020년이며, 생산금액이 가장 많이 늘어난 해는 402,017백만 원이 증가한 2021년이다.

### 오답분석

① 조사기간 동안 업체 수는 해마다 증가했으며, 품목 수도 꾸준히 증가했다.

② 증감률 전체 총합이 27.27%이며, 이를 7로 나누면 약 3.89%이다.

④ 2018 ~ 2021년 사이 운영인원의 증감률 추이와 품목 수의 증감률 추이는 증가 – 증가 – 증가 – 감소로 같다.

⑤ 전체 계산을 하면 정확하겠지만 시간이 없을 때는 각 항목의 격차를 어림잡아 계산해야 한다. 즉, 품목 수의 증감률은 업체 수에 비해 한 해(2021년)만 뒤처져 있으며 그 외에는 모두 앞서고 있으므로 올바른 판단이다.


## 06 정답 ③

- 2019년 전년 대비 감소율 : $\dfrac{23-24}{24} \times 100 \fallingdotseq -4.17\%$

- 2020년 전년 대비 감소율 : $\dfrac{22-23}{23} \times 100 \fallingdotseq -4.35\%$

따라서 2020년이 2019년보다 더 큰 비율로 감소하였다.

### 오답분석

① 2021년 총지출을 $a$억 원이라고 가정하면, $a \times 0.06 = 21$억 원 $\rightarrow a = \dfrac{21}{0.06} = 350$, 총지출은 350억 원이므로 320억 원 이상이다.

② 2018년 경제 분야 투자규모의 전년 대비 증가율은 $\dfrac{24-20}{20} \times 100 = 20\%$이다.

④ 2017 ~ 2021년 동안 경제 분야에 투자한 금액은 $20+24+23+22+21=110$억 원이다.

⑤ 2018 ~ 2021년 동안 경제 분야 투자규모의 전년 대비 증감추이는 '증가 – 감소 – 감소 – 감소'이고, 총지출 대비 경제 분야 투자규모 비중의 경우 '증가 – 증가 – 감소 – 감소'이다.

PART 2

2021년

2020년

2019년

2018년

2017년

2016년

# |04| 도형

| 01 | 02 | 03 | 04 | | | | | | |
|---|---|---|---|---|---|---|---|---|---|
| ② | ④ | ② | ④ | | | | | | |

## 01 　정답 ②

A : 시계 방향으로 도형 및 색상 한 칸 이동
B : 색 반전
C : 도형 및 색상 좌우 위치 변경

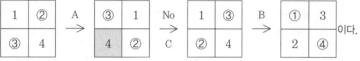

## 02 　정답 ④

A : 시계 방향으로 도형 및 색상 한 칸 이동
B : 색 반전
C : 도형 및 색상 좌우 위치 변경

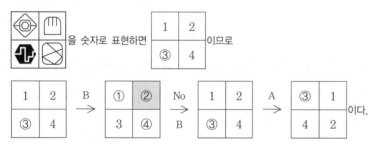

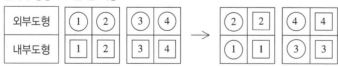

## 03 　정답 ②

A : 반시계 방향으로 한 칸 이동

| 외부도형 | ① | ② | ③ | ④ | → | ② | ② | ④ | ④ |
| 내부도형 | 1 | 2 | 3 | 4 | | 1 | 1 | 3 | 3 |

B : 오른쪽 내부도형과 왼쪽 외부도형 위치 변경

| 외부도형 | ① | ② | ③ | ④ | → | ② | ② | ④ | ④ |
| 내부도형 | 1 | 2 | 3 | 4 | | 1 | 1 | 3 | 3 |

C : 시계 방향으로 한 칸 이동

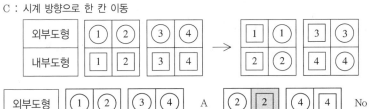

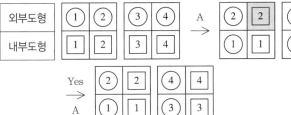

## 04 정답 ④

A : 반시계 방향으로 한 칸 이동

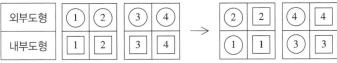

B : 오른쪽 내부도형과 왼쪽 외부도형 위치 변경

C : 시계 방향으로 한 칸 이동

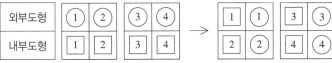

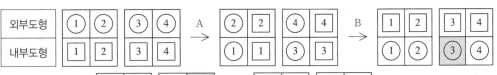

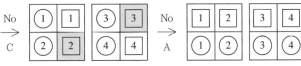

# 2021년 상반기 정답 및 해설

## | 01 | 언어

| 01 | 02 | 03 | 04 | 05 | | | | | |
|----|----|----|----|----|----|----|----|----|----|
| ③ | ① | ③ | ① | ② | | | | | |

### 01 정답 ③

제시문은 VOD서비스의 등장으로 방송국이 프로그램의 순수한 재미와 완성도에 집중하게 될 것이라고 추측했을 뿐, 이러한 양상이 방송국 간의 과도한 광고 유치 경쟁을 불러일으킬 것이라고는 언급하지 않았다.

### 02 정답 ①

제시문은 인간의 도덕적 자각과 사회적 의미를 강조하는 윤리인 '충'과 '서'가 있음을 알리고, 각각의 의미를 설명하는 내용의 글이다. 따라서 (가) 인간의 도덕적 자각과 사회적 실천을 강조하는 윤리인 '충서' → (다) '충'의 의미 → (나) '서'의 의미 → (라) '서'가 의미하는 역지사지의 상태 순으로 연결되는 것이 가장 적절하다.

### 03 정답 ③

제시문에서는 안전성과 사회적 불평등, 인간의 존엄성을 근거로 인간 배아의 유전자 편집 기술을 허용해서는 안 된다고 주장한다. 따라서 이러한 주장에 대한 반박으로는 오히려 사회적 불평등을 해결할 수 있다는 내용의 ③이 가장 적절하다.

### 04 정답 ①

다리뼈는 연골세포의 세포분열로 인해 뼈대의 성장이 일어난다.

#### 오답분석

② 뼈끝판의 세포층 중 뼈대의 경계면에 있는 세포층이 아닌 뼈끝과 경계면이 있는 세포층에서만 세포분열이 일어난다.
③ 사춘기 이후 호르몬에 의한 뼈의 길이 성장은 일어나지 않는다.
④ 남성호르몬인 안드로겐은 사춘기 남자의 급격한 성장에 일조하며, 여자에게서도 분비된다.
⑤ 뇌에서 분비하는 성장호르몬은 뼈에 직접적으로 도움을 준다.

### 05 정답 ②

제시문은 5060세대에 대해 설명하는 글로, 기존에는 5060세대들이 사회로부터 배척당하였다면 최근에는 사회적인 면이나 경제적인 면에서 그 위상이 높아졌고, 이로 인해 마케팅 전략 또한 변화될 것이라고 보고 있다. 따라서 글의 제목으로는 ②가 가장 적절하다.

| 01 | 02 | 03 | 04 | 05 | 06 | 07 | | | |
|----|----|----|----|----|----|----|---|---|---|
| ① | ⑤ | ② | ① | ② | ④ | ④ | | | |

## 01  정답 ①

오른쪽 끝자리에는 30대 남성이, 왼쪽에서 두 번째 자리에는 40대 남성이 앉으므로 네 번째 조건에 따라 30대 여성은 왼쪽에서 네 번째 자리에 앉아야 한다. 이때, 40대 여성은 왼쪽에서 첫 번째 자리에 앉아야 하므로 남은 자리에 20대 남녀가 앉을 수 있다.
• 경우 1

| 40대 여성 | 40대 남성 | 20대 여성 | 30대 여성 | 20대 남성 | 30대 남성 |
|-----------|-----------|-----------|-----------|-----------|-----------|

• 경우 2

| 40대 여성 | 40대 남성 | 20대 남성 | 30대 여성 | 20대 여성 | 30대 남성 |
|-----------|-----------|-----------|-----------|-----------|-----------|

따라서 항상 옳은 것은 ①이다.

## 02  정답 ⑤

E는 교양 수업을 신청한 A보다 나중에 수강한다고 하였으므로 목요일 또는 금요일에 강의를 들을 수 있다. 이때, 목요일과 금요일에는 교양 수업이 진행되므로 'E는 반드시 교양 수업을 듣는다.'의 ⑤는 항상 참이 된다.

오답분석
① A가 수요일에 강의를 듣는다면 E는 교양2 또는 교양3 강의를 들을 수 있다.
② B가 수강하는 전공 수업의 정확한 요일을 알 수 없으므로 C는 전공1 또는 전공2 강의를 들을 수 있다.
③ C가 화요일에 강의를 듣는다면 D는 교양 강의를 듣는다. 이때, 교양 수업을 듣는 A는 E보다 앞선 요일에 수강하므로 E는 교양2 또는 교양3 강의를 들을 수 있다.

| 구분 | 월(전공1) | 화(전공2) | 수(교양1) | 목(교양2) | 금(교양3) |
|------|-----------|-----------|-----------|-----------|-----------|
| 경우 1 | B | C | D | A | E |
| 경우 2 | B | C | A | D | E |
| 경우 3 | B | C | A | E | D |

④ D는 전공 수업을 신청한 C보다 나중에 수강하므로 전공 또는 교양 수업을 들을 수 있다.

## 03  정답 ②

먼저 B의 진술이 거짓일 경우 A와 C는 모두 프로젝트에 참여하지 않으며, C의 진술이 거짓일 경우 B와 C는 모두 프로젝트에 참여한다. 따라서 B와 C의 진술은 동시에 거짓이 될 수 없으므로 둘 중 한 명의 진술은 반드시 참이 된다.
• B의 진술이 참인 경우
  A는 프로젝트에 참여하지 않으며, B와 C는 모두 프로젝트에 참여한다. B와 C 모두 프로젝트에 참여하므로 D는 프로젝트에 참여하지 않는다.
• C의 진술이 참인 경우
  A의 진술은 거짓이므로 A는 프로젝트에 참여하지 않으며, B는 프로젝트에 참여한다. C는 프로젝트에 참여하지 않으나, B가 프로젝트에 참여하므로 D는 프로젝트에 참여하지 않는다.
따라서 반드시 프로젝트에 참여하는 사람은 B이다.

PART 2
2021년
2020년
2019년
2018년
2017년
2016년

## 04 정답 ①

나열된 수를 각각 A, B, C라고 하면

$\underline{A\ B\ C\ D} \rightarrow 2\times(A+C)=B+D$

따라서 $2\times\left(4+\dfrac{7}{2}\right)=5+(\ \ ) \rightarrow (\ \ )=15-5=10$이다.

## 05 정답 ②

홀수 항은 5씩 곱하는 수열이고, 짝수 항은 $4^1$, $4^2$, $4^3$, $4^4$, …씩 더하는 수열이다.

따라서 $(\ \ )=28+4^3=92$이다.

## 06 정답 ④

수열의 $n$번째 항을 $A_n$이라고 하면 $\dfrac{n+(n+1)}{n\times(n+1)}$인 수열이다.

따라서 $(\ \ )=\dfrac{6+7}{6\times 7}=\dfrac{13}{42}$이다.

## 07 정답 ④

앞의 항에 $\times 2-1$을 하는 수열이다.

따라서 $(\ \ )=129\times 2-1=257$이다.

# |03| 수리

| 01 | 02 | 03 | 04 | 05 | | | | | |
|----|----|----|----|----|---|---|---|---|---|
| ③ | ① | ③ | ② | ④ | | | | | |

## 01 정답 ③

동혁이의 총 소요 시간은 9시간이다. 우선, 집에서 산까지 걸어가는 데 소요되는 시간은 $10\div 5=2$시간이며, 산을 오르는 데 걸린 시간은 $12\div 4=3$시간이다. 또한 돌아올 때 평지에서 소요되는 시간도 2시간이므로 산을 내려오는 데 소요된 시간은 $9-(2+3+2)=2$시간이다.

따라서 산을 내려올 때의 속력은 $12\div 2=6$km/h이다.

## 02 정답 ①

농도가 14%인 A설탕물 300g과 18%인 B설탕물 200g을 합친 후 100g의 물을 더 넣으면 600g의 설탕물이 되고, 이 설탕물에 녹아있는 설탕의 양은 $300\times 0.14+200\times 0.18=78$g이다. 여기에 C설탕물을 합치면 $600+150=750$g의 설탕물이 되고, 이 설탕물에 녹아있는 설탕의 양은 $78+150\times 0.12=96$g이다.

따라서 합친 후 200g에 들어있는 설탕의 질량은 $200\times\dfrac{96}{750}=200\times 0.128=25.6$g이다.

## 03   정답 ③

'1권 이상 읽음'의 성인 독서율은 2018년 대비 2020년 사례수 증가율만큼 증가한다.

따라서 빈칸에 해당되는 50대 성인 독서율의 경우, 2018년 대비 2020년 사례수가 $\frac{1,200-1,000}{1,000} \times 100 = 20\%$ 증가하였으므로 '1권 이상 읽음'의 성인 독서율 '가'에 알맞은 수치는 $60 \times 1.2 = 72$가 된다.

## 04   정답 ②

경현이의 전체 영어 평균점수는 $\frac{315+320+335+390+400+370}{6} = \frac{2,130}{6} = 355$점이다.

따라서 355점보다 높았던 달은 9월, 10월, 11월에 봤던 시험으로 총 3번임을 알 수 있다.

## 05   정답 ④

생후 1주일 내 사망자 수는 $1,162+910=2,072$명이고, 생후 셋째 날 사망자 수는 $166+114=280$명이므로, 전체의 약 13.5%를 차지한다.

### 오답분석
① 생후 첫날 신생아 사망률은 여아가 $3.8+27.4+8.6=39.8\%$이고, 남아가 $2.7+26.5+8.3=37.5\%$로 여아가 남아보다 높다.
② 신생아 사망률은 산모의 연령이 40세 이상일 때가 제일 높으나, 출생아 수는 40세 이상이 제일 적기 때문에, 신생아 사망자 수는 산모의 연령이 19세 미만인 경우를 제외하고는 40세 이상의 경우보다 나머지 연령대가 더 많다.
③ 생후 1주일 내에서 첫날 여아의 사망률은 39.8%이고, 남아의 사망률은 37.5%이므로, 첫날 신생아 사망률은 40%를 넘지 않는다.
⑤ $25 \sim 29$세 미만 산모의 신생아 사망률이 $20 \sim 24$세 산모의 신생아 사망률보다 높다.

# | 04 | 도형

| 01 | 02 | | | | | | | | |
| --- | --- | --- | --- | --- | --- | --- | --- | --- | --- |
| ② | ③ | | | | | | | | |

## 01   정답 ②

• A : 색 반전
• B : 시계 방향으로 도형 및 색상 한 칸 이동
• C : 반시계 방향으로 도형 및 색상 한 칸 이동

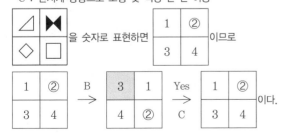

PART 2

2021년

2020년

2019년

2018년

2017년

2016년

안심Touch

## 02 정답 ③

• A :

| 외부도형 | 1 | 2 | → | 2 | 1 |
|---|---|---|---|---|---|
| 내부도형 | 3 | 4 | | 4 | 3 |

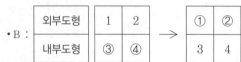

• B :

| 외부도형 | 1 | 2 | → | ① | ② |
|---|---|---|---|---|---|
| 내부도형 | ③ | ④ | | 3 | 4 |

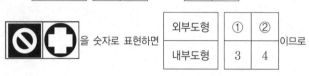

을 숫자로 표현하면

| 외부도형 | ① | ② |
|---|---|---|
| 내부도형 | 3 | 4 |

이므로

| ① | ② | A | ② | ① | B | 2 | 1 |
|---|---|---|---|---|---|---|---|
| 3 | 4 | → | 4 | 3 | → | ④ | ③ |

이다.

## | 01 | 언어

| 01 | 02 | 03 | 04 | 05 | | | | | |
|---|---|---|---|---|---|---|---|---|---|
| ① | ④ | ⑤ | ② | ④ | | | | | |

### 01 정답 ①

제시문은 사회 윤리의 중요성과 특징, 향후 발전 방법에 대하여 설명하고 있다. 이때 글의 구조를 파악해 보면, (가)는 대전제, (다)는 소전제, (마)는 (다)에 대한 보충 설명, (라)는 (마)에 대한 보충 설명, (나)는 결론의 구조를 취하고 있다.

따라서 (가) 현대 사회에서 대두되는 사회 윤리의 중요성 → (다) 개인의 윤리와 다른 사회 윤리의 특징 → (마) 개인 윤리와 사회 윤리의 차이점 → (라) 개인과 사회의 차이와 특성 → (나) 현대 사회의 특성에 맞는 사회 윤리의 정의의 순서로 배열하는 것이 적절하다.

### 02 정답 ④

제시된 글에서는 편리성, 경제성, 객관성 등을 이유로 인공 지능 면접을 지지하고 있다. 따라서 객관성보다 면접관의 생각이나 견해가 회사 상황에 맞는 인재를 선발하는 데 적합하다는 논지로 반박하는 것은 옳다.

#### 오답분석

①·③·⑤ 제시된 글의 주장에 반박하는 것이 아니라 제시된 글의 주장을 강화하는 근거에 해당한다.

② 인공 지능 면접에 필요한 기술과 인간적 공감의 관계는 제시된 글에서 주장한 내용이 아니므로 반박의 근거로도 적당하지 않다.

### 03 정답 ⑤

경험론자들은 인식의 근원을 오직 경험에서만 찾을 수 있다고 주장하므로 파르메니데스의 주장과 대비된다.

#### 오답분석

① 파르메니데스의 존재론의 의의는 존재라는 개념을 시간적, 물리적인 감각적 대상으로 보는 것이 아니라, 예리한 인식으로 파악하는 로고스와 같은 것이라고 주장했으므로 옳은 말이다.

② 플라톤은 이데아를 감각 세계의 너머에 있는 실재이자 모든 사물의 원형으로 파악하고 있다. 이는 파르메니데스의 존재개념과 유사하며, 윗글에서도 언급되어 있듯이 파르메니데스에 대한 플라톤의 평가에서 파르메니데스에게 영향을 받았음을 알 수 있다.

③ '감각적으로 지각할 수 있는 세계 전체를 기만적인 것으로 치부하고 유일하게 실재하는 것은 존재라고 생각했다.'는 구절에서 파르메니데스는 지각 및 감성보다 이성 및 지성을 우위에 두었을 것이라 추측할 수 있다.

④ 윗글의 내용 중 파르메니데스는 '예리한 인식에는 감각적 지각이 필요 없다고 주장'하면서 '존재는 로고스에 의해 인식되며, 로고스와 같은 것'이란 주장에서 추론할 수 있다.

## 04  정답 ②

첩보 위성은 임무를 위해 낮은 궤도를 비행해야 하므로, 높은 궤도로 비행시키면 수명은 길어질 수 있으나 임무의 수행 자체가 어려워질 수 있다.

## 05  정답 ④

민간 부문에서 역량 모델의 도입에 대한 논의가 먼저 이루어진 것으로 짐작할 수는 있지만, 이것이 민간 부문에서 더욱 효과적으로 작용한다는 것을 의미한다고 보기는 어렵다.

# |02| 언어·수추리

| 01 | 02 | 03 | 04 | 05 | 06 | 07 | | | |
|----|----|----|----|----|----|----|---|---|---|
| ② | ③ | ① | ② | ① | ① | ② | | | |

## 01  정답 ②

'을'과 '정'이 서로 상반된 이야기를 하고 있으므로 둘 중 한 명이 거짓말을 하고 있다. 만일 '을'이 참이고 '정'이 거짓이라면 화분을 깨뜨린 사람은 '병', '정'이 되는데, 화분을 깨뜨린 사람은 1명이어야 하므로 모순이다.
따라서 거짓말을 한 사람은 '을'이다.

## 02  정답 ③

ⅰ) B가 부정행위를 했을 경우
　두 번째와 세 번째 조건에 따라 C와 E도 함께 부정행위를 하게 되므로 첫 번째 조건에 부합하지 않는다. 따라서 B는 부정행위를 하지 않았으며,
　두 번째 조건에 따라 C도 부정행위를 하지 않았다.
ⅱ) D가 부정행위를 했을 경우
　다섯 번째 조건의 대우인 'D가 부정행위를 했다면, E도 부정행위를 했다.'와 세 번째 조건에 따라 E와 A가 함께 부정행위를 하게 되므로 첫
　번째 조건에 부합하지 않는다. 따라서 D 역시 부정행위를 하지 않았다.
결국 B, C, D를 제외한 A, E가 시험 도중 부정행위를 했음을 알 수 있다.

## 03  정답 ①

'경지가 도서관에 간다.'를 A, '정민이가 도서관에 간다.'를 B, '보현이가 도서관에 간다.'를 C, '영경이가 도서관에 간다.'를 D, '근희가 도서관에 간다.'를 E라고 하자.
세 번째와 네 번째 조건에 따라 '~A → B → C'가 성립하고, 다섯 번째 조건과 여섯 번째 조건에 따라 '~D → E → ~A'가 성립한다.
따라서 '~D → E → ~A → B → C'이므로 첫 번째 조건에 따라 근희가 금요일에 도서관에 가면 정민이와 보현이도 도서관에 간다.

## 04  정답 ②

앞의 두 항의 합이 다음 항이 되는 피보나치수열이다.
따라서 (　)=5+8=13이다.

## 05　정답 ①

앞의 항에 -2, 3, -4, 5, -6, …을 곱하는 수열이다.
따라서 ( )=2×3=6이다.


## 06　정답 ①

홀수 항은 ×2+0.2, ×2+0.4, ×2+0.6, …인 수열이고, 짝수 항은 ×3-0.1인 수열이다.
따라서 ( )=12.2×3-0.1=36.50이다.


## 07　정답 ②

앞의 항에 2.5, 3.5, 4.5, 5.5, 6.5, …씩 더하는 수열이다.
따라서 ( )=-1+4.5=3.50이다.


# |03| 수리

| 01 | 02 | 03 | 04 | 05 | 06 | 07 | 08 | | |
|----|----|----|----|----|----|----|----|---|---|
| ② | ④ | ⑤ | ② | ③ | ③ | ④ | ① | | |


## 01　정답 ②

12와 32의 최소공배수는 96이므로 100 이하 자연수 중 96의 배수는 1개이다.


## 02　정답 ④

처음 숫자의 십의 자리 숫자를 $x$, 일의 자리 숫자를 $y$라고 하면
$x+y=10 \cdots \bigcirc$
$(10y+x) \div 2=10x+y-14 \rightarrow 19x-8y=28 \cdots \bigcirc$
$\bigcirc$과 $\bigcirc$을 연립하면 $x=4$, $y=60$이다.
따라서 처음 숫자는 $4 \times 10+6=46$이다.


## 03　정답 ⑤

불만족을 선택한 직원은 1,000×0.4=400명이고, 이 중 여직원은 400×0.7=280명, 남직원은 400×0.3=120명이다. 불만족을 표현한 직원 중 여직원 수는 전체 여직원의 20%이므로 전체 여직원 수는 280×5=1,400명이고, 남직원 수는 전체의 10%이므로 120×10=1,200명이다.
따라서 전체 직원 수는 1,400+1,200=2,600명이다.

PART 2

2021년
2020년
2019년
2018년
2017년
2016년

안심Touch

## 04 정답 ②

분수쇼는 시작하고 나서 매 45분마다 시작이며, 퍼레이드는 60분마다 하고 있다. 그러므로 45와 60의 최소공배수를 구하면 180분이 나온다. 즉, 두 이벤트의 시작을 함께 볼 수 있는 시간은 10시 이후 3시간마다 가능하다.

따라서 오후 12시부터 오후 6시 사이에서는 오후 1시와 오후 4시에 볼 수 있으므로 2번 볼 수 있다.

## 05 정답 ③

5장의 카드에서 2장을 뽑아 두 자리 정수를 만드는 전체 경우의 수 : $4 \times 4 = 16$가지($\because$ 십의 자리에는 0이 올 수 없다)

십의 자리가 홀수일 때와 짝수일 때를 나누어 생각해보면
- 십의 자리가 홀수, 일의 자리가 짝수일 경우의 수 : $2 \times 3 = 6$가지
- 십의 자리가 짝수, 일의 자리가 짝수일 경우의 수 : $2 \times 2 = 4$가지

따라서 구하는 확률은 $\dfrac{6+4}{16} = \dfrac{10}{16} = \dfrac{5}{8}$이다.

## 06 정답 ③

$3,000 \times (0.582 + 0.615) = 3,000 \times 1.197 = 3,591$명

## 07 정답 ④

2016년과 2020년에는 출생아 수와 사망자 수의 차이가 20만 명이 되지 않는다.

## 08 정답 ①

자료는 비율을 나타내기 때문에 실업자의 수는 알 수 없다.

**오답분석**

② 실업자 비율은 2%p 증가하였다.
③ 경제활동인구 비율은 80%에서 70%로 감소하였다.
④ 취업자 비율은 12%p 감소했지만 실업자 비율은 2%p 증가하였기 때문에 취업자 비율의 증감 폭이 더 크다.
⑤ 비경제활동인구의 비율은 20%에서 30%로 증가하였다.

## | 04 | 도식추리

| | 01 | 02 | | | | | | | | |
|---|---|---|---|---|---|---|---|---|---|---|
| | ⑤ | ③ | | | | | | | | |

### 01 　정답　 ⑤

A : 도형 및 색상 상하 위치 변경
B : 시계 방향으로 도형 및 색상 한 칸 이동
C : 도형 및 색상 좌우 위치 변경

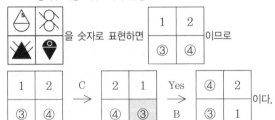

### 02 　정답　 ③

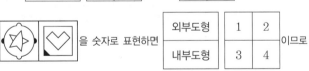

PART 2

2021년

2020년

2019년

2018년

2017년

2016년

안심Touch

## | 01 | 언어추리력

| 01 | 02 | 03 | 04 | 05 | 06 | 07 | 08 | | |
|:---:|:---:|:---:|:---:|:---:|:---:|:---:|:---:|:---:|:---:|
| ① | ① | ③ | ① | ③ | ② | ① | ③ | | |

### 01 　정답 ①

주어진 조건에 따라 GDP 순위가 높은 순서대로 나열하면 '영국 – 프랑스(6위) – 브라질 – 러시아(11위) – 한국(12위)'의 순서이다.
따라서 '다섯 국가 중 순위가 가장 낮은 나라는 한국이다.'는 참이다.

### 02 　정답 ①

브라질의 GDP 순위는 6위인 프랑스보다 낮고, 11위인 러시아보다 높으므로 7 ~ 10위 사이의 순위임을 알 수 있다. 따라서 '브라질의 GDP 순위는 10위 이내이다.'는 참이다.

### 03 　정답 ③

영국의 GDP 순위는 다섯 국가 중 가장 높지만, 주어진 조건만으로는 영국의 GDP 순위를 정확히 알 수 없다.

### 04 　정답 ①

A : 등산을 좋아하는 사람, B : 스케이팅을 좋아하는 사람, C : 영화 관람을 좋아하는 사람, D : 독서를 좋아하는 사람, E : 조깅을 좋아하는 사람, F : 낮잠 자기를 좋아하는 사람이라고 할 때, 'A → ~B', '~C → D', '~C → ~E', 'F → B', 'B → D'이다. 따라서 'F → B → D'가 성립되므로 '낮잠 자기를 좋아하는 사람은 독서를 좋아한다.'는 참이다.

### 05 　정답 ③

'영화 관람을 좋아하지 않는 사람은 독서를 좋아한다.'가 항상 참인 명제라고 해서 이 명제인 '영화 관람을 좋아하는 사람은 독서를 좋아하지 않는다.'가 항상 참인 것은 아니다. 따라서 참인지 거짓인지 알 수 없다.

### 06 　정답 ②

첫 번째 명제와 네 번째 명제의 대우에 따라 'A → ~F'가 참이므로 '등산을 좋아하는 사람은 낮잠 또한 좋아한다.'는 거짓이다.

## 07  정답 ①

C를 4번에 고정시키고, 그 다음 E와 D를 기준으로 정리하면 다음과 같다.

| 구분 | 1 | 2 | 3 | 4 | 5 | 6 |
|------|---|---|---|---|---|---|
| 경우 1 | D | F | B | C | E | A |
| 경우 2 | D | B | F | C | E | A |
| 경우 3 | A | D | F | C | B | E |
| 경우 4 | B | D | F | C | A | E |

C가 4번에 앉아있을 때 E는 5번 또는 6번에 앉으므로, E는 C보다 오른쪽에 앉아 있다는 것은 참이다.

## 08  정답 ③

**07**번 해설에서 경우 1, 경우 2, 경우 3에서 A는 1번 또는 6번에 앉지만, 경우 4에서는 5번에 앉으므로, A가 가장자리에 앉는지 아닌지는 주어진 조건만으로 알 수 없다.

## |02| 판단력

| 01 | 02 | 03 | 04 | 05 | | | | | |
|----|----|----|----|----|---|---|---|---|---|
| ② | ② | ⑤ | ④ | ③ | | | | | |

## 01  정답 ②

희망(希望)은 '어떤 일을 이루거나 하기를 바람' 또는 '앞으로 잘될 수 있는 가능성'을 뜻한다. 따라서 빈칸에 들어갈 알맞은 단어는 '희망'이 적절하다.

**오답분석**

① 꿈
   1. 잠자는 동안에 깨어 있을 때와 마찬가지로 여러 가지 사물을 보고 듣는 정신 현상
   2. 실현하고 싶은 희망이나 이상
   3. 실현될 가능성이 아주 적거나 전혀 없는 헛된 기대나 생각
③ 환상 : 현실적인 기초나 가능성이 없는 헛된 생각이나 공상
④ 야망 : 크게 무엇을 이루어 보겠다는 희망
⑤ 염원 : 마음에 간절히 생각하고 기원함

## 02  정답 ②

제시문에서는 인지부조화의 개념과 과정을 설명한 후, 이러한 인지부조화를 감소시키는 행동에 자기방어적인 행동을 유발하는 비합리적인 면이 있음을 지적하며, 이러한 행동이 부정적 결과를 초래할 수 있다고 설명하고 있다.

## 03  정답 ⑤

제시문에서는 탑을 복원할 경우 탑에 담긴 역사적 의미와 함께 탑과 주변 공간의 조화가 사라지고, 정확한 자료 없이 탑을 복원한다면 탑을 온전하게 되살릴 수 없다는 점을 들어 탑을 복원하기보다는 보존해야 한다고 주장한다. 따라서 이러한 근거들과 관련이 없는 ⑤는 주장에 대한 반박으로 적절하지 않다.

PART 2

2021년

2020년

2019년

2018년

2017년

2016년

## 04   정답 ④

제시문은 스페인의 건축가 가우디의 건축물에 관해 설명하는 글이다. 따라서 (나) 가우디 건축물의 특징인 곡선과 대표 건축물인 까사 밀라 → (라) 까사 밀라에 관한 설명 → (다) 가우디 건축의 또 다른 특징인 자연과의 조화 → (가) 이를 뒷받침하는 건축물인 구엘 공원의 순서로 나열하는 것이 적절하다.

## 05   정답 ③

전국의 화재 건수 증감 추이는 '증가 – 감소 – 증가 – 감소'이다. 전국과 같은 증감 추이를 보이는 지역은 강원도, 전라남도, 경상북도, 경상남도, 제주특별자치도로 총 5곳이다.

**오답분석**

① 매년 화재 건수가 많은 지역은 '경기도 – 서울특별시 – 경상남도' 순서이다. 따라서 3번째로 화재 건수가 많은 지역은 경상남도이다.

② 충청북도의 화재 건수는 매년 증가하다가 2018년에 감소하였다.

④ 강원도의 2018년 화재 건수는 전년 대비 $\dfrac{2,364-2,228}{2,364} \times 100 ≒ 5.8\%$ 감소하였으므로 7% 미만으로 감소하였다.

⑤ 2018년 서울의 화재 건수는 전체의 $\dfrac{6,368}{42,338} \times 100 ≒ 15\%$이므로 20% 미만이다.

# |03| 응용수리력

| 01 | 02 | 03 | 04 | 05 | 06 | | | | |
|----|----|----|----|----|----|--|--|--|--|
| ② | ⑤ | ① | ③ | ③ | ③ | | | | |

## 01   정답 ②

5% 소금물 400g에 들어있는 소금의 양은 $\dfrac{5}{100} \times 400 = 20$g이다.

증발시킨 물의 양을 $x$g이라고 하자. 증발을 시키면 소금의 양은 그대로이고 소금물의 양과 농도만 변화하므로

$\dfrac{10}{100} \times (400-x) = 20$

∴ $x = 200$

따라서 200g의 물을 증발시켰다.

## 02   정답 ⑤

중간 막대의 길이를 $x$cm라고 하자.

가장 긴 막대의 길이는 $(x+32)$cm이고, 가장 짧은 막대의 길이는 $(x-16)$cm이다. 2.5m는 250cm와 같으므로

$(x+32)+x+(x-16)=250 \rightarrow 3x+16=250 \rightarrow 3x=234$

∴ $x=78$

따라서 가장 긴 막대의 길이는 $78+32=110$cm이다.

## 03 정답 ①

기존 남학생 수를 $x$명, 여학생 수를 $y$명이라고 하자.
신입회원이 남자라면 $x+1=2y$ … ㉠
신입회원이 여자라면 $y+1=x$ … ㉡
㉠과 ㉡을 연립하면
$x=3,\ y=2$
따라서 기존의 동아리 회원 수는 $3+2=5$명이다.

## 04 정답 ③

각 학년의 전체 수학 점수의 합을 구하면 다음과 같다.
• 1학년 : $38\times50=1,900$점
• 2학년 : $64\times20=1,280$점
• 3학년 : $44\times30=1,320$점
따라서 전체 수학 점수 평균은 $\dfrac{1,900+1,280+1,320}{50+20+30}=\dfrac{4,500}{100}=45$점이다.

## 05 정답 ③

어른의 수를 $x$명이라고 하면 청소년의 수는 $(30-x)$명이다.
$11,000\times x+0.6\times11,000\times(30-x)=264,000 \rightarrow 44x=660$
$\therefore\ x=15$
따라서 어른은 15명이다.

## 06 정답 ③

두 사람이 만나는 시간을 $x$시간 후라고 하자.
(속력)×(시간)=(거리)이므로
$3x+5x=24 \rightarrow 8x=24$
$\therefore\ x=3$
따라서 두 사람은 3시간 후에 만나게 된다.

PART 2

2021년

2020년

2019년

2018년

2017년

2016년

# | 04 | 수추리력

| 01 | 02 | 03 | 04 | | | | | | |
|----|----|----|----|----|----|----|----|----|----|
| ⑤ | ① | ② | ⑤ | | | | | | |

## 01 정답 ⑤

−5, ×2가 번갈아 적용되는 수열이다.
따라서 (　　)=150−5=145이다.

## 02 정답 ①

7의 배수가 첫 항부터 차례대로 더해지는 수열이다.
따라서 (　　)=24+7×3=45이다.

## 03 정답 ②

앞의 항에 ×(−1), ×(−2), ×(−3), …인 수열이다.
따라서 (　　)=(−120)×(−6)=720이다.

## 04 정답 ⑤

나열된 수를 4개씩 묶어 각각 $A$, $B$, $C$, $D$라고 하면

$$\underline{A\ B\ C\ D} \rightarrow \frac{A \times C}{B} = D$$

따라서 (　)=75×5÷15=25이다.

## | 01 | 언어추리력

| 01 | 02 | 03 | 04 | 05 | 06 | 07 | 08 | | |
|----|----|----|----|----|----|----|----|---|---|
| ① | ③ | ③ | ③ | ① | ② | ③ | ① | | |

### 01 　정답　①

장화를 좋아함 : $p$, 비 오는 날을 좋아함 : $q$, 물놀이를 좋아함 : $r$, 여름을 좋아함 : $s$ 라고 할 때, '어떤 고양이 → $p$ → $q$ → $r$ → $s$'가 성립한다.
따라서 '어떤 고양이는 여름을 좋아한다'는 참이다.

### 02 　정답　③

'어떤 고양이 → $p$ → $q$'가 성립하지만, '비 오는 날을 좋아하지 않는 고양이도 있다.'는 알 수 없다.

### 03 　정답　③

'$p$ → $r$'이 성립한다고 해서 '장화를 좋아하지 않으면 물놀이를 좋아하지 않는다.'가 항상 참인지는 알 수 없다.

### 04 　정답　③

두 번째 조건에 의해 남직원은 9명, 여직원은 6명인 것을 알 수 있다. 그러나 제시된 조건만으로는 여직원 2명을 제외한 다른 여직원이 커피를 마셨는지 아닌지 알 수 없다.

### 05 　정답　①

커피를 마시지 않는 사람은 인사팀 직원의 $\frac{2}{5}$ 이므로 6명이 커피를 마시지 않는다. 여직원의 수가 6명이므로 여직원 중에는 커피를 마시는 사람이 없다.

### 06 　정답　②

여직원 2명만 전혀 커피를 마시지 않는다고 했으므로 여직원은 3명이나 4명이 커피를 마셨다. 커피를 마시는 직원은 9명이므로 남은 커피는 6잔이나 5잔이다. 따라서 남직원은 최소 5명 이상이 커피를 마신다.

## 07 정답 ③

C는 B의 바로 아래층에 살고, B는 네 번째와 일곱 번째 조건에 의해 3층이나 7층에 살고 있다. 따라서 C는 2층이나 6층에 거주할 수 있다.

## 08 정답 ①

E가 아파트에 입주한다면 애완동물을 기를 수 있는 1층이나 2층에 입주한다. 그렇다면 1층과 2층은 모두 거주자가 있으므로 B의 바로 아래층에 사는 C가 2층에 살 수 없다. 따라서 B는 7층에 거주해야 한다.

# | 02 | 판단력

| 01 | 02 | 03 | 04 | 05 | | | | | |
|----|----|----|----|----|----|----|----|----|----|
| ③ | ② | ③ | ⑤ | ① | | | | | |

## 01 정답 ③

제시문은 철학에서의 '부조리'에 대한 개념을 설명하는 글이다. 부조리의 개념을 소개하는 (나) 문단이 나오고, 부조리라는 개념을 도입하고 설명한 알베르 카뮈에 대해 설명하고 있는 (라) 문단이 나와야 한다. 다음으로 앞 문단의 연극의 비유에 관해 설명하고 있는 (가) 문단이 오고, 이에 대한 결론을 제시하는 (다) 문단 순서로 나열하는 것이 적절하다.

## 02 정답 ②

제시문은 실험결과를 통해 비둘기가 자기장을 가지고 있다는 것을 설명하는 글이다. 따라서 이 글의 다음 내용으로는 비둘기가 자기장을 느끼는 원인에 대해 설명하는 글이 나와야 한다.

### 오답분석
①・③・④ 제시문의 자기장에 대한 설명과 연관이 없는 주제이다.
⑤ 비둘기가 자기장을 느끼는 원인에 대한 설명이 제시되어 있지 않으므로 적절하지 않다.

## 03 정답 ③

저장강박증이 있는 사람들은 물건에 대한 애정이 없어서 관리를 하지 않는다.

## 04 정답 ⑤

2018년 11월 공산품 물가지수는 85.71이므로 2017년 11월에 비해 공산품의 물가는 $100-85.71=14.29\%$ 감소하였음을 알 수 있다.
따라서 공산품 분야의 2017년 11월 물가지수를 250이라고 한다면, 2018년 11월 물가는 $250\times(1-0.1429)≒214.30$이다.

### 오답분석
① 해당 지수는 2017년 동월을 기준이므로, 2017년 11월 정밀기기 분야의 물가지수를 100이라고 하였을 때 2018년 11월 정밀기기 분야의 물가지수는 76.03임을 의미한다. 따라서 2018년 11월 정밀기기 분야의 전년 동월 대비 감소율은 $\frac{100-76.03}{100}\times100=23.97\%$이다.

② 2019년 2월 농산물 분야의 수출물가지수는 2017년 2월 농산물 분야의 물가를 기준으로 산출된 것이고, 2019년 2월 수산물 분야의 수출물가지수는 2017년 2월 수산물 분야의 물가를 기준으로 산출된 것이므로 기준이 다르기 때문에 비교할 수 없다.

③ 수출물가지수는 2017년 동월을 기준으로 하고 있으므로, 2019년 1월은 2017년 1월 기준으로, 그 전월인 2018년 12월은 2017년 12월을 기준으로 했기 때문에 비교할 수 없다.

④ 전년 동월 대비 물가가 증가한 분야의 수출물가지수는 100을 초과할 것이다. 2018년 11월과 2018년 12월에 수출물가지수가 100을 넘는 분야는 각각 6개 분야로 동일하다.

## 05    정답 ①

2011년 대비 2018년 건강보험 수입의 증가율은 $\dfrac{58-33.6}{33.6}\times100\fallingdotseq72.6\%$이고, 건강보험 지출의 증가율은 $\dfrac{57.3-34.9}{34.9}\times100\fallingdotseq64.2\%$이므로 그 차이는 $72.6-64.2=8.4\%$p이다. 따라서 15%p 이하이다.

### 오답분석

② 건강보험 수지율이 전년 대비 감소하는 2012년, 2013년, 2014년, 2015년 모두 정부지원 수입이 전년 대비 증가했다.

③ 2016년 보험료 등이 건강보험 수입에서 차지하는 비율은 $\dfrac{45.3}{52.4}\times100\fallingdotseq86.5\%$이다.

④ 건강보험 수입과 지출은 전년 대비 매년 증가하고 있으므로 전년 대비 증감 추이는 2012년부터 2017년까지 동일하다.

⑤ 건강보험 지출 중 보험급여비가 차지하는 비중은 2012년에 $\dfrac{36.2}{37.4}\times100\fallingdotseq96.8\%$, 2013년에 $\dfrac{37.6}{38.8}\times100\fallingdotseq96.9\%$, 2014년에 $\dfrac{40.3}{41.6}\times100\fallingdotseq$ 96.9%로 매년 90%를 초과한다.

# |03| 응용수리력

| 01 | 02 | 03 | 04 | 05 | 06 | | | | |
|----|----|----|----|----|----|---|---|---|---|
| ④ | ③ | ① | ⑤ | ③ | ③ | | | | |

## 01    정답 ④

미주가 집에서 출발해서 동생을 만나기 전까지 이동한 시간을 $x$시간이라고 하자. 미주가 이동한 거리는 $8x$km이고, 동생이 미주가 출발한 후 12분 뒤에 지갑을 들고 이동했으므로 이동한 거리는 $20\left(x-\dfrac{1}{5}\right)$km이다.

$8x=20\left(x-\dfrac{1}{5}\right)\ \rightarrow\ 12x=4$

$\therefore\ x=\dfrac{1}{3}$

따라서 미주와 동생은 $\dfrac{1}{3}$시간=20분 후에 만나게 된다.

## 02    정답 ③

작년의 남학생 수와 여학생 수를 각각 $a$, $b$명이라 하자.
작년의 전체 학생 수는 $a+b=820$ … ㉠
올해의 전체 학생 수는 $1.08a+0.9b=810$ … ㉡
㉠과 ㉡을 연립하면 $a=400$, $b=420$이다.
따라서 작년 여학생 수는 420명이다.

## 03　정답　①

시침은 1시간에 $30°$, 1분에 $0.5°$씩 움직이고, 분침은 1분에 $6°$씩 움직인다. 현재 시간이 7시 20분이므로

• 시침이 움직인 각도 : $30 \times 7 + 0.5 \times 20 = 210 + 10 = 220°$

• 분침이 움직인 각도 : $6 \times 20 = 120°$

따라서 7시 20분의 작은 각의 각도는 (시침의 각도)$-$(분침의 각도)이므로 $220 - 120 = 100°$이다.

## 04　정답　⑤

직사각형이 정사각형으로 변하는데 걸리는 시간을 $x$초라고 하자.

$15 - 2x = 6 + x \rightarrow 3x = 9$

$\therefore x = 3$

따라서 정사각형이 될 때의 한 변의 길이는 $6 + 1 \times 3 = 9$cm이고, 넓이는 $9 \times 9 = 81$cm$^2$이다.

## 05　정답　③

경서와 민준이가 받은 용돈의 금액을 각각 $x$, $2x$원이라 하고, 지출한 금액을 각각 $4y$, $7y$원이라고 하자.

$x - 4y = 2,000 \cdots$ ㉠

$2x - 7y = 5,500 \cdots$ ㉡

㉠과 ㉡을 연립하면 $x = 8,000$, $y = 1,500$이다.

따라서 민준이가 받은 용돈은 $2 \times 8,000 = 16,000$원이다.

## 06　정답　③

K사의 전 직원을 $x$명이라고 하자. 찬성한 직원은 $0.8x$명이고, 그 중 남직원은 $0.8x \times 0.7 = 0.56x$명이다.

| 구분 | 찬성 | 반대 | 합계 |
|---|---|---|---|
| 남자 | $0.56x$ | $0.04x$ | $0.6x$ |
| 여자 | $0.24x$ | $0.16x$ | $0.4x$ |
| 합계 | $0.8x$ | $0.2x$ | $x$ |

따라서 여직원을 뽑았을 때, 이 사람이 유연근무제에 찬성한 사람일 확률은 $\dfrac{0.24x}{0.4x} = \dfrac{3}{5}$이다.

# | 04 | 수추리력

| 01 | 02 | 03 | 04 | | | | | | | |
|---|---|---|---|---|---|---|---|---|---|---|
| ① | ③ | ④ | ⑤ | | | | | | | |

## 01  정답 ①

앞의 항에 $-2^1$, $+2^2$, $-2^3$, $+2^4$, $-2^5$, …인 수열이다.

따라서 (  )$=(-18)+2^6=(-18)+64=46$이다.

## 02  정답 ③

앞의 항에 $\times 3$, $-6$이 번갈아 가며 적용되는 수열이다.

따라서 (  )$=0\times 3=0$이다.

## 03  정답 ④

홀수 항은 $-2$가 반복되고, 짝수 항은 $\times 3$을 하는 수열이다.

따라서 (  )$=\dfrac{21}{2}\times 3=\dfrac{63}{2}$이다.

## 04  정답 ⑤

나열된 수를 4개씩 묶어 각각 $A$, $B$, $C$, $D$라고 하면

$\underline{A\ B\ C\ D} \rightarrow A^B = C^D$

따라서 $3^{(\ )}=9^3$이므로 (  )$=6$이다.

PART 2

2021년

2020년

2019년

2018년

2017년

2016년

## | 01 | 언어추리력

| 01 | 02 | 03 | 04 | 05 | 06 | 07 | 08 | | |
|----|----|----|----|----|----|----|----|----|----|
| ① | ① | ③ | ② | ③ | ② | ③ | ① | | |

### 01 정답 ①

진혁이는 수현이가 싫어하는 귤을 좋아하고, 귤을 좋아하는 사람은 사과를 싫어한다. 따라서 진혁이는 사과를 싫어한다.

### 02 정답 ①

진혁이는 수현이가 싫어하는 과일을 좋아하기 때문에 귤을 좋아하고 마지막 조건에 의해 사과를 싫어한다. 또한, 세 번째 명제의 대우 명제에 의해 귤을 좋아하는 사람은 포도를 싫어하므로 진혁이가 좋아하는 과일은 귤 한 가지이다.

### 03 정답 ③

마지막 명제의 대우 명제는 '사과를 좋아하는 사람은 귤을 싫어한다.'이다. 그러나 이의 대우 명제와 세 번째 조건만으로는 사과를 좋아하는 사람이 포도를 싫어하는지를 알 수 없다.

### 04 정답 ②

비가 온 삼일 후에는 눈이 내리고 눈이 내린 다음날의 날씨는 맑다. 따라서 비가 온 사일 후의 날씨는 맑다.

### 05 정답 ③

주어진 조건만으로는 날씨를 예측할 수 없다.

### 06 정답 ②

이틀 동안 비가 내리면 다음날 날씨는 맑고, 비가 내린 후 삼일 뒤에는 눈이 내린다. 따라서 월요일, 화요일에 비가 왔다면 수요일의 날씨는 맑고 금요일에는 눈이 내리며 따라서 토요일은 맑다.

## 07  정답 ③

$p$ : 디저트를 좋아함, $q$ : 살이 찜, $r$ : 야식을 좋아함, $s$ : 헬스장에 감, $t$ : 샐러드를 먹음이라고 할 때, 주어진 조건을 정리하면 '$r \rightarrow s \rightarrow \sim t \rightarrow p \rightarrow q$'이다. 따라서 '$s \rightarrow p$'가 성립하지만 역 명제인 '$p \rightarrow s$'가 참인지는 알 수 없다.

## 08  정답 ①

**07**의 해설에 따라 '$r \rightarrow q$'가 성립하고, 따라서 이의 대우 명제인 '$\sim q \rightarrow \sim r$'도 참이다.

## | 02 | 판단력

| 01 | 02 | 03 | 04 | 05 | | | | | |
|----|----|----|----|----|---|---|---|---|---|
| ① | ⑤ | ④ | ⑤ | ④ | | | | | |

## 01  정답 ①

제시문의 자식들의 태도는 부모 부양을 하지 않으면서 부모의 재산을 탐내고 있다. 이에 적절한 속담은 '아무 일도 안하고 이익을 나누는 데 참여한다.'는 뜻의 '자는 중도 떡 세 개'이다.

**오답분석**
② 꽃샘추위에 설늙은이 얼어 죽는다 : 삼사 월의 이른 봄에도 꽤 추운 날씨가 있음을 비유적으로 이르는 말
③ 거미도 줄을 쳐야 벌레를 잡는다 : 무슨 일이든지 거기에 필요한 준비나 도구가 있어야 그 결과를 얻을 수 있다는 말
④ 나갔던 며느리 효도한다 : 처음에 안좋게 여기던 사람이 뜻밖에 잘할 때 쓰는 말
⑤ 다 된 밥에 재 뿌리기 : 거의 다 된 일을 끝판에 망치게 되었다는 말

## 02  정답 ⑤

제시문은 웃음의 긍정적인 역할에 대해 설명하는 글이다. 따라서 '웃으면 젊어지고 성내면 빨리 늙어짐'을 뜻하는 '일소일소 일노일노(一笑一少 一怒一老)'가 적절하다.

**오답분석**
① 망운지정(望雲之情) : 멀리 떨어진 곳에서 부모님을 그리는 마음
② 소문만복래(掃門萬福來) : 집 안을 깨끗이 쓸고 청소하면 만복이 들어옴
③ 출필고반필면(出必告反必面) : '나갈 때는 반드시 아뢰고, 돌아오면 반드시 얼굴을 뵌다.'라는 뜻으로, 외출할 때와 귀가했을 때 부모에 대한 자식의 도리
④ 맹모삼천지교(孟母三遷之敎) : 맹자의 어머니가 자식을 위해 세 번 이사했다는 뜻으로, 인간의 성장에 있어 환경이 중요함을 가리키는 말

## 03  정답 ④

빈칸 앞의 문단에서는 저작권 침해에 대한 사법처리가 어렵다는 이야기를 하고 있지만, 다음 문단에서는 표절과 저작권 침해 방지를 위한 해결책에 대해 이야기하고 있다. 따라서 빈칸에는 표절이 분명한 범죄라는 내용이 들어가야 한다.

## 04  정답 ⑤

ㄷ. 경기도와 광주광역시의 2016년과 2017년 부도업체 수의 전년 대비 증감 추이는 '감소 – 감소'로 동일하다.

ㄹ. 2017년 부산광역시의 부도업체 수가 전국 부도업체 중 차지하는 비중은 $\dfrac{41}{494} \times 100 ≒ 8.3\%$이므로 옳은 설명이다.

**오답분석**

ㄱ. 전라북도의 부도업체 수는 2015년 대비 2017년에 $\dfrac{26-34}{34} \times 100 ≒ -23.5\%$ 감소하였으므로 30% 미만 감소하였다.

ㄴ. 2016년에 부도업체 수가 20곳을 초과하는 시·도는 서울특별시, 부산광역시, 대구광역시, 인천광역시, 경기도, 경상북도, 경상남도로 총 7곳이다.


## 05  정답 ④

ㄱ. 한국, 독일, 영국, 미국이 전년 대비 감소했다.

ㄷ. 전년 대비 2015년의 한국, 중국, 독일의 연구개발비 증가율을 각각 구하면 다음과 같다.

- 한국 : $\dfrac{33,684-28,641}{28,641} \times 100 = \dfrac{5,043}{28,641} \times 100 ≒ 17.6\%$

- 중국 : $\dfrac{48,771-37,664}{37,664} \times 100 = \dfrac{11,107}{37,664} \times 100 ≒ 29.5\%$

- 독일 : $\dfrac{84,148-73,737}{73,737} \times 100 = \dfrac{10,411}{73,737} \times 100 ≒ 14.1\%$

따라서 중국, 한국, 독일 순서로 증가율이 높다.

**오답분석**

ㄴ. 2013년 대비 2017년 연구개발비 증가율을 계산하면 다음과 같다.

- 한국 : $\dfrac{29,703-23,587}{23,587} \times 100 ≒ 25.9\%$

- 중국 : $\dfrac{84,933-29,898}{29,898} \times 100 ≒ 184.1\%$

- 일본 : $\dfrac{169,047-151,270}{151,270} \times 100 ≒ 11.8\%$

- 독일 : $\dfrac{92,552-69,317}{69,317} \times 100 ≒ 33.5\%$

- 영국 : $\dfrac{40,291-39,421}{39,421} \times 100 ≒ 2.2\%$

- 미국 : $\dfrac{401,576-325,936}{325,936} \times 100 ≒ 23.2\%$

따라서 연구개발비 증가율이 가장 높은 곳은 중국이고, 가장 낮은 곳은 영국이다.

# | 03 | 응용수리력

| 01 | 02 | 03 | 04 | 05 | 06 | | | | | |
|----|----|----|----|----|----|---|---|---|---|---|
| ① | ③ | ④ | ② | ⑤ | ① | | | | | |

## 01 　정답　①

나무를 최소로 심으려면 432와 720의 최대공약수만큼의 간격으로 나무를 심어야 한다. 최대공약수가 144이고, 432와 720을 각각 나누면 각각 3과 5이다. 이 수는 시작 지점의 모퉁이는 제외하고 끝나는 지점의 모퉁이는 포함하므로, 모든 모퉁이를 제외하고 계산하면 가로와 세로에 각각 2그루와 4그루씩 심을 수 있다. 따라서 $(2 \times 2) + (4 \times 2) + 4 = 16$그루이다.

## 02 　정답　③

하루 동안 A, B, C가 할 수 있는 일의 양은 각각 $\dfrac{1}{10}$, $\dfrac{1}{20}$, $\dfrac{1}{40}$이다.

이 프로젝트를 4일간 A와 B가 먼저 일한다고 할 때, 남은 일의 양은 $1 - \left( \dfrac{1}{10} + \dfrac{1}{20} \right) \times 4 = \dfrac{2}{5}$이다.

C가 혼자 일하는 기간을 $x$일이라고 하자.

$\dfrac{2}{5} = \dfrac{1}{40} x$

$\therefore x = 16$

따라서 C가 혼자 일하는 기간은 16일이다.

## 03 　정답　④

집에서 역까지의 거리를 $x$m라고 하자.

$\dfrac{x}{50} + \dfrac{x}{60} = 22 \rightarrow 11x = 6,600 \rightarrow x = 600$

따라서 역에서 집까지 돌아올 때 걸린 시간은 $\dfrac{600}{60} = 10$분이다.

## 04 　정답　②

먼저 어른들이 원탁에 앉는 경우의 수는 $(3-1)! = 2$가지이고, 어른들 사이에 아이들이 앉는 경우의 수는 $3! = 6$가지이다.
따라서 원탁에 앉을 수 있는 모든 경우의 수는 $2 \times 6 = 12$가지이다.

## 05 　정답　⑤

A와 G를 제외한 5명 중 C, D, E가 이웃해서 일렬로 서는 경우의 수는 $3! \times 3! = 36$가지이다. 여기에서 A와 G가 자리를 바꿀 수 있으므로 총 경우의 수는 $2 \times 3! \times 3! = 72$가지이다.

## 06 　정답　①

두 개의 주사위를 굴려서 나올 수 있는 모든 경우의 수는 36가지이고, 눈의 합이 2 이하가 되는 경우는 주사위의 눈이 (1, 1)이 나오는 경우이다.
따라서 눈의 합이 2 이하가 나오는 확률은 $\dfrac{1}{36}$이다.

## |04| 수추리력

| 01 | 02 | 03 | 04 | | | | | | |
|----|----|----|----|----|----|----|----|----|----|
| ② | ③ | ③ | ⑤ | | | | | | |

### 01 정답 ②

$+2$, $+3$, $+5$, $+7$, $+11$, …(소수의 작은 값)인 수열이다.
따라서 ( )$=32+13=45$이다.

### 02 정답 ③

홀수 항은 $+1$, $+2$, $+3$, …이고, 짝수 항은 $\times5$, $\times10$, $\times15$, …인 수열이다.
따라서 ( )$=12.5\div5=2.5$이다.

### 03 정답 ③

$a_n \times a_{n+2} = a_{n+1}$인 수열이다.
따라서 ( )$=\dfrac{1}{9}\times36=4$이다.

### 04 정답 ⑤

나열된 수를 4개씩 묶어 각각 $A$, $B$, $C$, $D$라고 하면
$\underline{A\ B\ C\ D} \rightarrow A+B+C+D=10$
따라서 ( )$=10-8=2$이다.

## | 01 | 언어추리력

| 01 | 02 | 03 | | | | | | | |
|----|----|----|---|---|---|---|---|---|---|
| ① | ② | ② | | | | | | | |

### 01 정답 ①

세 번째와 다섯 번째 조건에 따라 D－B－A－C, D－C－A－B, B－A－C－D, C－A－B－D 네 가지 경우가 성립한다. 이 중 D－B－A－C와 C－A－B－D의 경우는 두 번째 조건에 의해 A나 B 중 한 명이 반드시 농부가 되어야 하는데, 네 번째 조건에 따라 두 사람은 농부일 수 없으므로 D－C－A－B 또는 B－A－C－D의 경우만 성립하고, 이를 정리하면 다음과 같다.

| 경우 1 | D(경찰) | C(농부) | A(화가) | B(엔지니어) |
|--------|---------|---------|---------|-------------|
| 경우 2 | B(엔지니어) | A(화가) | C(농부) | D(경찰) |

따라서 어떤 경우에도 C는 농부이다.

### 02 정답 ②

01번의 해설에 따라 모든 경우에 화가와 엔지니어는 서로 이웃한다.

### 03 정답 ②

01번의 해설에 따라 모든 경우에 B는 엔지니어이다.

## | 02 | 판단력

| 01 | 02 |  |  |  |  |  |  |  |  |
|---|---|---|---|---|---|---|---|---|---|
| ② | ③ |  |  |  |  |  |  |  |  |

### 01  정답 ②

채집음식이란 재배한 식물이 아닌 야생에서 자란 음식재료를 활용하여 만든 음식을 의미한다.

오답분석

① 루왁 커피를 사례를 통해 로가닉의 희소성은 까다로운 채집과정과 인공의 힘으로 불가능한 생산과정을 거치면서 나타남을 알 수 있다.
③ 로가닉은 '천연상태의 날것'을 유지한다는 점에서 기존의 오가닉과 차이를 갖는다.
④ 소비자들이 로가닉 제품의 스토리텔링에 만족한다면 높은 가격은 더 이상 매출 상승의 장애 요인이 되지 않는다.
⑤ '로가닉 조리법'을 활용한 외식 프랜차이즈 브랜드가 꾸준히 인기를 끌고 있음을 확인할 수 있다.

### 02  정답 ③

제시된 글은 '야생 조류의 시야가 좁기 때문에 사고가 발생한다.'는 문제의 원인을 제시하고 이를 방지할 수 있는 방법에 대해 설명하는 기사문이다.

## | 03 | 응용수리력

| 01 | 02 | 03 | 04 |  |  |  |  |  |  |
|---|---|---|---|---|---|---|---|---|---|
| ⑤ | ⑤ | ③ | ① |  |  |  |  |  |  |

### 01  정답 ⑤

A가 합격할 확률을 $P_A$라 하고, B가 합격할 확률을 $P_B$라고 하자. A와 B의 운전면허 합격 여부는 서로 영향을 미치지 않는 독립사건이다.

$P_A \times P_B = 0.25$

$P_B = 0.5$

합격 아니면 불합격이므로 A가 불합격할 확률은 $P_A{}^C = 1 - P_A$임을 이용하여 구할 수 있다.

$$P_A = \frac{P_A \times P_B}{P_B} = \frac{0.25}{0.5} = \frac{1}{2} \rightarrow 1 - P_A = 1 - \frac{1}{2} = \frac{1}{2}$$

## 02 정답 ⑤

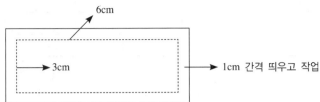

6cm

3cm

1cm 간격 띄우고 작업

목재의 가로 8cm에서 양쪽 끝거리를 제외하면 못박음 해당 길이는 $8-2=6$cm이고, 목재의 세로 5cm에서 양쪽 끝거리를 제외하면 못박음 해당 길이는 $5-2=3$cm이다.

가로 길이의 못 간격은 1.5cm이므로 $6÷1.5=4$개의 구간이 되고 못의 사용 개수는 5개, 세로 길이의 못 간격은 1.5cm이므로 $3÷1.5=2$개의 구간이 되고 못의 사용 개수는 3개이다.

따라서 못이 네 모퉁이에 중복되어 사용되므로 4개를 제외하면 $(5+3)×2-4=12$개이다.


## 03 정답 ③

$x$를 지난해 소의 전체 마릿수, $y$를 지난해 양의 전체 마릿수라고 하자.

지난해 전체 50마리였으므로

$x+y=50$ … ㉠

올해 전체 56마리이므로

$\left(1-\dfrac{2}{10}\right)x+\left(1+\dfrac{3}{10}\right)y=56 \rightarrow 8x+13y=560$ … ㉡

㉠과 ㉡을 연립하면

$5y=160 \rightarrow y=32$

따라서 양은 32마리이다.


## 04 정답 ①

A의 타이핑 속도는 100자/분, B의 타이핑 속도는 150자/분이다.

(타이핑한 글자 수)=(분당 타이핑 속도)×(걸린 시간)이므로 $15,000=100×$(걸린 시간)$+150×$(걸린 시간)이다.

따라서 걸린 시간은 $\dfrac{15,000}{250}=60$분이다.

## |04| 수추리력

## 01  정답 ③

$\begin{pmatrix} a & b \\ c & d \end{pmatrix}$ 라고 하면

$a = n$

$b = n^2$

$c = (n+1)^2$

$d = n \times (n+1)$

따라서 $\begin{pmatrix} & \\ & \end{pmatrix} = \begin{pmatrix} 5 & 25 \\ 36 & 30 \end{pmatrix}$ 이다.

## 02  정답 ④

$n$ 항을 자연수라 하면 $n$ 항과 $(n+1)$ 항을 더하고 $-4$ 를 한 값이 $(n+2)$ 항이 되는 수열이다.

따라서 (   ) $= 89 + 143 - 4 = 228$ 이다.

## 03  정답 ①

$a_{2n+1} = \dfrac{a_{2n-1}}{2}$, $a_{2(n+1)} = \dfrac{a_{2n}}{3}$ 인 수열이다.

따라서 (   ) $= \dfrac{1}{32} \times \dfrac{1}{2} = \dfrac{1}{64}$ 이다.

# 2017년 하반기 정답 및 해설

## | 01 |  언어추리력

| 01 | 02 | 03 | | | | | | | | |
|----|----|----|---|---|---|---|---|---|---|---|
| ③ | ① | ③ | | | | | | | | |

### 01  정답  ③

제시문의 조건을 정리하면 다음과 같다.
• 속도 : 기차>비행기, 버스>기차
• 무게 : 기차>비행기
즉, 속도는 '버스>기차>비행기' 순서이며, 무게는 '기차>비행기' 순서이다. 하지만 버스에 대한 무게는 제시되지 않았으므로 알 수 없다.

### 02  정답  ①

속도는 '버스>기차>비행기' 순서로 빠르다.

### 03  정답  ③

비행기는 기차보다 가볍지만 버스보다 가벼운지, 무거운지 알 수 없다.

## | 02 | 판단력

| 01 | 02 | | | | | | | |
|---|---|---|---|---|---|---|---|---|
| ④ | ② | | | | | | | |

### 01 [정답] ④

첫 번째 문단에서 '사피어 – 워프 가설'을 간략하게 소개하고, 두 번째 ~ 세 번째 문단을 통해 '사피어 – 워프 가설'을 적용할 수 있는 예를 들고 있다. 이후 세 번째 ~ 네 번째 문단을 통해 '사피어 – 워프 가설'을 언어 우위론적 입장에서 설명할 수 있는 근거가 있음을 설명한 뒤, 다섯 번째 문단을 통해 언어 우위론으로 설명되지 않는 모호함이 있음을 밝히며 글을 마치고 있다. 따라서 이 글은 '사피어 – 워프 가설'의 주장에 대한 설명(언어와 사고의 관계)과 함께, 그것을 하나의 이론으로 증명하기 어려움을 말하고 있다.

### 02 [정답] ②

제시된 글은 제4차 산업혁명으로 인한 노동 수요 감소로 인해 나타날 수 있는 문제점으로 대공황에 대한 위험을 설명하면서도, 긍정적인 시각으로 노동 수요 감소를 통해 인간적인 삶 향유가 이루어질 수 있다고 말한다. 따라서 제4차 산업혁명의 밝은 미래와 어두운 미래를 나타내는 ②가 제목으로 적절하다.


## | 03 | 응용수리력

| 01 | 02 | 03 | 04 | 05 | | | | |
|---|---|---|---|---|---|---|---|---|
| ④ | ① | ③ | ④ | ⑤ | | | | |

### 01 [정답] ④

세 번 안에 승패가 가려질 확률은 1−(세 번 모두 승패가 가려지지 않을 확률)과 같다.
한 번의 가위바위보 시행에서 세 사람이 낼 수 있는 경우의 수는 3×3×3=27가지이고, 그중 승패가 나오지 않는 경우의 수는 모두 같은 것을 내는 경우(3가지), 모두 다른 것을 내는 경우(6가지)로 9가지이다. 따라서 한 번의 시행에서 승패가 가려지지 않을 확률은 $\frac{9}{27}=\frac{1}{3}$ 이다.

따라서 세 번 안에 승자와 패자가 가려질 확률은 $1-\left(\frac{1}{3}\right)^3=\frac{26}{27}$ 이다.

### 02 [정답] ①

형의 나이를 $x$, 동생의 나이를 $y$라고 하자(단, $x>y$).
$x+y=22$ … ㉠
$xy=117$ … ㉡
㉠과 ㉡을 연립하면 $x=13$, $y=9$이다.
따라서 동생의 나이는 9세이다.

## 03 정답 ③

요가반에 등록하는 사건을 A, 필라테스반에 등록하는 사건을 B라고 하자.

$P(A \cup B) = P(A) + P(B) - P(A \cap B) = \dfrac{2}{3} + \dfrac{7}{10} - \dfrac{13}{20} = \dfrac{40 + 42 - 39}{60} = \dfrac{43}{60}$

따라서 모두 등록하지 않은 회원은 전체의 $1 - \dfrac{43}{60} = \dfrac{17}{60}$ 이다.

## 04 정답 ④

놀이기구의 개수를 $n$개라고 하자.

$5n + 12 = 6(n - 2) + 2$

$\therefore n = 22$

따라서 놀이기구의 개수는 22개이고, 사람 수는 $5 \times 22 + 12 = 122$명이다.

따라서 사람 수와 놀이기구 개수의 합은 $22 + 122 = 144$이다.

## 05 정답 ⑤

7% 소금물 300g에 들어 있는 소금의 양은 $300 \times 0.07 = 21$g, 4% 소금물 150g에 들어 있는 소금의 양은 $150 \times 0.04 = 6$g이다.

$\dfrac{21 + 6}{300 + 150} \times 100 = \dfrac{27}{450} \times 100 = 6\%$

따라서 두 소금물을 섞으면 6% 소금물 450g이 생성된다. 농도를 반으로 줄이기 위해서는 용액의 양이 두 배가 되어야 하므로 더 필요한 물의 양은 450g이다.

## |04| 수추리력

| 01 | 02 | 03 | 04 | | | | | | |
|----|----|----|----|----|----|----|----|----|----|
| ③ | ④ | ⑤ | ⑤ | | | | | | |

## 01 정답 ③

앞의 항을 $\dfrac{B}{A}$라고 할 때, $\dfrac{A - 1}{A \times B}$인 수열이다.

따라서 ( ) $= \dfrac{60 - 1}{60 \times 11} = \dfrac{59}{660}$ 이다.

## 02 정답 ④

수열의 $n$번째 항을 $a_n$이라고 하면 $a_n = \dfrac{n + (n + 1)}{n \times (n + 1)}$인 수열이다.

따라서 ( ) $= \dfrac{6 + 7}{6 \times 7} = \dfrac{13}{42}$ 이다.

PART 2

2021년

2020년

2019년

2018년

2017년

2016년

## 03  정답 ⑤

수열의 $n$번째 항을 $a_n$ 이라고 하면 $a_n = \dfrac{1}{n \times (2{,}018 - n)}$ 인 수열이다.

따라서 ( ) $= \dfrac{1}{5 \times (2{,}018 - 5)} = \dfrac{1}{10{,}065}$ 이다.

## 04  정답 ⑤

수열의 일반항은 $a_n = \dfrac{n + (n+3)}{n(n+2)}$ 인 수열이다.

따라서 ( ) $= \dfrac{4 + (4+3)}{4(4+2)} = \dfrac{11}{24}$ 이다.

# 09 2017년 상반기 정답 및 해설

## | 01 | 언어추리력

| 01 | 02 | 03 | 04 | 05 | 06 | | | | |
|----|----|----|----|----|----|---|---|---|---|
| ① | ② | ① | ① | ③ | ③ | | | | |

PART 2
2021년
2020년
2019년
2018년
2017년
2016년

### 01 정답 ①

네 번째 조건을 통해, 가장 적은 개수로 620원이 되는 경우는 500+100+10+10＝620이므로 경서는 4개의 동전을 가지고 있다.

### 02 정답 ②

01번의 해설을 통해 경서가 4개의 동전을 가지고 있으므로, 현정이는 5개, 소희는 7개의 동전을 가지고 있음을 알 수 있다. 이때 소희는 모든 종류의 동전을 가지고 있으므로, 가질 수 있는 최소 금액은 500+100+50+10+10+10+10＝690원이다.

### 03 정답 ①

02번의 해설에 따라 현정이는 5개의 동전을 가지고 있다. 이때 700원이 가능한 경우는 500+50+50+50+50＝700원 뿐이므로, 두 종류의 동전을 가지고 있다.

### 04 정답 ①

제시문을 표로 정리하면 다음과 같다.

| 구분 | A | B | C | D |
|------|---|---|---|---|
| PC방 | × | ○ | × | × |
| 도서관 | × | × | △ | △ |
| 동아리 모임 | ○ | × | × | × |
| 스터디 모임 | × | × | △ | △ |

따라서 A는 수업이 끝나면 동아리 모임에 참석한다. 그러나 C와 D는 도서관이나 스터디 모임에 가지만 누가 어느 곳에 가는지는 정확히 알 수 없다.

### 05 정답 ③

04번의 해설을 통해 C는 수업이 끝나면 도서관에 가는지 정확히 알 수 없다.

### 06 정답 ③

04번의 해설을 통해 D는 수업이 끝나면 스터디 모임에 참가하는지 정확히 알 수 없다.

## |02| 판단력

| 01 | 02 | | | | | | | | |
|---|---|---|---|---|---|---|---|---|---|
| ④ | ④ | | | | | | | | |

### 01  정답 ④

제시된 글은 자연 개발에 대한 찬반 입장과 두 입장을 모두 비판하는 주장을 소개하고 있다. 따라서 (다) 자연 개발에 대한 상반된 주장 → (나) 자연에 손을 대는 것이 불가피하다는 입장 → (가) 자연에 손을 대는 것을 반대하는 입장 → (라) 두 주장을 모두 비판하는 입장 순서로 배열하는 것이 적절하다.

### 02  정답 ④

제시된 글에서 대상 그 자체의 성질은 감각될 수 없고, 대상의 현상을 감각하는 방식은 우리에게 달려 있다고 설명하고 있다.

## |03| 응용수리력

| 01 | 02 | 03 | 04 | 05 | | | | | |
|---|---|---|---|---|---|---|---|---|---|
| ① | ② | ④ | ③ | ③ | | | | | |

### 01  정답 ①

올해 직원 수를 $x$명이라고 하면 작년 직원 수는 $1.05x$명, 내년 직원 수는 $1.04x$명이다.
올해 직원 수의 4%가 28명이므로 $0.04x=28 \rightarrow x=700$, 즉 올해 직원 수는 700명이다.
따라서 작년 직원 수는 $1.05 \times 700 = 735$명, 내년 직원 수는 $1.04 \times 700 = 728$명이고, 이의 차는 $735-728=7$명이다.

### 02  정답 ②

• 둘 다 빨간색 구슬일 확률 : $\dfrac{3}{12} \times \dfrac{2}{11} = \dfrac{6}{132}$

• 둘 다 초록색 구슬일 확률 : $\dfrac{4}{12} \times \dfrac{3}{11} = \dfrac{12}{132}$

• 둘 다 파란색 구슬일 확률 : $\dfrac{5}{12} \times \dfrac{4}{11} = \dfrac{20}{132}$

따라서 구하는 확률은 $\dfrac{6}{132} + \dfrac{12}{132} + \dfrac{20}{132} = \dfrac{19}{66}$ 이다.

### 03  정답 ④

꺼낸 동전의 종류가 2가지 이상일 확률은 1−(꺼낸 동전의 종류가 1가지일 확률)과 같다.
• 전체 경우의 수 : $_{10}C_3 = 120$가지
• 500원짜리 동전만 3개를 꺼내는 경우의 수 : $_5C_3 = 10$가지
• 100원짜리 동전만 3개를 꺼내는 경우의 수 : 0가지

- 50원짜리 동전만 3개를 꺼내는 경우의 수 : $_3C_3 = 1$가지

  → 꺼낸 동전의 종류가 1가지일 확률 : $\dfrac{10+0+1}{120} = \dfrac{11}{120}$

따라서 구하는 확률은 $1 - \dfrac{11}{120} = \dfrac{109}{120}$이다.

## 04  정답 ③

5%의 소금물 320g에 들어있는 소금의 양은 $\dfrac{5}{100} \times 320 = 16$g이다.

따라서 구하는 소금물의 농도는 $\dfrac{16}{320+80} \times 100 = 4\%$이다.

## 05  정답 ③

책의 전체 쪽수를 $x$쪽이라고 하자.

$x - \dfrac{1}{3}x - \dfrac{1}{4}\left(x - \dfrac{1}{3}x\right) - 100 = 91$

$\therefore\ x = 384$

따라서 책의 전체 쪽수는 384쪽이다.

# | 04 |  수추리력

| 01 | 02 | 03 | | | | | | | |
|----|----|----|--|--|--|--|--|--|--|
| ④ | ④ | ① | | | | | | | |

## 01  정답 ④

다음 항은 앞의 항에 $\dfrac{(분자)+1}{(분모)+1}$을 곱한 수열이다.

따라서 (　)$= \dfrac{1}{6} \times \dfrac{2}{7} = \dfrac{1}{21}$이다.

## 02  정답 ④

나열된 수를 각각 $A$, $B$, $C$, $D$라고 하면

$\underline{A\ B\ C\ D} \rightarrow A - B = C - D$

따라서 (　)$= 25 - 16 + 9 = 18$이다.

## 03  정답 ①

홀수 항은 $\times 2 + 0.2$, $\times 2 + 0.4$, $\times 2 + 0.6$, …인 수열이고, 짝수 항은 $\times 3 - 0.1$인 수열이다.

따라서 (　)$= 12.2 \times 3 - 0.1 = 36.5$이다.

## | 01 | 언어추리력

| 01 | 02 | 03 | 04 | 05 | 06 | | | | |
|----|----|----|----|----|----|---|---|---|---|
| ① | ③ | ③ | ② | ① | ① | | | | |

### 01   정답   ①

제시문을 정리하면 다음과 같다.

| 구분 | 준열 | 정환 | 수호 | 재하 |
|------|------|------|------|------|
| 데이터 선택 65.8 | × | ○ | × | × |
| 데이터 선택 54.8 | × | × | | |
| 데이터 선택 49.3 | ○ | × | × | × |
| 데이터 선택 43.8 | × | × | | |

따라서 준열이는 데이터 선택 49.3을 사용한다.

### 02   정답   ③

수호는 '데이터 선택 43.8'과 '데이터 선택 54.8' 중 하나를 사용하지만 어떤 요금제를 사용하는지 정확히 알 수 없다.

### 03   정답   ③

재하는 '데이터 선택 43.8'과 '데이터 선택 54.8' 중 하나를 사용하지만 어떤 요금제를 사용하는지 정확히 알 수 없다.

### 04   정답   ②

제시문을 정리하면 다음과 같다.

| 구분 | 월 | 화 | 수 | 목 | 금 | 토 | 일 | 월 |
|------|----|----|----|----|----|----|----|----|
| A | ■ | ■ | ■ | | | | | |
| B | | ■ | ■ | ■ | | 휴가 일수에 포함되지 않음 | | |
| C | | | | ■ | ■ | | | ■ |
| D | | | ■ | ■ | ■ | | | |

따라서 C는 다음 주 월요일까지 휴가이다.

## 05 정답 ①

D는 금요일까지 휴가이다.

## 06 정답 ①

수요일에 휴가 중인 사람은 A, B, D로 3명이고 목요일에 휴가 중인 사람도 B, C, D로 3명이다.

# | 02 | 판단력

| 01 | 02 | 03 | 04 | | | | | | | |
|----|----|----|----|---|---|---|---|---|---|---|
| ③ | ④ | ① | ④ | | | | | | | |

## 01 정답 ③

(다)에 따르면 법원은 기자가 현행범을 체포하려는 경찰과 동행하여 취재하는 과정에서 원고의 동의를 구하지 않고, 연습실을 무단으로 출입하여 취재한 것은 원고의 사생활과 초상권을 침해하는 행위라고 판단하였다. 따라서 ③의 진술처럼 경찰과 동행 취재하는 것은 초상권 침해에 대한 면책 사유에 해당하지 않는다.

## 02 정답 ④

제시된 글은 예비 조건, 진지성 조건, 기본 조건 등 화행 이론에서 말하는 발화의 적절성 조건을 설명하고 있다. 두 번째 문단의 '발화의 적절성 판단은 상황에 의존하고 있다.'라고 하였으므로, 발화가 적절한지는 그 발화가 일어난 상황에 따라 달라진다.

## 03 정답 ①

마지막 문단의 설명처럼 선거 기간 중 여론 조사 결과의 공표 금지 기간이 과거에 비해 대폭 줄어든 것은 국민들의 알권리를 보장하기 위한 것이다. 그러므로 공표 금지 기간이 길어질수록 알권리는 약화된다.

## 04 정답 ④

아시아·태평양의 연도별 인터넷 이용자 수의 증가량은 다음과 같다.
• 2010년 : 872−726=146백만 명
• 2011년 : 988−872=116백만 명
• 2012년 : 1,124−988=136백만 명
• 2013년 : 1,229−1,124=105백만 명
• 2014년 : 1,366−1,229=137백만 명
• 2015년 : 1,506−1,366=140백만 명
• 2016년 : 1,724−1,506=218백만 명
따라서 전년 대비 아시아·태평양의 인터넷 이용자 수의 증가량이 가장 큰 해는 2016년이다.

안심Touch

① 2009년 중동의 인터넷 이용자 수는 66백만 명이고, 2016년 중동의 인터넷 이용자 수는 161백만 명이다. 따라서 2016년 중동의 인터넷 이용자 수는 2009년에 비해 $161-66=95$백만 명이 늘었다.

②·⑤ 제시된 표에 의해 알 수 있다.

③ 2012년 아프리카의 인터넷 이용자 수는 124백만 명이고, 2016년 아프리카의 인터넷 이용자 수는 240백만 명이다. 따라서 2016년의 아프리카의 인터넷 이용자 수는 2012년에 비해 $240 \div 124 \fallingdotseq 1.9$배 증가했다.

## |03| 응용수리력

| 01 | 02 | 03 | 04 | 05 | | | | | |
|---|---|---|---|---|---|---|---|---|---|
| ① | ③ | ⑤ | ② | ② | | | | | |

### 01 정답 ①

3월의 남성 고객 개통 건수를 $x$, 여성 고객 개통 건수를 $y$라고 하자.

3월 전체 개통 건수는 $x+y=400 \cdots$ ㉠

4월 전체 개통 건수는 $(1-0.1)x+(1+0.15)y=400(1+0.05) \rightarrow 0.9x+1.15y=420 \cdots$ ㉡

㉠, ㉡을 연립하면 $x=160$, $y=240$이다.

따라서 4월 여성 고객의 개통 건수는 $1.15y=276$건이다.

### 02 정답 ③

상자의 개수를 $x$개라고 하자.

$6x+4=7(x-3)+1$

$\therefore x=24$

즉, 상자의 개수는 24개이고 야구공의 개수는 $6 \times 24+4=148$개이다.

따라서 상자와 야구공의 개수의 합은 $24+148=172$개이다.

### 03 정답 ⑤

• 첫 번째 시행에서 A회사의 용지 묶음을 꺼낼 확률 : $\dfrac{7}{12}$

• 두 번째 시행에서 A회사의 용지 묶음을 꺼낼 확률 : $\dfrac{6}{11}$

따라서 구하는 확률은 $\dfrac{7}{12} \times \dfrac{6}{11} = \dfrac{7}{22}$이다.

## 04 정답 ②

5% 소금물의 양을 $x$g이라고 하면 12% 소금물의 양은 $(300-x)$g이다.

$$\frac{12}{100}(300-x)+\frac{5}{100}x=\frac{10}{100}\times300 \rightarrow 3,600-7x=3,000 \rightarrow 7x=600$$

$$\therefore \ x=\frac{600}{7}$$

따라서 5%의 소금물의 양은 $\frac{600}{7}$ g이다.

## 05 정답 ②

라온이의 출장 일수를 $x$일이라고 하면 출장 시간은 $24x$시간이다.

• 수면 시간 : $24x\times\frac{1}{4}$ 시간

• 식사 시간 : $24x\times\frac{1}{6}$ 시간

• 업무 시간 : $24x\times\frac{3}{8}$ 시간

• 이동 시간 : $24x\times\frac{1}{8}$ 시간

$$24x=24x\left(\frac{1}{4}+\frac{1}{6}+\frac{3}{8}+\frac{1}{8}\right)+8 \rightarrow 24x=22x+8$$

$$\therefore \ x=4$$

따라서 라온이는 4일 동안 출장을 다녀왔다.

## | 04 | 수추리력

| 01 | 02 | 03 | | | | | | | |
|----|----|----|--|--|--|--|--|--|--|
| ④ | ② | ① | | | | | | | |

## 01 정답 ④

$\times1+2$, $\times2+3$, $\times3+4$, $\times4+5$, $\times5+6$, …인 수열이다.
따라서 (  )$=109\times4+5=441$이다.

## 02 정답 ②

$\times1-2$, $\times2-3$, $\times3-4$, $\times4-5$, $\times5-6$, …인 수열이다.
따라서 (  )$=(-1)\times3-4=-7$이다.

## 03 정답 ①

홀수항은 {(홀수 항)$+5$}$\times2$, 짝수 항은 $\times2+1$인 수열이다.
따라서 (  )$=17\times2+1=35$이다.

PART 2

2021년
2020년
2019년
2018년
2017년
2016년

안심Touch

## | 01 | 언어추리력

| 01 | 02 | 03 | 04 | 05 | 06 | | | | |
|----|----|----|----|----|----|----|----|----|----|
| ② | ① | ③ | ① | ② | ③ | | | | |

### 01 　정답 ②

주어진 조건에 의하면 A를 기준으로 우측으로 A – B – E – D – C – F – (A) 또는 A – F – C – D – E – B – (A) 두 가지 경우가 가능하다. 두 가지 경우에서 모두 B와 E는 마주보지 않는다.

### 02 　정답 ①

F는 A의 옆에 앉아 있다.

### 03 　정답 ③

B는 A의 옆에 있지만 왼쪽인지 오른쪽인지 알 수 없다.

### 04 　정답 ①

매출액이 가장 많은 것은 샌드위치이다. 나머지 세 가지 중에서는 와플이 가장 적게 팔리고, 가격이 가장 낮으므로 매출액이 가장 적은 것은 결국 와플일 것이다. 남은 것은 커피와 주스인데 가격은 같고 커피가 더 많이 팔리므로 커피는 두 번째로, 주스는 세 번째로 매출액이 많을 것이다.

### 05 　정답 ②

와플은 가격이 가장 낮고 팔리는 개수는 두 번째로 적지만 팔리는 개수가 제일 적은 샌드위치가 총 매출액이 제일 높으므로 와플의 매출액이 가장 적다. 그에 반해 커피는 주스와 가격이 같지만 더 많이 팔리기 때문에 두 번째로 매출액이 높다. 따라서 둘의 매출액이 같을 수는 없다.

### 06 　정답 ③

커피의 가격이 두 배로 오른다고 해도 샌드위치의 가격을 알지 못하기 때문에 알 수 없다.

# | 02 |  판단력

| 01 | 02 | 03 | 04 | | | | | | |
|:---:|:---:|:---:|:---:|:---:|:---:|:---:|:---:|:---:|:---:|
| ④ | ④ | ① | ④ | | | | | | |

## 01  정답  ④

제시문의 '수소가 분자 내에 포화되어 있으므로 포화지방산이라 부르며, 이것이 들어있는 지방을 포화지방이라고 한다.'를 통해 포화지방은 포화지방산이 들어있는 지방을 가리킴을 알 수 있다.

**오답분석**

① 포화지방산에서 나타나는 탄소 결합 형태는 연결된 탄소끼리 모두 단일 결합하는 모습을 띠고, 각각의 탄소에 수소가 두 개씩 결합한다.
② 탄소에 수소가 두 개씩 결합하는 형태는 분자 간 인력이 높아 지방산 분자들이 단단하게 뭉치게 되는 것이다. 열에너지가 많아지면 인력이 느슨해진다.
③ 분자 간 인력이 높을 때 지방산 분자들이 단단히 뭉치는 것이므로 느슨해지면 그의 반대가 된다.
⑤ 포화지방이 체내에 저장되면 에너지로 전환되어 몸에 열량을 내는 데 이용된다. 몸에 좋지 않은 경우는 저밀도 단백질과 결합하는 경우이다.

## 02  정답  ④

알려지지 않은 것에서는 불안정, 걱정, 공포감이 뒤따라 나오기 때문에 우리 마음의 불안한 상태를 없애고자 한다면, 알려지지 않은 것을 알려진 것으로 바꿔야 한다. 이러한 환원은 우리의 마음을 편하게 해주고 만족하게 한다. 이 때문에 우리는 이미 알려진 것, 체험한 것, 기억에 각인된 것을 원인으로 설정하게 되고, 낯설고 체험하지 않았다는 느낌을 빠르게 제거해버려, 특정 유형의 설명만이 남아 우리의 사고방식을 지배하게 만든다. 따라서 밑줄에는 '낯설고 체험하지 않았다는 느낌을 제거해 버린다.'는 내용이 가장 적절하다.

## 03  정답  ①

제시된 글은 풀기 어려운 문제에 둘러싸인 기업적・개인적 상황을 제시하고, 위기의 시대임을 언급하고 있다. 그리고 그 위기를 이겨내는 자가 성공하는 자가 될 수 있음을 말하며, 위기를 이겨내기 위해서 지혜가 필요하다는 것에 대해 설명하고 있는 글이다. 따라서 (나) 풀기 어려운 문제에 둘러싸인 현재의 상황 → (라) 위험과 기회라는 이중의미를 가지는 '위기' → (다) 위기를 이겨내는 것이 필요 → (가) 위기를 이겨내기 위한 지혜와 성공이라는 결과로 연결되어야 한다.

## 04  정답  ④

제시문은 일본 국립 사회보장인구문제 연구소에서 조사한 '5년간 캥거루족의 증가 추세'에 대한 통계 수치만을 언급하고 있다. '캥거루족의 증가 이유'를 말한 ④는 제시문에서 찾아볼 수 없다.

PART 2

2021년

2020년

2019년

2018년

2017년

2016년

## |03| 응용수리력

| 01 | 02 | | | | | | | | |
|----|----|----|----|----|----|----|----|----|----|
| ④ | ④ | | | | | | | | |

### 01  정답 ④

할인받기 전 종욱이가 지불할 금액은 $25,000 \times 2 + 8,000 \times 3 = 74,000$원이다.
통신사 할인과 깜짝 할인을 적용한 후의 금액은 $(25,000 \times 2 \times 0.85 + 8,000 \times 3 \times 0.75) \times 0.9 = 54,450$원이다.
따라서 총 할인된 금액은 $74,000 - 54,450 = 19,550$원이다.

### 02  정답 ④

1학년, 2학년, 3학년의 학생 수를 각각 $4x$, $2x$, $x$라 하자.
따라서 전체 평균은 $\dfrac{4x \times 20 + 2x \times 13 + x \times 20}{4x + 2x + x} = \dfrac{(80 + 26 + 20)x}{7x} = 18$점이다.

## |04| 수추리력

| 01 | 02 | 03 | | | | | | | |
|----|----|----|----|----|----|----|----|----|----|
| ⑤ | ④ | ④ | | | | | | | |

### 01  정답 ⑤

홀수 항은 $+6$, 짝수 항은 $-2$인 수열이다.
따라서 (　　)$= 13 + 6 = 19$이다.

### 02  정답 ④

앞의 항에 $+3$, $+5$, $+7$, $+9$, …인 수열이다.
따라서 (　　)$= 41 + 3 = 44$이다.

### 03  정답 ④

'(앞의 항)$\times 2 + 1 =$(다음 항)'인 수열이다.
따라서 (　　)$= 63 \times 2 + 1 = 127$이다.

# PART III

주요기업 최신기출문제
정답 및 해설

## | 언어 |

| 01 | 02 | 03 | 04 | 05 | 06 | 07 | 08 | 09 | 10 | 11 | 12 | 13 | 14 | 15 | 16 | 17 | 18 | 19 | 20 |
|----|----|----|----|----|----|----|----|----|----|----|----|----|----|----|----|----|----|----|----|
| ⑤ | ③ | ① | ① | ④ | ③ | ① | ⑤ | ② | ④ | ② | ④ | ④ | ③ | ③ | ③ | ① | ③ | ③ | ③ |
| 21 | 22 | 23 | 24 | 25 | | | | | | | | | | | | | | | |
| ② | ③ | ① | ④ | ③ | | | | | | | | | | | | | | | |

### 01 　정답　⑤

의료용 3D프린팅 기술의 안전성 검증의 과정에서 전체적 동식물 유전자 조작에 대한 부정적 견해를 유발할 수 있다.

오답분석

① 3D프린터는 재료와 그 크기에 따라 사람의 치아나 피부, 자동차까지 다양한 사물을 인쇄할 수 있다.

② 3D프린터 기술의 발전에 따라 환자의 필요한 장기를 인쇄함으로써 별도의 장기기증자를 기다리지 않아도 될 것이다.

③ 피부를 직접 환자에게 인쇄하기 위해서는 피부 세포와 콜라겐 섬유소 등으로 구성된 바이오 잉크가 필요하다.

④ 환자 본인의 세포에서 유래된 바이오 잉크를 사용했느냐에 따라 거부 반응의 유무가 달라지기 때문에 같은 바이오 잉크를 사용한다 하더라도 거부 반응이 발생할 수 있다.

### 02 　정답　③

제시문을 통해 산업 및 가정에서 배출된 생활폐기물을 바이오매스 자원으로 활용하여 에너지를 생산하기 위한 화이트 바이오 연구가 진행되고 있음을 알 수 있다.

오답분석

① 바이오매스를 살아있는 유기물로 정의하는 생태학과 달리, 산업계에서는 산업용 폐자재나 가축의 분뇨, 생활폐기물과 같이 죽은 유기물이라 할 수 있는 유기성 폐자원 또한 바이오매스로 정의하고 있다.

② 산업계는 미생물을 활용한 화이트 바이오를 통해 온실가스 배출, 악취 발생, 수질오염 등 환경적 문제를 해결할 것으로 기대하고 있다.

④ 보건 및 의료 분야의 바이오산업인 레드 바이오나, 농업 및 식량 분야의 그린 바이오보다 늦게 발전을 시작했다는 점에서 앞선 두 바이오산업에 비해 규모가 작을 것임을 추측할 수 있다.

⑤ 화이트 바이오 산업이 대체하려는 기존 화학 산업의 경우 화석원료를 이용하는 제조방식으로 인한 이산화탄소 배출이 문제가 되고 있음을 추측할 수 있다.

## 03  정답 ①

귀족은 직령포를 평상복으로만 입었고, 서민과 달리 의례와 같은 공식적인 행사에는 입지 않았다고 하였다. 따라서 서민들은 공식적인 행사에서도 직령포를 입었음을 추론할 수 있다.

② 고려시대에는 복식 구조가 크게 변했는데 특히 귀족층은 중국옷을 그대로 받아들여 입었지만, 서민층은 우리 고유의 복식을 유지하여, 복식의 이중 구조가 나타났다고 하였다. 따라서 모든 계층에서 중국옷을 그대로 받아들여 입었던 것은 아니다.
③ 중기나 후기에 들어서면서 띠 대신 고름을 매기 시작했으며, 후기에는 마고자와 조끼를 입기 시작했는데 조끼는 서양 문물의 영향을 받은 것이라고 하였다. 하지만 마고자에 대해서는 그러한 언급이 없으므로 옳지 않은 내용이다.
④ 임금이 입었던 구군복에만 흉배를 붙였다고 하였으므로 다른 무관들이 입던 구군복에는 흉배가 붙여져 있지 않았을 것이다.
⑤ 문무백관의 상복도 곤룡포와 모양은 비슷했으나 무관 상복의 흉배에는 호랑이를, 문관 상복의 흉배에는 학을 수놓았다고 하였으므로 옳지 않은 내용이다.


## 04  정답 ①

ㄱ. 지지도 방식에서는 적극적 지지자만 지지자로 분류하고 나머지는 기타로 분류하므로 적극적 지지자의 수가 많은 A후보가 더 많은 지지를 받을 것이다. 따라서 옳은 내용이다.

ㄴ. 선호도 방식에서는 적극적 지지자와 소극적 지지자를 모두 지지자로 분류하므로 둘의 합계가 많은 후보가 더 많은 지지를 받을 것이다. 그런데 ㄴ의 경우에는 각 후보의 지지자 수의 대소관계를 알 수 없으므로 판단이 불가능하다. 따라서 옳지 않은 내용이다.
ㄷ. 지지도 방식에서는 적극적 지지자의 대소로 판단하지만 선호도 방식에서는 적극적, 소극적 지지자의 합의 대소로 판단하게 된다. 예를 들어 A후보가 B후보보다 적극적 지지자가 10이 많고 소극적 지지자가 20이 많다면, 지지도 방식에서의 차이는 10이지만 선호도 방식에서의 차이는 30이 된다. 따라서 옳지 않은 내용이다.


## 05  정답 ④

조선 전기에는 처거제(여자에게 유리) – 부계제(남자에게 유리)가 유지되었다고 하였으므로 남녀 간 힘의 균형이 무너졌다고 보기는 어렵다.

① 처거제에서 부거제로 전환된 시점을 정확하게 지목하기는 힘들지만 조선 후기에 부거제가 시행되었다고 하였고, 거주율이 바뀌었다는 것은 대단한 사회변동이라고 하였으므로 옳은 내용이다.
② 조선시대 들어 유교적 혈통률의 영향을 받아 부계제로 변화하였으며, 부거제는 조선 후기에 시행되었다고 하였으므로 옳은 내용이다.
③ 우리나라는 역사적으로 거주율에 있어서 처거제를 오랫동안 유지하였고, 조선 전기에도 이러한 체제가 유지되었다고 하였으므로 옳은 내용이다.
⑤ 고려시대까지는 처거제 – 모계제를 유지하였으나 조선 시대에 들어와 처거제 – 부계제로 변화하였으며 조선 후기에는 부거제 – 부계제로 변화하였으므로 옳은 내용이다.


## 06  정답 ③

제시문은 그림만으로는 정확한 의사소통이 이루어지기 힘들다는 것을 일화와 예시를 통해 보여주고 있다.

① 제시문은 그림이나 기호로는 완벽한 의사소통이 어려울 수 있음을 보여주는 글이다. 언어적 표현의 의미는 본문에서 찾아볼 수 없다.
② 2문단의 네 번째 문장 '왜냐하면 ~ 결정되기 때문이다.'를 보면, 약속에 의해 기호의 의미가 결정됨을 알 수 있다.
④ 1문단을 종합해 보면, 어떤 언어적 표현도 없고 단지 그림만 가지고는 의사소통이 힘들다는 것을 설명하는 내용이므로 알 수 없다.
⑤ '상이한 사물에 대한 그림들은 동일한 의미로 이해될 수 없다.'는 내용은 본문에서 찾아볼 수 없다.

## 07 정답 ①

제시문에서 언급한 '다양한 접근'이란 표시되는 장치에 맞추어 해상도, 크기 등을 조절하거나 주요 콘텐츠를 제외한 나머지 소스를 잘라내는 방법 등을 의미한다. 하지만 ①은 이와 달리 기존의 콘텐츠를 재구성하는 것일 뿐 표시되는 장치에 타깃을 맞춘 것이라고 보기는 어렵다.

## 08 정답 ⑤

케플러식 망원경은 상의 상하좌우가 뒤집힌 도립상을 보여주며, 갈릴레이식 망원경은 상의 상하좌우가 같은 정립상을 보여준다.

**오답분석**

① 최초의 망원경은 네덜란드의 안경 제작자인 한스 리퍼쉬(Hans Lippershey)에 의해 만들어졌지만, 이 최초의 망원경 발명에는 리퍼쉬의 아들이 발견한 렌즈 조합이 계기가 되었다.

② 갈릴레오는 초점거리가 긴 볼록렌즈를 망원경의 대물렌즈로 사용하고 초점 거리가 짧은 오목렌즈를 초점면 앞에 놓아 접안렌즈로 사용하였다.

③ 갈릴레오는 자신이 발명한 망원경으로 금성의 각크기가 변한다는 것을 관측함으로써 금성이 지구를 중심으로 공전하는 것이 아니라 태양을 중심으로 공전하고 있다는 것을 증명하였다.

④ 케플러식 망원경은 장초점의 볼록렌즈를 대물렌즈로 하고 단초점의 볼록렌즈를 초점면 뒤에 놓아 접안렌즈로 사용한 구조이다.

## 09 정답 ②

오키프 박사와 모세르 부부는 장소세포와 격자세포를 발견했으나 장소세포가 어떻게 생성되고 변화하는지는 밝혀내지 못했다. 이를 밝혀낸 것은 뇌과학운영단의 세바스천 로열 박사팀이다.

## 10 정답 ④

지문에서는 비타민D의 결핍으로 인해 발생하는 건강문제를 근거로 신체를 태양빛에 노출하여 건강을 유지해야 한다고 주장하고 있다. 따라서 태양빛에 노출되지 않고도 충분한 비타민D 생성이 가능하다는 근거가 있다면 지문에 대한 반박이 되므로 ④가 정답이 된다.

**오답분석**

① 태양빛에 노출될 경우 피부암 등의 질환이 발생하는 것은 사실이나, 이것이 비타민D의 결핍을 해결하는 또 다른 방법을 제시하거나 지문에서 주장하는 내용을 반박하고 있지는 않다.

② 비타민D는 칼슘과 인의 흡수 외에도 흉선에서 면역세포를 생산하는 작용에 관여하고 있다. 따라서 칼슘과 인의 주기적인 섭취만으로는 문제를 해결할 수 없으며, 지문에 대한 반박이 되지 못한다.

③ 지문에서는 비타민D 보충제에 대해 언급하고 있지 않다. 따라서 비타민D 보충제가 태양빛 노출을 대체할 수 있을지 판단하기 어렵다.

⑤ 지문에서는 자외선 차단제를 사용했을 때 중파장 자외선이 어떻게 작용하는지 언급하고 있지 않다. 또한 자외선 차단제를 사용한다는 사실이 태양빛에 노출되어야 한다는 지문의 주장을 반박한다고는 보기 어렵다.

## 11 정답 ②

지문에서는 제품의 굽혀진 곡률을 나타내는 R의 값이 작을수록 패널이 받는 폴딩 스트레스가 높아진다고 언급하고 있다. 따라서 1.4R의 곡률인 S전자의 인폴딩 폴더블 스마트폰은 H기업의 아웃폴딩 스마트폰보다 곡률이 작을 것이므로 폴딩 스트레스가 높다고 할 수 있다.

**오답분석**

① H기업은 아웃폴딩 패널을 사용하였다.

③ 동일한 인폴딩 패널이라고 해도 S전자의 R값이 낮으며, R값의 차이에 따른 개발 난이도는 지문에서 확인할 수 없다.

④ 인폴딩 패널은 아웃폴딩 패널보다 상대적으로 곡률이 낮아 개발 난이도가 높다. 따라서 아웃폴딩 패널을 사용한 H기업의 폴더블 스마트폰의 R값이 인폴딩 패널을 사용한 A기업의 폴더블 스마트폰보다 작을 것이라고 보기엔 어렵다.

⑤ 지문에서 여러 층으로 구성된 패널을 접었을 때 압축응력과 인장응력이 동시에 발생한다고는 언급하고 있으나 패널의 수가 스트레스와 연관된다는 사실은 확인할 수 없다. 따라서 S전자의 폴더블 스마트폰의 R값이 작은 이유라고는 판단하기 어렵다.

## 12 　정답 ④

1998년 개발도상국에 대한 은행 융자 총액은 500억 달러였는데, 2005년에는 670억 달러가 되었으므로 1998년 수준을 회복하였다.

**오답분석**
① 경제적 수익을 추구하기 위한 것으로 포트폴리오 투자를 들 수 있으며, 회사 경영에 영향력을 행사하기 위한 것으로 외국인 직접투자를 들 수 있다.
② 지금까지 해외 원조는 개발도상국에 대한 경제적 효과가 있다고 여겨져 왔으나 최근 경제학자들 사이에서는 그러한 경제적 효과가 없다는 주장이 힘을 얻고 있다고 하였다.
③ 개발도상국으로 흘러드는 외국자본은 크게 원조, 부채, 투자가 있는데, 그중 부채는 은행 융자와 채권, 투자는 포트폴리오 투자와 외국인 직접투자로 나눌 수 있다.
⑤ 개발도상국에 대한 포트폴리오 투자액은 90억 달러에서 410억 달러로 320억 달러 증가하였고, 채권은 230억 달러에서 440억 달러로 210억 달러 증가하였다. 따라서 포트폴리오의 증감액이 더 크다.

## 13 　정답 ④

신경교 세포가 전체 뉴런을 조정하면서 기억력과 사고력을 향상시킨다는 가설하에, 인간의 신경교 세포를 갓 태어난 생쥐의 두뇌에 주입하는 실험을 하였다. 그리고 그 실험결과는 이 같은 가설을 뒷받침해주는 결과를 가져왔으므로 옳은 내용이라고 할 수 있다.

**오답분석**
① 인간의 신경교 세포를 생쥐의 두뇌에 주입하였더니 쥐가 자라면서 주입된 인간의 신경교 세포도 성장했고, 이 세포들이 주위의 뉴런들과 완벽하게 결합되어 쥐의 두뇌 전체에 걸쳐 퍼지게 되었다고 하였다. 그러나 이 과정에서 쥐의 뉴런에 어떠한 영향을 주는지에 대해서는 언급하고 있지 않다.
②·③ 제시문의 실험은 인간의 신경교 세포를 쥐의 두뇌에 주입했을 때의 변화를 살펴본 것이지 인간의 뉴런 세포를 주입한 것이 아니므로 추론할 수 없는 내용이다.
⑤ 쥐에 주입된 인간의 신경교 세포는 그 기능을 그대로 간직한다고 하였으므로 옳지 않은 내용이다.

## 14 　정답 ③

오골계는 살과 가죽, 뼈 등이 검은 것 외에도 일반 닭에 비해 발가락 수가 5개로 하나 더 많기 때문에 일반 닭과 큰 차이가 없다고 보기는 어렵다.

**오답분석**
① 검은색 털을 지닌 오계와 달리 오골계는 흰색이나 붉은 갈색의 털을 지니고 있어 털의 색으로도 구분이 가능하다.
② 손질된 오골계와 오계 고기는 살과 가죽, 뼈가 모두 검정이기 때문에 구분이 쉽지 않을 것이다.
④ 오계의 병아리는 일반 병아리와 달리 털이 검은색이며 발가락 수가 다르기 때문에 구분하기가 쉽다고 할 수 있다.
⑤ 오계는 야생성이 강하고 사육기간이 길어 기르는 것이 쉽지 않은 데다 동의보감에서 약효와 쓰임새가 기록되어 있는 것을 통해 식재보다는 약용으로 더 많이 쓰였을 것으로 짐작할 수 있다.

## 15 　정답 ③

(다) 문단은 비실명 금융거래의 폐해로 금융실명제 도입의 필요성에 대해 설명하고 있다. 따라서 ③은 소제목으로 적절하지 않다.

## 16 　정답 ③

할랄식품 시장의 확대로 많은 유통업계들이 할랄식품을 위한 생산라인을 설치 중이다.

**오답분석**
①·② 할랄식품은 엄격하게 생산·유통되기 때문에 일반 소비자들에게도 평이 좋다.
④ 세계 할랄 인증 기준은 200종에 달하고 수출하는 무슬림 국가마다 별도의 인증을 받아야 한다.

**17**  <u>정답</u> ①

'미국 사회에서 동양계 ~ 구성된다.'에서 '모범적 소수 인종'의 인종적 정체성은 백인의 특성이 장점이라고 생각하는 것과 동양인의 특성이 단점이라고 생각하는 것의 사이에서 구성된다. 따라서 '모범적 소수 인종'은 특유의 인종적 정체성을 내면화하고 있음을 추론할 수 있다.

**오답분석**

② 제시문의 논점은 '동양계 미국인 학생들(모범적 소수 인종)'이 성공적인 학교생활을 통해 주류 사회에 동화되고 있는 것이 사실인지 여부이다. 그에 따라 사회적 삶에서 인종주의의 영향이 약화될 수 있는지에 대한 문제이다. 따라서 '모범적 소수 인종'의 성공이 일시적·허구적인지에 대한 논점은 확인할 수 없다.
③ 동양계 미국인 학생들은 인종적인 차별을 의식하고 있다고 말할 수 있지만 소수 인종 모두가 의식하고 있는지는 제시문을 통해서 추측할 수 없다.
④ 인종차별을 의식하는 것은 알 수 있지만 한정된 자원의 배분을 놓고 갈등하는지는 알 수 없다.


**18**  <u>정답</u> ③

동족방뇨(凍足放尿)는 '언 발에 오줌 누기'라는 뜻으로 그때 상황만 모면하고자 바로 뒤에 올 결과는 생각을 안 하여, 일시적인 효과만 있고 결과는 나빠지는 것을 말한다.

**오답분석**

① 유비무환(有備無患) : 준비가 되어 있다면 근심이 없다는 뜻
② 근주자적(近朱者赤) : 주위환경이 중하다는 뜻
④ 세불십년(勢不十年) : 권력은 오래가지 못하고 변한다는 뜻


**19**  <u>정답</u> ③

제시된 글은 지구 온난화의 위협을 비교적 덜 받는 것으로 여겨졌던 동남극의 덴먼 빙하가 지구 온난화의 위협을 받고 있다는 연구 결과를 이야기한다. 따라서 (나) 비교적 지구 온난화의 위협을 덜 받는 것으로 생각되어 온 동남극 → (다) 동남극 덴먼 빙하에 대한 조사를 통해 드러난 지구 온난화 위협의 증거 → (가) 한 연구팀의 덴먼 빙하 누적 얼음 손실량 조사와 지반선 측정 → (마) 비대칭성을 보이는 빙상의 육지 - 바다 접점 지반선 후퇴 → (라) 빙하의 동쪽 측면과 서쪽 측면의 다른 역할에 따른 결과의 순서로 연결되어야 한다.


**20**  <u>정답</u> ③

(나)의 설립 목적은 신발을 신지 못한 채 살아가는 아이들을 돕기 위한 것이었고, 이러한 설립 목적은 가난으로 고통 받는 제3세계의 아이들이라는 코즈(Cause)와 연계되어 소비자들은 제품 구매 시 만족감과 충족감을 얻을 수 있었다.

**오답분석**

①·⑤ 코즈 마케팅은 기업이 추구하는 사익과 사회가 추구하는 공익을 동시에 얻는 것을 목표로 하므로 기업의 실익을 얻으면서 공익과의 접점을 찾는 마케팅 기법으로 볼 수 있다.
②·④ 코즈 마케팅은 기업의 노력에 대한 소비자의 호의적인 반응과 그로 인한 기업의 이미지가 제품 구매에 영향을 미친다. 즉, 기업과 소비자의 관계가 중요한 역할을 하므로 소비자의 공감을 얻어낼 수 있어야 성공적으로 적용할 수 있다.


**21**  <u>정답</u> ②

4차 산업혁명으로 대량실업 사태가 발생할 수 있다는 우려가 꾸준히 제기되고 있다는 마지막 문장을 통해 앞으로 4차 산업혁명의 부정적 영향에 관한 이야기가 이어질 것임을 추론할 수 있다.

## 22 정답 ③

• 관장하다 : 일을 맡아서 주관하다.
• 장관하다 : 일을 맡아서 주관하다.

**오답분석**

① 처리하다 : 1. 사무나 사건 따위를 절차에 따라 정리하여 치르거나 마무리를 짓다.
　　　　　　2. 일정한 결과를 얻기 위하여 화학적 또는 물리적 작용을 일으키다.
② 방관하다 : 어떤 일에 직접 나서서 관여하지 않고 곁에서 보기만 하다.
④ 권장하다 : 권하여 장려하다.

## 23 정답 ①

매슬로우의 인간 욕구 5단계 이론을 소개한 (나), 다섯 가지 욕구와 그 우선순위를 설명하는 (라), 다섯 단계의 욕구를 더 자세히 설명하는 (다), 인간 욕구 5단계 이론이 경영학 중 하나인 인사 분야에서 사용됨을 설명하는 (가), 마지막으로 경영학 중 다른 하나인 마케팅 분야에서 사용됨을 설명하는 (마) 순서로 나열된다.

## 24 정답 ④

행복한 가정을 이루고 싶어 하는 것은 소속과 애정의 욕구로 볼 수 있다.

**오답분석**

① 첫 번째 단계인 생리적 욕구에 해당한다.
② (라) 문단을 통해 확인할 수 있다.
③ (가) 문단을 통해 확인할 수 있다.

## 25 정답 ③

노후 대비를 위해 연금보험에 가입한 것은 경제적 위험으로부터 보호받고 싶어 하는 안전 욕구로 볼 수 있다.

**오답분석**

① 자아실현 욕구 사례이다.
② 생리적 욕구 사례이다.
④ 소속과 애정의 욕구 사례이다.

| 01 | 02 | 03 | 04 | 05 | 06 | 07 | 08 | 09 | 10 | 11 | 12 | 13 | 14 | 15 | 16 | 17 | 18 | 19 | 20 |
|----|----|----|----|----|----|----|----|----|----|----|----|----|----|----|----|----|----|----|----|
| ④ | ④ | ② | ① | ③ | ② | ④ | ③ | ② | ② | ① | ② | ④ | ① | ④ | ② | ② | ③ | ⑤ | ② |
| 21 | 22 | 23 | 24 | 25 | 26 | 27 | 28 | 29 | 30 | 31 | 32 | 33 | 34 | 35 | 36 | 37 | 38 | 39 | 40 |
| ④ | ⑤ | ③ | ③ | ① | ④ | ③ | ④ | ④ | ③ | ① | ① | ② | ④ | ④ | ④ | ③ | ④ | ③ | ① |
| 41 | 42 | 43 | 44 | 45 | 46 | 47 | 48 | 49 | 50 | | | | | | | | | | |
| ④ | ③ | ④ | ④ | ③ | ④ | ⑤ | ③ | ④ | ④ | | | | | | | | | | |

## 01 정답 ④

고급반 가, 나, 다 수업은 이어서 개설되므로 하나의 묶음으로 생각한다. 고급반 가, 나, 다 수업이 하나의 묶음 안에서 개설되는 경우의 수는 3!가지이다.
초급반 A, B, C 수업은 이어서 개설되지 않으므로 6개 수업을 순차적으로 개설하는 방법은 다음과 같은 두 가지 경우가 있다.

| 초급반 A, B, C | 고급반 가, 나, 다 | 초급반 A, B, C | 초급반 A, B, C |
|---|---|---|---|

| 초급반 A, B, C | 초급반 A, B, C | 고급반 가, 나, 다 | 초급반 A, B, C |
|---|---|---|---|

두 가지 경우에서 초급반 A, B, C 수업의 개설 순서를 정하는 경우의 수는 3!가지이다.
따라서 6개 수업을 순차적으로 개설하는 경우의 수는 3!×2×3!=72가지이다.

## 02 정답 ④

연임이 불가능할 때 3년 동안 조장을 뽑는 경우의 수는 6×5×5가지이다.
연임은 불가능하므로 3년 동안 A가 조장을 2번 할 수 있는 경우는 첫 번째와 마지막에 조장을 하는 경우이다. 그러므로 A가 조장을 2번 하는 경우의 수는 1×5×1가지이다.

$$\therefore \frac{1 \times 5 \times 1}{6 \times 5 \times 5} = \frac{1}{30}$$

## 03 정답 ②

평균속력은 $\frac{(\text{총 이동거리})}{(\text{총 걸린시간})}$이며, B대리가 이동한 총거리를 구하면 14+6.8+10=30.8km이다.

이동하는 데 걸린 시간(모든 시간 단위는 시간으로 환산)은 $1.5 + \frac{18}{60} + 1 = 2.5 + \frac{3}{10} = 2.8$시간이다.

따라서 B대리가 출·퇴근하는 평균속력은 $\frac{30.8}{2.8} = 11$km/h이다.

## 04 정답 ①

초콜릿의 개수를 $x$라고 하자.
초콜릿을 3명이 나눠 먹었을 때 2개가 남고, 4명이 나눠먹었을 때도 2개가 남았으므로 $(x-2)$는 3과 4의 배수이다.
$x-2=3n=4m$

| $x-2$ | $x$ |
|---|---|
| 12 | 14 |
| 24 | 26 |
| 36 | 38 |
| ... | ... |

따라서 $x \leq 25$이므로 $x=14$이고, 초콜릿을 7명이 나눠먹었을 때 남는 초콜릿은 0개이다.

## 05 정답 ③

주어진 정보를 표로 나타내고 미지수를 설정한다.

| 구분 | 소금물 1 | | 소금물 2 | | 섞은 후 |
|---|---|---|---|---|---|
| 농도 | 25% | + | 10% | = | $\dfrac{55}{y}\times100$ |
| 소금의 양 | 50g | | $x\times0.1$g | | 55g |
| 소금물의 양 | 200g | | $x$g | | $y$g |

섞기 전과 섞은 후의 소금의 양과 소금물의 양으로 다음과 같이 식을 세울 수 있다.

$50+x\times0.1=55$

$200+x=y$

계산하면 $x=50$, $y=250$이다.

문제에서 섞은 후의 소금물의 농도를 구하라고 하였으므로 $\dfrac{55}{y}\times100=\dfrac{55}{250}\times100=22\%$이다.

## 06 정답 ②

(이익)=(할인가)-(원가)이므로 이익이 생산비용보다 같거나 많아야 손해를 보지 않을 수 있다.

S사에서 생산하는 A상품의 개수를 $x$개라고 하면 다음과 같다.

(A상품 1개당 할인가)=$300\times(1-25\%)=225$원

(A상품 1개당 이익)=(A상품 1개당 할인가)-(A상품 1개당 원가)=$225-200=25$원

(생산비용)=10억 원=1,000,000,000원

(A상품 $x$개의 이익)≥(생산비용)

$25\times x\geq1,000,000,000$

∴ $x\geq40,000,000$

따라서 A상품을 4천만 개 이상 생산해야 손해를 보지 않는다.

## 07 정답 ④

20억 원을 투자하였을 때 기대수익은 (원가)×(기대수익률)로 구할 수 있다. 기대수익률은 {(수익률)×(확률)의 합}으로 구할 수 있으므로 기대수익은 (원가)×{(수익률)×(확률)의 합}이다.

$20\times\{10\%\times50\%+0\%\times30\%+(-10\%)\times20\%\}=0.6$억 원이다. 따라서 기대수익은 0.6억 원=6,000만 원이다.

(원가)+(수익)을 구하여 마지막에 (원가)를 빼서 (수익)을 구하는 방법도 있다.

{(원가)+(수익)}은 $20\times(110\%\times50\%+100\%\times30\%+90\%\times20\%)=20.6$억 원이다.

따라서 기대수익은 $20.6-20=0.6$억 원=6,000만 원이다.

## 08 정답 ③

일의 양을 1이라고 하고 A, B, C가 각자 혼자 일을 하였을 때 걸리는 기간을 각각 $a$, $b$, $c$일이라고 하면 다음과 같다.

• A가 혼자 하루에 할 수 있는 일의 양 : $\dfrac{1}{a}$

• B가 혼자 하루에 할 수 있는 일의 양 : $\dfrac{1}{b}$

• C가 혼자 하루에 할 수 있는 일의 양 : $\dfrac{1}{c}$

A, B, C 모두 혼자 일했을 때의 능률과 함께 일을 하였을 때의 능률이 같다고 하였으므로 다음과 같다.

• A, B, C가 하루에 할 수 있는 일의 양 : $\dfrac{1}{a}+\dfrac{1}{b}+\dfrac{1}{c}=\dfrac{1}{6}$ … ㉠

• A, B가 하루에 할 수 있는 일의 양 : $\dfrac{1}{a}+\dfrac{1}{b}=\dfrac{1}{12}$ … ㉡

• B, C가 하루에 할 수 있는 일의 양 : $\dfrac{1}{b}+\dfrac{1}{c}=\dfrac{1}{10}$ … ㉢

B가 혼자 일을 하였을 때 걸리는 기간을 구하는 문제이므로 ㉠, ㉡, ㉢을 다음과 같이 연립할 수 있다.

• ㉡+㉢ → $\dfrac{1}{a}+\dfrac{2}{b}+\dfrac{1}{c}=\dfrac{1}{12}+\dfrac{1}{10}=\dfrac{11}{60}$

• (㉡+㉢)−㉠ → $\dfrac{1}{a}+\dfrac{2}{b}+\dfrac{1}{c}-\left(\dfrac{1}{a}+\dfrac{1}{b}+\dfrac{1}{c}\right)=\dfrac{11}{60}-\dfrac{1}{6}$ → $\dfrac{1}{b}=\dfrac{1}{60}$

따라서 B가 혼자 일을 하면 60일이 걸린다.

## 09 정답 ②

총 9장의 손수건을 구매했으므로 B손수건 3장을 제외한 나머지 A, C, D손수건은 각각 $\dfrac{9-3}{3}=2$장씩 구매하였다. 먼저 3명의 친구들에게 서로 다른 손수건을 3장씩 나눠 줘야하므로 B손수건을 1장씩 나눠준다. 나머지 A, C, D손수건을 서로 다른 손수건으로 2장씩 나누면 (A, C), (A, D), (C, D)로 묶을 수 있다. 이 세 묶음을 3명에게 나눠주는 방법은 3!=3×2=6가지가 나온다.
따라서 친구 3명에게 종류가 다른 손수건 3장씩 나눠주는 경우의 수는 6가지이다.

## 10 정답 ②

A사와 B사로부터 동일한 양의 부품을 공급받는다고 하였으므로 부품의 개수를 $x$라고 하자.

| | A사 | B사 |
|---|---|---|
| 개수 | $x$ | $x$ |
| 불량률 | 0.1% | 0.2% |
| 선별률 | 50% | 80% |

S사가 선별한 A사 부품의 개수는 $x\times50$%개, B사 부품의 개수는 $x\times80$%개다.
S사가 선별한 부품 중 불량품의 개수는 A사는 $x\times50$%$\times0.1$%개, B사는 $x\times80$%$\times0.2$%개다.
S사가 선별한 부품 중 불량품의 개수는 $x\times50$%$\times0.1$%$+x\times80$%$\times0.2$%개이므로 하자가 있는 제품이 B사 부품일 확률은 다음과 같다.

$$\dfrac{x\times80\%\times0.2\%}{x\times50\%\times0.1\%+x\times80\%\times0.2\%}=\dfrac{x\times80\times0.2}{x\times50\times0.1+x\times80\times0.2}=\dfrac{16}{5+16}=\dfrac{16}{21}$$

## 11 정답 ①

A상품 6개와 B상품 5개 구매 가격 : 7,500×6+8,000×5=85,000원
A상품과 B상품 반품 배송비 : 5,000원
C상품 배송비 : 3,000원
→ C상품을 구매할 수 있는 금액 : 85,000−(5,000+3,000)=77,000원
따라서 구매할 수 있는 C상품의 개수는 77,000÷5,500=14개이다.

## 12 정답 ②

첫 번째에서 세 번째 자리까지 변경할 수 있는 경우의 수는 0 ~ 9의 숫자를 사용하고 중복해서 사용할 수 있으므로 $10 \times 10 \times 10$가지, 네 번째 자리를 변경할 수 있는 경우의 수는 특수기호 #, * 두 가지를 사용하므로 2가지이다. 그러므로 변경할 수 있는 비밀번호의 경우의 수는 $10 \times 10 \times 10 \times 2$가지이다.

변경된 비밀번호와 기존 비밀번호 네 자리 중 자리와 그 문자가 하나만 같은 경우는 비밀번호가 네 자리이므로 모두 4가지이다. 앞서 구한 변경할 수 있는 비밀번호의 경우의 수로 변경된 비밀번호와 기존 비밀번호의 각 자리가 일치할 확률을 구하면 다음과 같다.

- 변경된 비밀번호와 기존 비밀번호의 첫 번째 자리가 일치하는 경우의 수
  변경된 비밀번호와 기존 비밀번호의 첫 번째 자리가 8로 일치하고 나머지 세 자리는 일치하지 않아야 한다. 그러므로 변경된 비밀번호의 두 번째 자리는 기존 비밀번호의 두 번째 자리의 기호였던 6이 될 수 없다. 변경된 비밀번호의 세 번째도 마찬가지로 2를 제외한 기호가 들어갈 수 있다. 마지막 네 번째 자리는 기존 비밀번호의 네 번째 자리의 기호가 #이므로 *이 되어야 한다.
  $1 \times 9 \times 9 \times 1 = 81$
- 변경된 비밀번호와 기존 비밀번호의 두 번째 자리가 일치하는 경우의 수
  $9 \times 1 \times 9 \times 1 = 81$
- 변경된 비밀번호와 기존 비밀번호의 세 번째 자리가 일치하는 경우의 수
  $9 \times 9 \times 1 \times 1 = 81$
- 변경된 비밀번호와 기존 비밀번호의 네 번째 자리가 일치하는 경우의 수
  $9 \times 9 \times 9 \times 1 = 729$

따라서 변경된 비밀번호가 기존 비밀번호 네 자리 중 한 자리와 그 문자가 같을 확률은 $\dfrac{81+81+81+729}{10 \times 10 \times 10 \times 2} = \dfrac{972}{2,000} = \dfrac{486}{1,000}$ 이다.

## 13 정답 ④

5개월 동안 평균 외식비가 12만 원 이상 13만 원 이하일 때, 총 외식비는 $12 \times 5 = 60$만 원 이상 $13 \times 5 = 65$만 원 이하가 된다. 1월부터 4월까지 지출한 외식비는 $110,000 + 180,000 + 50,000 + 120,000 = 460,000$원이다.

따라서 A씨가 5월에 최대로 사용할 수 있는 외식비는 $650,000 - 460,000 = 190,000$원이다.

## 14 정답 ①

프린터를 $x$개월 사용한다고 할 때, 구입 시에 드는 비용이 대여료만 낼 경우보다 저렴해야 한다. 이를 부등식으로 나타내면
$200,000 + 15,000x < 22,000x \rightarrow 200,000 < 7,000x$
$\therefore x > 28.57 \cdots$

따라서 최소 29개월 이상 사용하면 프린터를 대여하는 것보다 구입하는 것이 더 저렴하다.

## 15 정답 ④

A기차가 터널을 빠져나가는 데에 56초가 걸렸고, 기차 길이가 더 짧은 B기차는 160초가 걸렸으므로 A기차가 B기차보다 속력이 빠르다는 것을 알 수 있다. 두 기차가 터널 양 끝에서 출발하면 $\dfrac{1}{4}$ 지점에서 만나므로 A기차 속력이 B기차 속력의 3배가 된다. B기차 속력을 $a$m/s, 길이를 $b$m라고 가정하면 A기차의 속력과 길이는 각각 $3a$m/s, $(b+40)$m가 된다.

두 기차가 터널을 완전히 빠져나갈 때까지 걸리는 시간$\left( = \dfrac{거리}{속력} \right)$에 대한 방정식을 세우면

- A기차 : $\dfrac{720 + (b+40)}{3a} = 56 \rightarrow b + 760 = 168a \cdots \bigcirc$
- B기차 : $\dfrac{720 + b}{a} = 160 \rightarrow b + 720 = 160a \cdots \bigcirc$

$\bigcirc$과 $\bigcirc$을 연립하여 풀면 $a = 5$, $b = 80$임을 알 수 있다.
따라서 B기차의 길이는 80m, 속력은 5m/s이고, A기차의 길이는 120m, 속력은 15m/s이다.

## 16 정답 ②

각 신호등이 켜지는 시간간격은 다음과 같다.
- 첫 번째 신호등 : $6+10=16$초
- 두 번째 신호등 : $8+4=12$초

따라서 16과 12의 최소공배수는 48이며, 동시에 불이 켜지는 순간은 48초 후이다.


## 17 정답 ②

불만족을 선택한 고객을 $x$명, 만족을 선택한 고객을 $100-x$명이라 하자.
고객관리 점수가 80점 이상이 되려면 $x$의 최댓값은
$3\times(100-x)-4x\geq80 \rightarrow 300-80\geq7x$
$\therefore x\leq31.4$

따라서 최대 31명의 고객에게 불만족을 받으면 된다.


## 18 정답 ③

처음 5% 소금물의 양을 $x$라고 하자.

$\dfrac{\frac{5}{100}\times x+40}{x+40}\times100=25 \rightarrow 5x+4,000=25x+1,000 \rightarrow 20x=3,000$

$\therefore x=150$

따라서 처음 5% 소금물의 양은 150g이다.


## 19 정답 ⑤

욕조에 물을 가득 채웠을 때 물의 양을 1이라고 하면 A는 1분에 $\dfrac{1\times75\%}{18}=\dfrac{0.75}{18}$만큼 채울 수 있고, B는 1분에 $\dfrac{0.75}{18}\times1.5$만큼 채울 수 있다.

A가 15분간 욕조를 채운 양은 $\dfrac{0.75}{18}\times15$이므로 욕조를 가득 채우기까지 남은 양은 $1-\dfrac{0.75}{18}\times15$이다.

따라서 남은 양을 B가 채웠을 때 걸리는 시간은 $\dfrac{1-\frac{0.75}{18}\times15}{\frac{0.75}{18}\times1.5}=\dfrac{18-0.75\times15}{0.75\times1.5}=\dfrac{18-11.25}{1.125}=\dfrac{6.75}{1.125}=6$분이다.


## 20 정답 ②

대리는 X프로젝트와 Z프로젝트를 선택할 수 있으며, 사원은 Y프로젝트와 Z프로젝트를 선택할 수 있으므로, 대리와 사원은 한 사람당 2가지의 선택권이 있다. 따라서 대리 2명, 사원 3명이 프로젝트를 선택하여 진행하는 경우의 수는 $(2\times2)\times(2\times2\times2)=2^2\times2^3=2^5=32$가지이다.


## 21 정답 ④

A가 목적지까지 이동하는 거리와 걸리는 시간을 계산하면 다음과 같다.
- 이동거리 : $0.8\text{km}+4.8\left(=36\times\dfrac{8}{60}\right)\text{km}=5.6\text{km}$
- 소요시간 : 12분+8분=20분

따라서 자전거를 이용해 같은 시간 동안 같은 경로로 이동할 때 평균 속력은 $5.6\div20=0.28\text{km/분}$이다.

## 22  정답 ⑤

X경로의 거리를 $x\,$km, Y경로의 거리를 $y\,$km, A의 이동 속력을 $r\,$km/h, B의 이동 속력은 $z\,$km/h라 하자.

$$\frac{x}{r}=\frac{x}{z}+1 \cdots (\text{i})$$

$$\frac{x}{r}+1=\frac{y}{z} \cdots (\text{ii})$$

$x+160=y$이므로 (ii)에 대입하면 $\frac{x}{r}+1=\frac{x+160}{z}$이고 (i)와 연립하면 $\frac{x}{z}+1+1=\frac{x+160}{z}\;\rightarrow\;\frac{x}{z}+2=\frac{x}{z}+\frac{160}{z}\;\rightarrow\;2=\frac{160}{z}\;\rightarrow\;z=80$이다.

## 23  정답 ③

영희는 철수보다 높은 수가 적힌 카드를 뽑는 경우는 다음과 같다.

| 구분 | 철수 | 영희 |
|---|---|---|
| 카드에 적힌 수 | 1 | $2\sim9$ |
|  | 2 | $3\sim9$ |
|  | … | … |
|  | 8 | 9 |

따라서 영희가 철수보다 큰 수가 적힌 카드를 뽑는 모든 경우의 수는 1부터 8까지의 합이므로 $\frac{8\times9}{2}=36$가지이다.

## 24  정답 ③

이벤트에 당첨될 확률은 다음과 같다.

• 처음 주사위를 던져서 당첨이 될 확률 : $\frac{1}{6}$

• 처음 주사위를 던져서 5, 6이 나오고, 가위바위보를 하여 당첨될 확률 : $\frac{2}{6}\times\frac{1}{3}$

• 처음 주사위를 던져서 5, 6이 나오고, 가위바위보를 하여 비겨서 다시 가위바위보를 하여 당첨될 확률 : $\frac{2}{6}\times\frac{1}{3}\times\frac{1}{3}$

$\therefore\;\dfrac{1}{6}+\dfrac{2}{6}\times\dfrac{1}{3}+\dfrac{2}{6}\times\dfrac{1}{3}\times\dfrac{1}{3}=\dfrac{17}{54}$

## 25  정답 ①

작년 직원 중 안경을 쓴 사람을 $x$명, 안경을 쓰지 않은 사람은 $y$명이라고 하면 $x+y=45$이므로 $y=45-x$이다.
또한 올해는 작년보다 $58-45=13$명 증가하였으므로 다음과 같다.
$x\times0.2+(45-x)\times0.4=13\;\rightarrow\;-0.2x=-5$
$\therefore\;x=25$
따라서 올해 입사한 사람 중 안경을 쓴 사람의 수는 $x\times0.2=25\times0.2=5$명이다.

## 26 정답 ④

- 1 ~ 3번째 자리 조합 경우의 수

  1 ~ 3번째 자리에는 영문자를 배치할 수 있으며, 1번째 자리에 가능한 문자는 주어진 영문자 A, B, C 모두 올 수 있다. 2번째 자리에는 1번째 자리에 배치한 영문자를 제외한 두 개의 영문자가 올 수 있고 3번째 자리에는 2번째 자리에 배치한 영문자를 제외한 두 개의 영문자가 올 수 있으므로 총 $3 \times 2 \times 2$가지이다.

- 4 ~ 6번째 자리 조합 경우의 수

  4 ~ 6번째 자리에는 숫자를 배치할 수 있으며, 중복 사용이 가능하고 연속으로 배치할 수 있으므로 $3 \times 3 \times 3$가지이다.

  $\therefore (3 \times 2 \times 2) \times (3 \times 3 \times 3) = 324$

## 27 정답 ③

ㄱ. 대형마트의 종이봉투 사용자 수는 $2,000 \times 0.05 = 100$명으로, 중형마트의 종이봉투 사용자 수인 $800 \times 0.02 = 16$명의 $\dfrac{100}{16} = 6.25$배이다.

ㄷ. 비닐봉투 사용자 수를 정리하면 다음과 같다.
  - 대형마트 : $2,000 \times 0.07 = 140$명
  - 중형마트 : $800 \times 0.18 = 144$명
  - 개인마트 : $300 \times 0.21 = 63$명
  - 편의점 : $200 \times 0.78 = 156$명

  따라서 비닐봉투 사용률이 가장 높은 곳은 78%로 편의점이며, 비닐봉투 사용자 수가 가장 많은 곳도 156명으로 편의점이다.

ㄹ. 마트규모별 개인장바구니의 사용률을 살펴보면, 대형마트가 44%, 중형마트가 36%, 개인마트가 29%이다. 따라서 마트의 규모가 커질수록 개인장바구니 사용률이 커짐을 알 수 있다.

**오답분석**

ㄴ. 전체 종량제봉투 사용자 수를 구하면 다음과 같다.
  - 대형마트 : $2,000 \times 0.28 = 560$명
  - 중형마트 : $800 \times 0.37 = 296$명
  - 개인마트 : $300 \times 0.43 = 129$명
  - 편의점 : $200 \times 0.13 = 26$명
  - 전체 종량제봉투 사용자 수 : $560 + 296 + 129 + 26 = 1,011$명

  따라서 대형마트의 종량제봉투 사용자 수인 560명은, 전체 종량제봉투 사용자 수인 1,011명의 절반을 넘는다.

## 28 정답 ④

A기계와 B기계 생산대수의 증감 규칙은 다음과 같다.

- A기계

앞의 항에 +3을 하는 등차수열이다.

- B기계

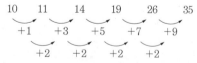

주어진 수열의 계차는 공차가 +2인 등차수열이다.

2025년의 A기계 생산량은 $35 + 5 \times 3 = 50$대이고, B기계 생산량은 $35 + \sum_{k=1}^{5}(9 + 2k) = 35 + 9 \times 5 + 2 \times \dfrac{5 \times 6}{2} = 110$대이다.

따라서 A기계와 B기계의 총 생산량은 $50 + 110 = 160$대이다.

## 29  정답 ④

A제품과 B제품 매출액의 증감 규칙은 다음과 같다.

• A제품

$$100 \quad 101 \quad 103 \quad 107 \quad 115$$
$$+1 \quad +2 \quad +4 \quad +8$$

$+2^0,\ +2^1,\ +2^2,\ +2^3,\ \cdots$인 수열이다.

2020년을 기준으로 $n$년 후의 A제품 매출액은 $115+\sum\limits_{k=1}^{n}2^{k+3}$억 원이다.

• B제품

$$80 \quad 78 \quad 76 \quad 74 \quad 72$$
$$-2 \quad -2 \quad -2 \quad -2$$

앞의 항에 $-2$를 하는 수열이다.

2020년을 기준으로 $n$년 후의 B제품 매출액은 $72-2n$억 원이다.

2020년을 기준으로 두 제품의 매출액은 $(115+\sum\limits_{k=1}^{n}2^{k+3}+72-2n)$억 원이다.

300억 원을 초과하는 연도를 구하라고 하였으므로 $115+\sum\limits_{k=1}^{n}2^{k+3}+72-2n>300$인 $n$ 값을 구한다.

$115+\sum\limits_{k=1}^{n}2^{k+3}+72-2n>300$

$\rightarrow 187+2^4\sum\limits_{k=1}^{n}2^{k-1}-2n>300$

$\rightarrow 187+2^4\times\dfrac{2^n-1}{2-1}-2n>300$

$\rightarrow 187+2^4\times2^n-16-2n>300$

$\rightarrow 16\times2^n-2n>129$

| $n$ | $16\times2^n-2n$ |
| --- | --- |
| 1 | 30 |
| 2 | 60 |
| 3 | 122 |
| 4 | 248 |

따라서 2020년을 기준으로 4년 후에 매출액이 300억 원을 초과하므로 2024년이다.


## 30  정답 ③

인천과 세종의 여성 공무원 비율은 다음과 같다.

• 인천 : $\dfrac{10,500}{20,000}\times100=52.5\%$

• 세종 : $\dfrac{2,200}{4,000}\times100=55\%$

따라서 비율 차이는 $55-52.5=2.5\%$p이다.

오답분석
① 남성 공무원 수가 여성 공무원 수보다 많은 지역은 서울, 경기, 부산, 광주, 대전, 울산, 강원, 경상, 제주로 총 9곳이다.
② 광역시의 남성 공무원 수와 여성 공무원 수의 차이는 다음과 같다.

- 인천 : $10,500-9,500=1,000$명
- 대구 : $9,600-6,400=3,200$명
- 대전 : $3,000-1,800=1,200$명
- 부산 : $7,500-5,000=2,500$명
- 광주 : $4,500-3,000=1,500$명
- 울산 : $2,100-1,900=200$명

따라서 차이가 가장 큰 광역시는 대구이다.

④ 수도권(서울, 경기, 인천)과 광역시(인천, 부산, 대구, 광주, 대전, 울산)의 공무원 수는 다음과 같다.

- 수도권 : 25,000+15,000+20,000=60,000명
- 광역시 : 20,000+12,500+16,000+7,500+4,800+4,000=64,800명

따라서 차이는 64,800-60,000=4,800명이다.

⑤ 제주지역의 전체공무원 중 남성 공무원의 비율은 $\frac{2,800}{5,000} \times 100 = 56\%$이다.

## 31  정답 ①

대부분의 업종에서 2019년 1분기보다 2019년 4분기의 영업이익이 더 높지만, 철강업에서는 2019년 1분기(10,740억 원)가 2019년 4분기(10,460억 원)보다 높다.

**오답분석**

② 2020년 1분기 영업이익이 전년 동기(2019년 1분기) 대비 영업이익보다 높은 업종은 다음과 같다.

- 반도체(40,020 → 60,420)
- 통신(5,880 → 8,880)
- 해운(1,340 → 1,660)
- 석유화학(9,800 → 10,560)
- 항공(-2,880 → 120)

③ 2020년 1분기 영업이익이 적자가 아닌 업종 중 영업이익이 직전 분기(2019년 4분기) 대비 감소한 업종은 건설(19,450 → 16,410), 자동차(16,200 → 5,240), 철강(10,460 → 820)이다.

④ 2019년 1, 4분기에 흑자였다가 2020년 1분기에 적자로 전환된 업종은 디스플레이, 자동차부품, 조선, 호텔로 4개이다.

⑤ 항공업은 2019년 1분기(-2,880억 원)와 4분기(-2,520억 원) 모두 적자였다가 2020년 1분기(120억 원)에 흑자로 전환되었다.

## 32  정답 ①

㉠ 연령대별 '매우 불만족'이라고 응답한 비율은 10대가 19%, 20대가 17%, 30대가 10%, 40대가 8%, 50대가 3%로 연령대가 높아질수록 그 비율은 낮아진다.

㉢ 연령대별 부정적인 답변을 구하면 다음과 같다.

- 10대 : 28+19=47%
- 20대 : 28+17=45%
- 30대 : 39+10=49%
- 40대 : 16+8=24%
- 50대 : 23+3=26%

따라서 모든 연령대에서 부정적인 답변이 50% 미만이므로 긍정적인 답변은 50% 이상이다.

**오답분석**

㉡ '매우 만족'과 '만족'이라고 응답한 비율은 다음과 같다.

- 10대 : 8+11=19%
- 20대 : 3+13=16%
- 30대 : 5+10=15%
- 40대 : 11+17=28%
- 50대 : 14+18=32%

따라서 가장 낮은 연령대는 30대(15%)이다.

㉣ • 50대에서 '불만족' 또는 '매우 불만족'이라고 응답한 비율 : 23+3=26%
  • 50대에서 '만족' 또는 '매우 만족'이라고 응답한 비율 : 14+18=32%

따라서 $\frac{26}{32} \times 100 = 81.25\%$로 80% 이상이다.

## 33　정답　②

20대 신규 확진자 수가 10대 신규 확진자 수보다 적은 지역은 3월에 E, F, H지역, 4월은 A, G, H지역으로 각각 3곳으로 동일하다.

**오답분석**

① C, G지역의 3월과 4월의 10대 미만 신규 확진자 수는 각각 동일하다.

③ 3월 신규 확진자 수가 세 번째로 많은 지역은 C지역(228명)으로 C지역의 4월 신규 확진자 수가 가장 많은 연령대는 60대(26명)이다.

④ H지역의 4월 신규 확진자 수는 93명으로 4월 전체 신규 확진자 수인 $121+78+122+95+142+196+61+93+54=962$명에서 차지하는 비율은 $\dfrac{93}{962}\times100≒9.7\%$로 10% 미만이다. 또한 4월 전체 신규 확진자 수의 10%는 $962\times0.1=96.2$명으로 H지역의 4월 신규 확진자 수인 93명보다 많다.

⑤ 3월 대비 4월 신규 확진자 수의 비율은 F지역이 $\dfrac{196}{320}\times100≒61.3\%$, G지역이 $\dfrac{61}{185}\times100≒33\%$이다. 따라서 G지역 비율의 2배는 $33\times2=66\%$로 F지역이 G지역의 2배 이하이다.

## 34　정답　④

지방 전체 주택 수의 10%($1,115\times0.1=111.5$만 호) 이상을 차지하는 수도권 외(지방) 지역은 부산, 경북, 경남이다. 이 중 지방 주택보급률인 109%보다 낮은 지역은 부산(103%)이며, 부산의 주택보급률과 전국 주택보급률의 차이는 약 $104-103=1\%$p이다.

**오답분석**

① 전국 주택보급률(104%)보다 낮은 지역은 수도권(서울, 인천, 경기), 지방에는 부산, 대전이 있다.

② 수도권 외(지방) 지역 중 주택 수가 가장 적은 지역은 12만 호인 세종이며, 세종의 주택보급률 109%보다 높은 지역은 '울산, 강원, 충북, 충남, 전북, 전남, 경북, 경남'으로 여덟 곳이다.

③ 가구 수가 주택 수보다 많은 지역은 주택보급률이 100% 미만인 서울이며, 전국에서 가구 수가 두 번째로 많다.

⑤ 주택 수가 가구 수의 1.1배 이상인 지역은 주택보급률이 110% 이상인 지역을 말한다. '울산, 강원, 충북, 충남, 전북, 전남, 경북, 경남'에서 가구 수가 세 번째로 적은 지역인 충북의 주택보급률은 지방 주택보급률보다 약 $113-109=4\%$p 높다.

## 35　정답　④

2019년 산업통상자원부 지원금을 지급받는 중소기업 수는 총 $244+1,138+787+252+4=2,425$개이므로 2019년 산업통상자원부 지원금을 지급받는 총 기업 수 2,815개의 약 $\dfrac{2,425}{2,815}≒86.1\%$로 85% 이상이다.

**오답분석**

① 매년 대기업 수는 감소하고, 중소기업 수는 증가하고 있다.

② 중소기업 총지원액의 최소금액과 대기업 총지원액의 최대금액을 비교를 통해 확인할 수 있다. 먼저 최소금액을 구하기 위해 지원액 규모를 각각 0원, 5억 원, 10억 원, 20억 원, 50억 원이라고 가정하고 지원액 규모별 중소기업의 수를 곱해 총 지원액을 구하면 $(0\times244)+(5\times1,138)+(10\times787)+(20\times252)+(50\times4)=18,800$억 원이다.

반대로 최대금액을 구하기 위해 지원액 규모를 각각 5억 원, 10억 원, 20억 원, 50억 원, 100억 원으로 가정하고 지원액 규모별 대기업의 수를 곱해 총 지원액을 구하면 $(5\times4)+(10\times11)+(20\times58)+(50\times38)+(100\times22)=5,390$억 원이다. 이를 통해 지원액 규모가 얼마인지 정확하게 알 수는 없지만, 2019년 중소기업 총지원액은 대기업 총지원액보다 많다는 것을 알 수 있다.

③ 매년 대기업과 중견기업은 지원액 규모가 10억 이상 20억 미만에서, 중소기업은 5억 이상 10억 미만에서 가장 많은 기업이 산업통상자원부 지원금을 지급받는다.

## 36  정답 ④

ㄱ. 2017년 대비 2018년 이용객 수가 증가한 항공노선은 제주행, 일본행, 싱가폴행, 독일행, 미국행으로 총 다섯 개이며, 감소한 항공노선 역시 중국행, 영국행, 스페인행, 캐나다행, 브라질행으로 총 다섯 개로 동일하다.

ㄴ. 2017년부터 2019년까지의 총 이용객 수는 아시아행(제주, 중국, 일본, 싱가폴)이 416+743+342+323=1,824명, 유럽행(독일, 영국, 스페인)이 244+342+860=1,446명, 아메리카행(미국, 캐나다, 브라질)이 400+630+61=1,091명으로 아시아행 – 유럽행 – 아메리카행 순으로 많다.

ㄹ. 2017년 이용객 수가 적은 하위 2개의 항공노선은 브라질행(23), 독일행(75)이고 2018년도 브라질행(21), 독일행(81)이며 2019년도 브라질행(17), 독일행(88)으로 동일하다.

**오답분석**

ㄷ. 전체 이용객 중 제주행노선 이용객 비율은 2017년 약 $\frac{128}{1,407} \times 100 = 9.1\%$, 2018년 $\frac{134}{1,419} \times 100 = 9.4\%$, 2019년 $\frac{154}{1,535} \times 100 = 10.0\%$이다. 따라서 전년 대비 차이는 2018년이 9.4-9.1=0.3%p, 2019년이 10.0-9.4=0.6%p로 2018년이 2019년보다 낮다.


## 37  정답 ③

ㄴ. 그래프를 통해 2월 21일의 원/달러 환율이 지난주 2월 14일보다 상승하였음을 알 수 있다.

ㄷ. 달러화의 강세란 원/달러 환율이 상승하여 원화가 평가절하되면서 달러의 가치가 높아지는 것을 의미한다. 3월 12일부터 3월 19일까지는 원/달러 환율이 계속해서 상승하는 추세이므로 옳은 설명이다.

**오답분석**

ㄱ. 3월 원/엔 환율의 경우 최고 환율은 3월 9일의 1172.82원으로, 3월 한 달 동안 1,100원을 상회하는 수준에서 등락을 반복하고 있다.

ㄹ. 달러/엔 환율은 $\frac{(원/엔\ 환율)}{(원/달러\ 환율)}$로 도출할 수 있다. 그래프에 따르면 3월 27일 원/달러 환율은 3월 12일에 비해 상승하였고, 반대로 원/엔 환율은 하락하였다. 즉, 분모는 증가하고 분자는 감소하였으므로 3월 27일의 달러/엔 환율은 3월 12일보다 하락하였음을 알 수 있다.


## 38  정답 ④

2018년 해외주식 수익률(5.4%)보다 낮은 자산은 국내주식(1.3%), 국내채권(4.4%), 해외채권(1.5%)이다. 따라서 2019년 말 자산별 비중 및 계획에서 국내주식, 국내채권, 해외채권의 비중 합은 19.2+49.5+4.0=72.7%이다.

**오답분석**

① 2018~2019년 동안 국내와 해외의 주식 및 채권 수익률 합을 구하면 다음과 같다.

| 구분 | 2018년 | 2019년 |
| --- | --- | --- |
| 국내주식+국내채권 | 1.3+4.4=5.7% | 5.6+1.8=7.4% |
| 해외주식+해외채권 | 5.4+1.5=6.9% | 10.1+4=14.1% |

매년 주식 및 채권 수익률 합은 국내보다 해외가 높다.

② 해외주식의 경우 2018년도보다 2019년도 수익률이 2배 가까이 올랐지만 자산 비중을 보면 2018년 말에 계획한 비중과 2019년 말에 계획한 비중이 같다. 따라서 수익률에 비례하여 자산 투자 비중을 높이지 않았다.

③ 2018년 말과 2019년 말에 그 다음해를 대비하여 자산별 투자 비중이 높은 순서는 '국내채권 – 국내주식 – 해외주식 – 대체투자 – 해외채권' 순서로 같다.

## 39   정답 ③

이란에서 3월 16일부터 19일까지 발생한 확진자 수는 다음과 같다.

(단위 : 명)

| 구분 | 3월 16일 | 3월 17일 | 3월 18일 | 3월 19일 |
|---|---|---|---|---|
| 확진자 수 | 13,938-12,729=1,209 | 14,991-13,938=1,053 | 16,169-14,991=1,178 | 17,361-16,169=1,192 |

따라서 발생한 확진자가 가장 많은 날은 16일이고, 두 번째로 많은 날은 19일이다.

**오답분석**

① 3월 14일부터 18일까지 새로 양성판정을 받은 확진자 수 평균을 구하려면 3월 18일 누적 확진자 수에서 3월 13일 누적 확진자 수를 빼고 5일로 나눠준다. 따라서 이탈리아의 평균은 $\frac{31,506-15,113}{5}=3,278.6$명이고, 독일은 $\frac{11,164-2,451}{5}=1,742.6$명이므로 이탈리아는 독일의 2배 인원(1,742.6×2=3,485.2명)보다 적다.

② 스페인에서 100만 명당 확진자 수의 40%는 3,690×0.4=1,476명이다. 이 인원보다 적은 국가는 이란(891명)과 영국(1,383명) 두 국가이다.

④ 100만 명당 확진자 수가 세 번째로 적은 국가는 독일이며, 3월 17일에 발생한 확진자 수는 7,511-6,344=1,167명이다.

## 40   정답 ①

이메일 스팸 수신량이 가장 높은 시기는 2017년 하반기이지만, 휴대폰 스팸 수신량이 가장 높은 시기는 2016년 하반기이다.

**오답분석**

② 제시된 자료를 통해 모든 기간 이메일 스팸 수신량이 휴대폰 스팸 수신량보다 많음을 확인할 수 있다.

③ 이메일 스팸 수신량의 증가·감소 추이와 휴대폰 스팸 수신량의 증가·감소 추이가 일치하지 않으므로 서로 밀접한 관련이 있다고 보기 어렵다.

④ 이메일 스팸 총수신량의 평균은 약 0.6통이고 휴대폰 스팸 총수신량의 평균은 약 0.19통이다. 따라서 $\frac{0.6}{0.19}≒3.16$으로 3배 이상이다.

## 41   정답 ④

2019년 소포우편 분야의 2015년 대비 매출액 증가율은 $\frac{5,017-3,390}{3,390}×100≒48.0\%$이므로 옳지 않은 설명이다.

**오답분석**

① 제시된 자료를 통해 매년 매출액이 가장 높은 분야는 일반통상 분야인 것을 확인할 수 있다.

② 일반통상 분야의 매출액은 2016년, 2017년, 2019년, 특수통상 분야의 매출액은 2018년, 2019년에 감소했고, 소포우편 분야는 매년 매출액이 꾸준히 증가한다.

③ 2019년 1분기 특수통상 분야의 매출액이 차지하고 있는 비율은 $\frac{1,406}{5,354}×100≒26.3\%$이므로 20% 이상이다.

## 42   정답 ③

각 브랜드별 중성세제의 변경 후 판매 용량에 대한 가격에서 변경 전 가격을 빼면 다음과 같다.

- A브랜드 : (8,200×1.2)-(8,000×1.3)=9,840-10,400=-560원
- B브랜드 : (6,900×1.6)-(7,000×1.4)=11,040-9,800=1,240원
- C브랜드 : (4,000×2.0)-(3,960×2.5)=8,000-9,900=-1,900원
- D브랜드 : (4,500×2.5)-(4,300×2.4)=11,250-10,320=930원

따라서 A브랜드는 560원 감소, B브랜드는 1,240원 증가, C브랜드는 1,900원 감소, D브랜드는 930원 증가로 정답은 ③이다.

## 43 정답 ④

ㄴ. 대구의 냄새에 대한 민원건수는 414건으로 강원의 $\frac{414}{36}=11.5$배에, 제주의 $\frac{414}{23}=18$배에 해당하는 수치이다.

ㄷ. 세종과 대전의 각 민원내용별 민원건수의 합계와 부산의 수치를 정리하면 다음과 같다.

| 구분 | 낮은 수압 | 녹물 | 누수 | 냄새 | 유충 |
|---|---|---|---|---|---|
| 대전 | 133 | 108 | 56 | 88 | 18 |
| 세종 | 47 | 62 | 41 | 31 | 9 |
| 대전+세종 | 180 | 170 | 97 | 119 | 27 |
| 부산 | 248 | 345 | 125 | 274 | 68 |

따라서 세종과 대전의 각 민원내용별 민원건수의 합계는 부산보다 작음을 확인할 수 있다.

### 오답분석

ㄱ. 경기 지역의 민원은 총 (120+203+84+152+21)=580건으로 이 중 녹물에 대한 민원 비율이 $\frac{203}{580} \times 100=35\%$이다.

ㄹ. 수도권인 서울, 경기, 인천에서 가장 많은 민원 건수가 발생한 것은 녹물에 대한 것이다. 하지만, 가장 낮은 민원 건수가 발생한 것은 경기와 인천은 유충에 대한 것이고, 서울은 누수에 대한 것이다.


## 44 정답 ④

자료상 유충에 대한 민원건수는 알 수 있지만, 실제로 유충이 발생한 건수에 대한 것은 알 수 없다.


## 45 정답 ③

전체 조사자 중 20·30대는 1,800+2,500+2,000+1,400=7,700명이므로, 전체 조사자 20,000명 중 $\frac{7,700}{20,000} \times 100=38.5\%$이다.

### 오답분석

① 운전면허 소지현황 비율이 가장 높은 연령대는 남성은 75%로 40대이고, 여성도 54%로 40대이다.
② 70대 여성의 운전면허 소지비율은 12%로 남성인 25%의 절반 이하이다.
④ 50대 운전면허 소지자는 다음과 같다.
  • 남 : 1,500×0.68=1,020명
  • 여 : 1,500×0.42=630명
  따라서 50대 운전면허 소지는 1,020+630=1,650명이다.


## 46 정답 ④

20·30대 여성의 운전면허소지자를 구하면 다음과 같다.
• 20대 여성 : 2,000×0.22=440명
• 30대 여성 : 1,400×0.35=490명

따라서 20·30대 여성의 운전면허소지자는 440+490=930명이다. 이는 전체 조사자의 $\frac{930}{20,000} \times 100=4.65\%$이다.

### 오답분석

① 조사에 참여한 60·70대는 다음과 같다.
  • 남성 : 1,500+1,200=2,700명
  • 여성 : 2,000+1,000=3,000명
  따라서 여성이 남성보다 더 많다.

② 40대 여성과 남성의 운전면허소지자를 구하면 다음과 같다.
  • 40대 여성 : 1,600×0.54=864명
  • 40대 남성 : 2,000×0.75=1,500명

  따라서 40대 여성의 운전면허소지자는 40대 남성의 운전면허소지자의 $\frac{864}{1,500}×100=57.6\%$이다.

③ 20대 남성과 70대 남성의 운전면허소지자를 구하면 다음과 같다.
  • 20대 남성 : 1,800×0.38=684명
  • 70대 남성 : 1,200×0.25=300명

  따라서 20대 남성의 운전면허소지자는 70대 남성의 $\frac{684}{300}=2.28$배이다.

## 47  정답 ⑤

ㄷ. 출산율은 2017년까지 계속 증가하였으며, 2018년에는 감소하였다.
ㄹ. 출산율과 남성 사망률의 차이는 2014년부터 2018년까지 각각 18.2%p, 20.8%p, 22.5%p, 23.7%p, 21.5%p로 2017년이 가장 크다.

**오답분석**

ㄱ. 2014년 대비 2018년의 전체 인구수의 증감률은 $\frac{12,808-12,381}{12,381}×100≒3.4\%$이다.
ㄴ. 가임기 여성의 비율과 출산율은 서로 증감 추이가 다르다.

## 48  정답 ③

ⓒ 전체 인구수는 계속하여 증가하고 있다.
ⓔ 여성 사망률이 가장 높았던 해는 7.8%로 2017년이다.
ⓜ 2018년은 출산율이 계속 증가하다가 감소한 해이다.

## 49  정답 ④

2019년 5월 발화요인별 화재발생 건수는 부주의가 1,374건으로 가장 많으며, 그 다음으로는 전기적 요인 819건, 기타 405건, 기계적 요인 340건, 교통사고 46건, 화학적 요인 32건, 가스누출 22건 순서로 많다.

## 50  정답 ④

ㄷ. 10월의 경우, 기계적 요인으로 인한 화재발생 건수는 405건으로, 기타 요인으로 인한 화재발생 건수인 394건보다 많음을 알 수 있다.
ㄹ. 2019년에 합계 값이 두 번째로 큰 발화요인은 부주의 다음으로 큰 전기적 요인이다.

**오답분석**

ㄱ. 가스누출로 인한 화재발생 건수는 10월에 18건, 11월에 25건으로 증가하였다.
ㄴ. 2월 부주의로 인한 화재발생 건수는 2,707건으로, 기타 요인으로 인한 화재발생 건수의 3배인 550×3=1,650건보다 많다.

## | 추리 |

| 01 | 02 | 03 | 04 | 05 | 06 | 07 | 08 | 09 | 10 | 11 | 12 | 13 | 14 | 15 | 16 | 17 | 18 | 19 | 20 |
|----|----|----|----|----|----|----|----|----|----|----|----|----|----|----|----|----|----|----|----|
| ③ | ④ | ① | ③ | ① | ③ | ④ | ③ | ② | ① | ④ | ⑤ | ② | ② | ② | ① | ③ | ④ | ② | ④ |

### 01 정답 ③

대한민국에 사는 사람을 '대', 국내 여행을 하는 사람을 '국', 김치찌개를 먹는 사람을 '김'이라고 하자.

| 구분 | 명제 | 대우 |
|------|------|------|
| 전제1 | 대 → 국 | 국× → 대× |
| 전제2 | 김× → 국× | 국 → 김 |

전제1과 전제2의 대우에 의해 대 → 국 → 김이다. 따라서 대 → 김이므로 결론은 '대한민국에 사는 사람은 김치찌개를 먹는다.'인 ③이다.

### 02 정답 ④

작곡가를 꿈꾸는 사람을 '작', TV 시청을 하는 사람을 'T', 안경을 쓴 사람을 '안'이라고 하자.

| 구분 | 명제 | 대우 |
|------|------|------|
| 전제1 | 작 → T | T× → 작× |
| 결론 | 안× → 작× | 작 → 안 |

전제1의 대우가 결론으로 연결되려면, 전제2는 안× → T×가 되어야 한다. 따라서 전제2는 '안경을 쓰지 않은 사람은 TV 시청을 하지 않는다.'인 ④이다.

### 03 정답 ①

가격이 높은 순서대로 나열하면 '파프리카 – 참외 – 토마토 – 오이'이므로 참외는 두 번째로 비싸다.

### 04 정답 ③

각 경로의 통행료를 계산하면 다음과 같다. ②와 ⑤의 경로에서는 각각 나 게이트와 다 게이트에서 통행료 할인을 적용받는다.

| 경로 | 통행료 |
|------|--------|
| A – B – 가 – S | 46,100+38,400=84,500원 |
| A – B – 나 – S | 46,100+(51,500×0.9)=92,450원 |
| A – K – 가 – S | 37,900+38,400=76,300원 |
| A – K – 나 – S | 37,900+51,500=89,400원 |
| A – K – 다 – S | 37,900+(40,500×0.95)=76,375원 |

따라서 A – K – 가 – S 경로가 76,300원으로 통행료가 가장 저렴하다.

### 05 정답 ①

D가 4등일 경우에는 C – E – A – D – F – B 순서로 들어오게 된다.

## 06  정답 ③

**05번 문제와 같이 D가 4등이라는 조건이 있다면 C가 1등이 되지만, 주어진 제시문으로는 C가 1등 또는 4등이기 때문에 알 수 없다.

## 07  정답 ④

A는 엘리베이터보다 계단이 더 가까운 곳에 살고 있으므로 1001호나 1002호에 살고 있다. C와 D는 계단보다 엘리베이터에 더 가까운 곳에 살고 있다고 하였으므로 1003호와 1004호에 살고 있다. D는 A 바로 옆에 살고 있으므로, D는 1003호에 살고 있고, A는 1002호에 살고 있음을 알 수 있다. 이를 정리하면 다음과 같다.

| 계단 | 1001호 | 1002호 | 1003호 | 1004호 | 엘리베이터 |
|---|---|---|---|---|---|
| | B | A | D | C | |

따라서 B가 살고 있는 곳에서 엘리베이터 쪽으로는 3명이 살고 있으므로 ④는 항상 거짓이다.

## 08  정답 ③

1행과 2행에 빈자리가 한 곳씩 있고 a자동차는 대각선을 제외하고 주변에 주차된 차가 없다고 하였으므로 a자동차는 1열이나 3열에 주차되어 있다. b자동차와 c자동차는 바로 옆에 주차되어 있다고 하였으므로 같은 행에 주차되어 있다. 1행과 2행에 빈자리가 한 곳씩 있다고 하였으므로 b자동차와 c자동차가 주차된 행에는 a자동차와 d자동차가 주차되어 있을 수 없다. 따라서 a자동차와 d자동차는 같은 행에 주차되어 있다. 이를 정리하면 다음과 같다.

• 경우 1

| a | | d |
|---|---|---|
| | b | c |

• 경우 2

| a | | d |
|---|---|---|
| | c | b |

• 경우 3

| d | | a |
|---|---|---|
| b | c | |

• 경우 4

| d | | a |
|---|---|---|
| c | b | |

**오답분석**

① 경우 1, 4에서는 b자동차의 앞 주차공간이 비어있지만, 경우 2, 3에서는 b자동차의 앞 주차공간에 d자동차가 주차되어 있으므로 항상 거짓은 아니다.
② 경우 1, 4에서는 c자동차의 옆 주차공간에 빈자리가 없지만, 경우 2, 3에서는 c자동차의 옆 주차공간에 빈자리가 있으므로 항상 거짓은 아니다.
④ 경우 1, 2, 3, 4에서 모두 a자동차와 d자동차는 1행에 주차되어 있으므로 항상 참이다.
⑤ 경우 1, 4에서는 d자동차와 c자동차가 같은 열에 주차되어 있지만, 경우 2, 3에서는 d자동차와 c자동차가 같은 열에 주차되어 있지 않으므로 항상 거짓은 아니다.

## 09  정답 ②

가장 최근에 입사한 사람이 D이므로 D의 이름은 가장 마지막인 다섯 번째에 적힌다. C와 D의 이름은 연달아 적히지 않았으므로 C의 이름은 네 번째에 적힐 수 없다. 또한 E는 C보다 먼저 입사하였으므로 E의 이름은 C의 이름보다 앞에 적는다. 따라서 C의 이름은 첫 번째에 적히지 않았다. 이를 정리하면 다음과 같이 3가지 경우가 나온다.

| 구분 | 첫 번째 | 두 번째 | 세 번째 | 네 번째 | 다섯 번째 |
|---|---|---|---|---|---|
| 경우 1 | E | C | | | D |
| 경우 2 | E | | C | | D |
| 경우 3 | | E | C | | D |

여기서 경우 2와 경우 3은 A와 B의 이름이 연달아서 적혔다는 조건에 위배된다. 경우 1만 성립하므로 정리하면 다음과 같다.

| 구분 | 첫 번째 | 두 번째 | 세 번째 | 네 번째 | 다섯 번째 |
|------|---------|---------|---------|---------|-----------|
| 경우 1 | E | C | A | B | D |
| 경우 2 | E | C | B | A | D |

E의 이름은 첫 번째에 적혔으므로 E는 가장 먼저 입사하였다. 따라서 B가 E보다 먼저 입사하였다는 ②는 항상 거짓이다.

**오답분석**

① C의 이름은 두 번째로 적혔고 A의 이름은 세 번째나 네 번째에 적혔으므로 항상 옳다.

③ E의 이름은 첫 번째에 적혔고 C의 이름은 두 번째로 적혔으므로 항상 옳다.

④ A의 이름은 세 번째에 적히면 B의 이름은 네 번째에 적혔고, A의 이름이 네 번째에 적히면 B의 이름은 세 번째에 적혔다. 따라서 참일 수도, 거짓일 수도 있다.

⑤ B의 이름은 세 번째 또는 네 번째에 적혔고, C는 두 번째에 적혔으므로 항상 옳다.

## 10  정답 ①

K씨는 2020년 상반기에 입사하였으므로 K씨의 사원번호 중 앞의 두 자리는 20이다. 또한 K씨의 사원번호는 세 번째와 여섯 번째 자리의 수가 같다고 하였으므로 세 번째와 여섯 번째 자리의 수를 $x$, 나머지 네 번째, 다섯 번째 자리의 수는 차례로 $y$, $z$라고 하자.

| 자리 | 첫 번째 | 두 번째 | 세 번째 | 네 번째 | 다섯 번째 | 여섯 번째 |
|------|---------|---------|---------|---------|-----------|-----------|
| 사원번호 | 2 | 0 | $x$ | $y$ | $z$ | $x$ |

사원번호 여섯 자리의 합은 9이므로 $2+0+x+y+z+x=9$이다. 이를 정리하면 $2x+y+z=7$이다. K씨의 사원번호 자리의 수는 세 번째와 여섯 번째 자리의 수를 제외하고 모두 다르다는 것을 주의하며 1부터 대입해보면 다음과 같다.

| 구분 | $x$ | $y$ | $z$ |
|------|-----|-----|-----|
| 경우 1 | 1 | 2 | 3 |
| 경우 2 | 1 | 3 | 2 |
| 경우 3 | 2 | 0 | 3 |
| 경우 4 | 2 | 3 | 0 |
| 경우 5 | 3 | 0 | 1 |
| 경우 6 | 3 | 1 | 0 |

네 번째 조건에 따라 $y$와 $z$자리에는 0이 올 수 없으므로 경우 1, 경우 2만 성립하고 K씨의 사원번호는 '201231'이거나 '201321'이다.

**오답분석**

② '201321'은 가능한 사원번호이지만 문제에서 항상 옳은 것을 고르라고 하였으므로 답이 될 수 없다.

③ K씨의 사원번호는 '201231'이거나 '201321'이다.

④ 사원번호 여섯 자리의 합이 9가 되어야 하므로 K씨의 사원번호는 '211231'이 될 수 없다.

⑤ K씨의 사원번호 네 번째 자리의 수가 다섯 번째 자리의 수보다 작다면 '201231'과 '201321' 중 K씨의 사원번호로 적절한 것은 '201231'이다.

## 11  정답 ④

먼저 C는 첫 번째, 세 번째 결과에 따라 A 바로 전 또는 바로 뒤의 순서로 출근한 E보다 먼저 출근하였으므로 A보다도 먼저 출근한 것을 알 수 있다. 마찬가지로 D 역시 두 번째, 다섯 번째 결과에 따라 F 바로 뒤에 출근한 B보다 먼저 출근하였으므로 F보다도 먼저 출근한 것을 알 수 있다. 또한 E는 네 번째 결과에 따라 F보다 늦게 출근하였으므로 결국 C, D, B보다도 늦게 출근하였음을 알 수 있다. 따라서 E가 다섯 번째 또는 마지막 순서로 출근하였음을 알 수 있으나, 꼴찌에는 해당하지 않으므로 결국 E는 다섯 번째로 출근하였고, A가 마지막 여섯 번째로 출근하였음을 알 수 있다.

이때 주어진 결과만으로는 C와 D의 순서를 비교할 수 없으므로 A ~ F의 출근 순서는 다음과 같이 나타낼 수 있다.

| 구분 | 첫 번째 | 두 번째 | 세 번째 | 네 번째 | 다섯 번째 | 여섯 번째 |
|------|---------|---------|---------|---------|-----------|-----------|
| 경우 1 | D | F | B | C | E | A |
| 경우 2 | D | C | F | B | E | A |
| 경우 3 | C | D | F | B | E | A |

따라서 D가 C보다 먼저 출근했다면, D는 반드시 첫 번째로 출근하므로 자신을 포함한 A ~ F의 출근 순서를 알 수 있다.

**오답분석**
① A는 마지막에 출근하므로 B의 출근 시각을 알 수 없다.
② 경우 2와 경우 3에서 B가 C보다 나중에 출근하므로 C의 출근 시각을 알 수 없다.
③ 경우 1에서 C는 자신과 E, A의 출근 순서를 알 수 있으나, D, F, B의 출근 순서는 알 수 없다.

## 12 정답 ⑤

가장 작은 숫자가 적힌 카드를 가지고 있다는 A와 A가 가지고 있는 카드의 숫자보다 작은 수가 적힌 카드를 가지고 있다는 E의 진술이 서로 모순된다.
• A의 진술이 거짓일 때
 A가 가진 카드에 적힌 숫자는 1이 아니며, C의 진술에 의해 A는 2가 적힌 카드를 가지고 있다. E의 진술에 의해 E는 1이 적힌 카드를 가지고 있고, D의 진술에 의해 D는 0이 적힌 카드를 가지고 있다. 그런데 카드에는 1부터 5까지의 자연수가 적혀있다고 하였으므로 모순이다.
• E의 진술이 거짓일 때
 A는 1이 적힌 카드를 가지고 있고, C의 진술에 의해 C는 2가 적힌 카드를 가지고 있다. B는 C보다는 큰 수이고 5보다는 작은 수가 적힌 카드를 가지고 있으므로 3 또는 4가 적힌 카드를 가지고 있다. D의 진술에 의해 D는 E보다 1만큼 작은 수가 적힌 카드를 가지고 있으므로 D와 E는 각각 4, 5 또는 3, 4가 적힌 카드를 가지고 있다. 그러므로 B는 3, D는 4, E는 5가 적힌 카드를 가지고 있다.
따라서 가장 큰 숫자가 적힌 카드를 가지고 있는 사람은 E이다.

## 13 정답 ②

먼저 을의 진술이 거짓일 경우 갑과 병은 모두 세미나에 참석하지 않으며, 병의 진술이 거짓일 경우 을과 병은 모두 세미나에 참여한다. 따라서 을과 병의 진술은 동시에 거짓이 될 수 없으므로 둘 중 한 명의 진술은 반드시 참이 된다.
1) 을의 진술이 참인 경우
 갑은 세미나에 참석하지 않으며, 을과 병은 모두 세미나에 참석한다. 을과 병 모두 세미나에 참석하므로 정은 세미나에 참석하지 않는다.
2) 병의 진술이 참인 경우
 갑의 진술은 거짓이므로 갑은 세미나에 참석하지 않으며, 을은 세미나에 참석한다. 병은 세미나에 참석하지 않으나, 을이 세미나에 참석하므로 정은 세미나에 참석하지 않는다.
따라서 반드시 세미나에 참석하는 사람은 을이다.

## 14 정답 ②

네 사람이 진실을 말하고 있으므로 거짓말을 하는 사람이 한 명만 발생하는 경우를 찾아내면 된다. 확실하게 순서를 파악할 수 있는 C, D, E의 증언대로 자리를 배치할 경우 A는 첫 번째, C는 두 번째, D는 세 번째로 줄을 서게 된다. 이후 A와 B의 증언대로 남은 자리에 배치할 경우 B의 증언에서 모순이 발생하게 된다. 또한 B의 증언은 A의 증언과도 모순이 생기므로 ②가 정답임을 확인할 수 있다.

## 15 정답 ②

C 혼자 딸기맛을 선택했고, A와 D는 서로 같은 맛을 선택했으므로 A와 D는 바닐라맛 또는 초코맛을 선택했음을 알 수 있다. 또한 B와 E는 서로 다른 맛을 선택했고 마지막에 주문한 E는 인원 초과로 선택한 아이스크림을 먹지 못했으므로 E는 A, D와 같은 맛을 선택했다.

| 구분 | A | B | C | D | E |
| --- | --- | --- | --- | --- | --- |
| 경우1 | 바닐라 | 초코맛 | 딸기맛 | 바닐라 | 바닐라 |
| 경우2 | 초코맛 | 바닐라 | 딸기맛 | 초코맛 | 초코맛 |

따라서 C가 딸기맛이 아닌 초코맛을 선택했어도 B가 초코맛을 선택했다면 아이스크림을 먹을 수 있으므로 ②는 옳지 않다.

## 16 정답 ①

첫 번째 정보에서 3종류의 과자를 2개 이상씩 구입했으며, 두 번째 정보를 보면 B과자를 A과자보다 많이 샀고, 세 번째 정보까지 적용하면 3종류 과자의 구입한 개수는 'A<B≤C'임을 알 수 있다. 따라서 가장 적게 산 A과자를 2개 또는 3개 구입했을 때 구입 방법을 정리하면 다음 표와 같다.

(단위 : 개)

| 구분 | A과자 | B과자 | C과자 |
| --- | --- | --- | --- |
| 경우 1 | 2 | 4 | 9 |
| 경우 2 | 2 | 5 | 8 |
| 경우 3 | 2 | 6 | 7 |
| 경우 4 | 2 | 7 | 6 |
| 경우 5 | 3 | 6 | 6 |

경우 1은 마지막 정보를 만족시키지 못하므로 제외된다. 그리고 경우 4는 C과자 개수보다 B과자가 더 많으므로 세 번째 정보에 맞지 않는다. 따라서 가능한 방법은 경우 2, 경우 3, 경우 5로 총 3가지이다.

ㄱ. 하경이가 B과자를 살 수 있는 개수는 5개 또는 6개이다.

**오답분석**

ㄴ. 경우 5에서 C과자는 6개 구입 가능하다.
ㄷ. 경우 5에서 A과자는 3개 구입 가능하다.

## 17 정답 ③

K조의 예선전은 A, B, C국이 3번씩 경기를 하였으므로 D국 또한 3번의 경기를 하였다.

각 국은 서로 한 번씩 경기를 하였으므로 승리한 경기 수의 합과 패배한 경기 수의 합은 같다. A, B, C국의 승리한 경기 수의 합은 3(=2+1)경기이고 패배한 경기 수의 합은 5(=1+2+2)경기이므로 D국은 패배한 경기는 없으며, 두 번의 경기에서 승리하였다. 나머지 한 경기는 B국의 무승부 기록을 통해 B국과의 경기에서 무승부로 끝났음을 알 수 있다.

D국의 승점을 계산하면 2×3+1×1=7이다. K조에서 가장 승점이 높으므로 A국이 아닌 D국이 본선에 진출하였다.

**오답분석**

④ D국은 패배한 경기가 없으므로 A국과의 경기에서 승리하였음을 알 수 있다.

**18**　**정답** ④

먼저 L씨가 월요일부터 토요일까지 운동 스케줄을 등록할 때, 토요일에는 리포머 수업만 진행되므로 L씨는 토요일에 리포머 수업을 선택해야 한다. 금요일에는 체어 수업에 참여하므로 네 번째 조건에 따라 목요일에는 바렐 또는 리포머 수업만 선택할 수 있다. 그런데 L씨가 화요일에 바렐 수업을 선택한다면, 목요일에는 리포머 수업만 선택할 수 있다. 따라서 수요일에는 리포머 수업을 선택할 수 없으며, 반드시 체어 수업을 선택해야 한다.

| 월 | 화 | 수 | 목 | 금 | 토 |
|---|---|---|---|---|---|
| 리포머 | 바렐 | 체어 | 리포머 | 체어 | 리포머 |

**오답분석**

L씨가 등록할 수 있는 월 ~ 토요일까지의 운동 스케줄은 다음과 같다.

| 구분 | 월 | 화 | 수 | 목 | 금 | 토 |
|---|---|---|---|---|---|---|
| 경우 1 | 리포머 | 바렐 | 체어 | 리포머 | 체어 | 리포머 |
| 경우 2 | 리포머 | 체어 | 바렐 | 리포머 | 체어 | 리포머 |
| 경우 3 | 리포머 | 체어 | 리포머 | 바렐 | 체어 | 리포머 |
| 경우 4 | 체어 | 리포머 | 바렐 | 리포머 | 체어 | 리포머 |
| 경우 5 | 바렐 | 리포머 | 체어 | 리포머 | 체어 | 리포머 |

① 경우 2와 경우 3에 따라 옳은 내용이다.
② 경우 4에 따라 옳은 내용이다.
③ 경우 2에 따라 옳은 내용이다.

**19**　**정답** ②

위 〈조건〉대로 원탁에 인원을 배치할 경우 A를 기준으로 오른쪽으로 돌았을 때 'A → D → F → B → C → E'와 'A → D → F → C → B → E' 두 가지 경우의 수가 생긴다. 두 경우에서 A와 D는 늘 붙어있으므로 ②가 정답이다.

**20**　**정답** ④

셔츠를 구입한 정을 기준으로 제시된 〈조건〉을 풀어내면 다음과 같다.
• 정은 셔츠를 구입했으므로, 치마와 원피스를 입지 않는 을은 바지를 구입하게 된다.
• 갑은 셔츠와 치마를 입지 않으므로 을이 구입한 바지 대신 원피스를 고르게 된다.
• 병은 원피스, 바지, 셔츠 외에 남은 치마를 구입하게 된다.
따라서 정답은 ④이다.

# 좋은 책을 만드는 길
# 독자님과 함께하겠습니다.

도서나 동영상에 궁금한 점, 아쉬운 점, 만족스러운 점이
있으시다면 어떤 의견이라도 말씀해 주세요.
시대고시기획은 독자님의 의견을 모아 더 좋은 책으로 보답하겠습니다.

## www.sidaegosi.com

## 2022 상반기 All-New 기출이 답이다
## KT그룹 종합인적성검사 + 무료KT특강

| | |
|---|---|
| 개정8판1쇄 발행 | 2022년 02월 25일 (인쇄 2021년 12월 24일) |
| 초 판 발 행 | 2018년 03월 20일 (인쇄 2018년 02월 07일) |
| 발 행 인 | 박영일 |
| 책 임 편 집 | 이해욱 |
| 저 자 | SD적성검사연구소 |
| 편 집 진 행 | 이근희 |
| 표지디자인 | 박수영 |
| 편집디자인 | 양혜련 · 김지수 · 안아현 |
| 발 행 처 | (주)시대고시기획 |
| 출 판 등 록 | 제 10-1521호 |
| 주 소 | 서울시 마포구 큰우물로 75 [도화동 538 성지 B/D] 9F |
| 전 화 | 1600-3600 |
| 팩 스 | 02-701-8823 |
| 홈 페 이 지 | www.sidaegosi.com |
| I S B N | 979-11-383-1438-1 (13320) |
| 정 가 | 17,000원 |

합격의 공식 S success 2022

25년 합격의 노하우!
NO.1 합격의 공식

## 2022 상반기
# KT그룹
### KT 종합인적성검사
6개년 기출문제 + 무료KT특강
## 기출이 답이다

판매량 1위
YES24 기준
2021년 1월~11월

# 대기업 인적성 "기출이 답이다" 시리즈

역대 기출문제와 주요기업 기출문제를 한 권에! 합격을 위한

# Only Way!

# 대기업 인적성 "봉투모의고사" 시리즈

실제 시험과 동일하게 마무리! 합격으로 가는

# Last Spurt!

# 혼공하는 취린이들을 위해 준비했어~!

취업을 준비하거나 이직을 준비하는
분들을 위해 만들어진 취업 정보
종합커뮤니티 카페

**취업달성프로젝트!**

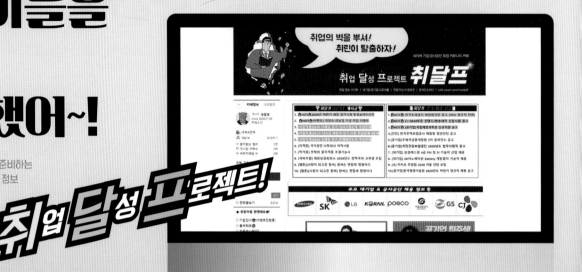